# MODELOS DE ENSINO BASEADOS NO JOGO PARA A INICIAÇÃO COMPREENSIVA DO ESPORTE

Editora Appris Ltda.
1.ª Edição - Copyright© 2024 dos autores
Direitos de Edição Reservados à Editora Appris Ltda.

Nenhuma parte desta obra poderá ser utilizada indevidamente, sem estar de acordo com a Lei nº
9.610/98. Se incorreções forem encontradas, serão de exclusiva responsabilidade de seus organi-
zadores. Foi realizado o Depósito Legal na Fundação Biblioteca Nacional, de acordo com as Leis nºs
10.994, de 14/12/2004, e 12.192, de 14/01/2010.

Catalogação na Fonte
Elaborado por: Josefina A. S. Guedes
Bibliotecária CRB 9/870

| | |
|---|---|
| G643m<br>2024 | González-Víllora, Sixto<br>     Modelos de ensino baseados no jogo para a iniciação compreensiva<br>do esporte / Sixto González-Víllora. – 1. ed. – Curitiba: Appris, 2024.<br>     271 p. ; 23 cm. – (Educação física e esportes).<br><br>     ISBN 978-65-250-5877-1<br><br>     1. Educação física – Estudo e ensino. 2. Jogos. 3. Esportes. I. Título.<br>II. Série.<br><br>                                                                        CDD – 796.07 |

Livro de acordo com a normalização técnica da APA

Appris
editora

Editora e Livraria Appris Ltda.
Av. Manoel Ribas, 2265 – Mercês
Curitiba/PR – CEP: 80810-002
Tel. (41) 3156 - 4731
www.editoraappris.com.br

Printed in Brazil
Impresso no Brasil

Sixto González-Víllora
Javier Fernandez-Rio
Eva Guijarro
Manuel Jacob Sierra-Díaz

**MODELOS DE ENSINO BASEADOS NO JOGO PARA A INICIAÇÃO COMPREENSIVA DO ESPORTE**

# FICHA TÉCNICA

| | |
|---|---|
| EDITORIAL | Augusto Coelho |
| | Sara C. de Andrade Coelho |
| COMITÊ EDITORIAL | Andréa Barbosa Gouveia - UFPR |
| | Edmeire C. Pereira - UFPR |
| | Iraneide da Silva - UFC |
| | Jacques de Lima Ferreira - UP |
| | Marli Caetano |
| SUPERVISOR DA PRODUÇÃO | Renata Cristina Lopes Miccelli |
| ASSESSORIA EDITORIAL | Bruna Holmen |
| REVISÃO | Stephanie Ferreira Lima |
| PRODUÇÃO EDITORIAL | Bruna Holmen |
| DIAGRAMAÇÃO | Bruno Ferreira Nascimento |
| CAPA | Lívia Weyl |
| REVISÃO DE PROVA | William Rodrigues |

## COMITÊ CIENTÍFICO DA COLEÇÃO EDUCAÇÃO FÍSICA E ESPORTE

**DIREÇÃO CIENTÍFICA** Valdomiro de Oliveira (UFPR)

CONSULTORES

Gislaine Cristina Vagetti (Unespar)   Arli Ramos de Oliveira (UEL)

Carlos Molena (Fafipa)   Dartgnan Pinto Guedes (Unopar)

Valter Filho Cordeiro Barbosa (Ufsc)   Nelson Nardo Junior (UEM)

João Paulo Borin (Unicamp)   José Airton de Freitas Pontes Junior (UFC)

Roberto Rodrigues Paes (Unicamp)   Laurita Schiavon (Unesp)

INTERNACIONAIS

Wagner de Campos (University Pitisburg-EUA)

Fabio Eduardo Fontana (University of Northern Iowa-EUA)

Ovande Furtado Junior (California State University-EUA)

# SUMÁRIO

**PRÓLOGO** ................................................................. 7

**1**

**Descobrindo os Modelos Baseados no Jogo:**
**visão histórica, implementação e transferência** ........................... 9

**2**

**Ensino dos esportes de invasão usando o Modelo Tático**
(***Tactical Games Approach***) .............................................. 39

**3**

**Ensino dos esportes de rede e parede usando o modelo**
**Senso de Jogo (Game Sense)** .............................................. 71

**4**

**Utilização do modelo Desenvolvimento dos Jogos por Etapas**
(***Developmental Games Stage***), **para esportes de campo e taco** ...... 105

**5**

**Utilização do modelo de Ensino dos Jogos para Compreensão**
**(Teaching Games for Understanding) nos esportes de precisão** .......... 143

**6**

**Utilização do modelo jogo e treino**
(***Play Practice***) **em esportes individuais** ............................... 195

**7**

**Perspectivas futuras sobre os Modelos Baseados no Jogo:**
**hibridações de modelos pedagógicos** ..................................... 233

**ÍNDICE ANALÍTICO** ..................................................... 261

# PRÓLOGO

O livro *Modelos de Ensino Baseados nos Jogos para a Iniciação Compreensiva do Esporte* fornece uma introdução abrangente às principais ideias e práticas dessa abordagem à educação física e ao desporto. Os autores têm os treinadores desportivos principalmente em mente, mas o seu estilo acessível e de fácil leitura fará do livro um recurso primário para todos os profissionais no campo da educação física e da pedagogia desportiva. O primeiro e último capítulos funcionam como um quadro teórico para mais cinco capítulos que exploram a aplicação prática dos Modelos Baseados em Jogos de invasão, rede/parede, acertando alvos desportivos e desportos individuais.

No primeiro capítulo, os autores explicam as ideias básicas dos Modelos Baseados em Jogos numa linguagem acessível, abordando algumas das questões mais complexas do ensino e treino desportivo em um estilo de leitura amigável. O capítulo final aborda a questão da hibridização no âmbito dos Modelos Baseados no Jogo, nos quais o ensino e a aprendizagem do desporto são combinados com outros modelos pedagógicos, tais como a educação desportiva ou a aprendizagem cooperativa para criar modelos híbridos. Os cinco capítulos de aplicações práticas fornecem detalhes que enriquecem as tarefas de ensino-aprendizagem para treinadores, cuidadosamente explicados e ilustrados, incluindo gráficos ou figuras, quando apropriado.

O livro baseia-se na literatura científica mais atual no campo da educação física e pedagogia desportiva, para que os leitores e aqueles que experimentam estas recomendações possam estar confiantes de que estão a promover e a levar a melhor prática possível. Mais uma vez, os autores lidam com questões e recursos simples e complexos na literatura científica, tais como avaliação de modelos e fidelidade. Este livro é um bom exemplo dos avanços que têm sido feitos na Modelação Baseada em Jogos, desde os primeiros trabalhos de Thorpe, Bunker e Almond na Universidade de Loughborough. Consequentemente, será um recurso chave para todos os treinadores e professores que queiram educar de forma séria.

Fevereiro de 2020

**David Kirk**

Professor da Universidade de Strathclyde

https://www.strath.ac.uk/staff/kirkdavidprof/

# 1

# DESCOBRINDO OS MODELOS BASEADOS NO JOGO: VISÃO HISTÓRICA, IMPLEMENTAÇÃO E TRANSFERÊNCIA

## 1.1 Por que é importante promover a atividade física e o esporte?

A constante evolução do nosso mundo e os desafios associados à globalização estão presentes nas esferas educacional, pessoal e profissional. Hoje, as tecnologias de informação e comunicação desempenham um papel central em nossas vidas. Essas tecnologias são desenvolvidas e atualizadas para facilitar nossas vidas, embora, paradoxalmente, tenha levado ao aumento dos comportamentos sedentários das pessoas, atingindo um nível em que estes comportamentos sedentários foram considerados como uma das doenças do século XXI (Arocha-Radolfo, 2019). O aumento da inatividade levou a um declínio nos níveis de atividade física de crianças e adolescentes em idade escolar no mundo todo (Farooq et al., 2020).

Para contrastar esta tendência, a Organização Mundial da Saúde (OMS, 2020) publicou um guia abrangente para ajudar as pessoas a alcançar os níveis mínimos de atividades físicas necessários para obter os benefícios de saúde associados, evitando o comportamento sedentário:

1. Crianças e jovens (5-17 anos) devem acumular pelo menos 60 minutos por dia de atividade física moderada a vigorosa.

2. Os adultos (18-64 anos) devem acumular pelo menos 150 minutos de atividade física moderada a vigorosa por semana.

3. As pessoas idosas (65+ anos) devem ter pelo menos 150 minutos de atividade física moderada a vigorosa por semana.

Por fim, é recomendado limitar o tempo gasto em atividades sedentárias, especialmente em frente a uma tela (por exemplo, computador, tablet, telefone celular ou televisão).

A promoção da atividade física e do esporte entre os jovens deve ocorrer não apenas nas escolas, onde a Educação Física é a única disciplina que educa por meio do físico, mas também em atividades extracurriculares. No entanto, uma questão essencial é como desenvolver programas esportivos eficazes que ajudem os jovens a aprender os elementos técnico-táticos básicos, ao mesmo tempo em que estimulam o compromisso com o esporte. A forma pela qual os esportes são ensinados, ou seja, a pedagogia esportiva, tem se mostrado de suma importância para aumentar a motivação dos estudantes para se engajar e sustentar a atividade esportiva até a idade adulta (Martin, 2020), o que se conecta com o conceito de Alfabetização Física, promovido por Whitehead (2010, pp. 11-12), que envolve as dimensões positivas de "motivação, confiança, competência física, conhecimento e compreensão para sustentar a atividade ao longo da vida".

## 1.2 Uma visão histórica: o método tradicional de educação esportiva

Tradicionalmente, o ensino/treinamento esportivo tem se concentrado no desenvolvimento de habilidades técnicas utilizando métodos baseados em tarefas repetitivas e descontextualizadas (Standing e Maulder, 2019). Embora esses métodos possam ser mencionados de forma diferente, dependendo do contexto da prática (isto é, tarefa de habilidade-jogo, instrução direta), o conceito de abordagem baseada no treinador é o termo que será usado ao longo deste livro.

A abordagem baseada no treinador foi definida pelo Pill (2018, p. 1) como um estilo tradicional de treinamento (ou ensino), que é "diretiva, dominante e prescritiva, enfatizando a conformidade e a transmissão de informações por reprodução". Os alunos/jogadores fazem o que o professor/técnico manda realizar e, como consequência, essa abordagem os desresponsabiliza e os coloca em segundo lugar no processo de ensino-aprendizagem. Ela se baseia na crença de que aprender a jogar o jogo corretamente requer que o atleta atinja um nível mínimo de competência na execução das técnicas consideradas fundamentais para o esporte, antes que o próprio esporte possa ser praticado (Light, 2014a).

De acordo com Light (2014b), nessa abordagem, o processo de ensino-aprendizagem concentra-se na redução de erros de habilidade e na aquisição mecânica da técnica correta como uma combinação de habilidades específicas do esporte. O professor/treinador é considerado um especialista, tanto em conteúdo esportivo, quanto em gerenciamento de habilidades, porque ele/ela tem que transferir o conteúdo e técnicas específicas da maneira mais eficiente e eficaz. Embora essa abordagem tradicional possa variar ligeiramente dependendo da experiência e especialização do professor ou treinador, Kruzel (1985) propôs que o fator comum nas abordagens tradicionais é que os atletas estão sempre envolvidos em um estilo de aprendizagem baseado no professor/treinador que proporciona uma progressão das atividades ou tarefas de ensino, geralmente exercícios de diferentes habilidades motoras, para dominar certas técnicas, que às vezes eram sequenciadas de acordo com a dificuldade de coordenação e execução das habilidades a serem aprendidas (por exemplo, no basquetebol, primeiro a entrada da cesta é ensinada pela direita, depois a entrada pela esquerda e, finalmente, a passagem pelo aro).

Bunker e Thorpe (1982) foram muito críticos em relação a essa abordagem didática. Eles acreditavam que os métodos tradicionais de ensino de esportes não consideravam sua natureza autêntica e contextualizada. Light (2014a) observou que o uso desses métodos tradicionais, tanto em contextos educacionais, como extracurriculares, poderia promover o egoísmo, o egocentrismo, a falta de empatia ou compaixão pelos colegas e, assim, deixar de ensinar o trabalho em equipe. Além disso, uma meta-análise recente mostrou que o índice de autodeterminação (uma medida de motivação) diminui significativamente, quando essas abordagens tradicionais são implementadas na pedagogia do esporte (Sierra-Díaz, González-Víllora, Pastor-Vicedo e López-Sánchez, 2019).

## 1.3 Novas abordagens: o Modelo Baseado no Atleta

Pill (2018, p. 1) define o *Modelo Baseado no Atleta* como "um estilo de treinamento que promove o aprendizado do atleta através da propriedade, responsabilidade, iniciativa e consciência, guiado pelo treinador".

Ao longo dos anos, foram utilizados termos específicos para designar aquelas abordagens metodológicas baseadas no atleta, que constituíam planos de ação sólidos (Metzler, 2017) e que poderiam ser utilizados tanto na educação física, quanto no esporte: modelos curriculares (Jewett et al., 1995), modelos instrucionais (Metzler, 2005) ou modelos pedagógicos (Haerens et al., 2011). Ao longo deste livro, seguindo as recomendações de Haerens et al. (2011), o termo modelo pedagógico será usado, pois reforça a ideia de que os modelos podem ser usados além do contexto escolar em atividades esportivas extracurriculares ou em contextos de recreação.

**Figura 1.1.** Mudança de uma abordagem tradicional para pedagogias baseadas no estudante/atleta.

**Fonte:** Ramón Freire Santa Cruz.

Os modelos pedagógicos são uma alternativa estabelecida para substituir as práticas tradicionais, influenciadas por elementos similares baseados no construtivismo. Nesse sentido, Baker (2016) aponta que os modelos pedagógicos podem e devem ser adaptados a diferentes ambientes de aprendizagem, oferecendo práticas de atividade física inclusivas, relevantes e contextualizadas, incluindo estruturas consolidadas baseadas no aluno. A inclusão de todos os atletas é um pré-requisito para o desenvolvimento de indivíduos alfabetizados (Whitehead, 2016).

Historicamente, o primeiro modelo criado como resposta ao foco pedagógico exclusivamente baseado em habilidades técnicas, bem como a falta de motivação entre os atletas de menor habilidade, foi chamado de ensino dos Jogos para Compreensão (TGfU, Bunker e Thorpe, 1982). Após a publicação do livro *Rethinking Games Teaching* (Thorpe et al., 1986), o modelo se espalhou pelo mundo, mas também foi adaptado a cada contexto particular (Sánchez-Gómez et al., 2014). Isso levou à criação de novos modelos baseados no modelo original, como o Modelo de Jogos Táticos nos Estados Unidos (Mitchell et al., 2003) ou Game Sense na Austrália (den Duyn, 1997). Consequentemente, um novo termo foi necessário para reunir todos aqueles modelos que compartilhavam elementos similares (Forrest, 2014): Abordagem Baseada no Jogo (Game-centred Approach). A Figura 1.1 incentiva todos os leitores a fazer a transição de uma abordagem tradicional para uma abordagem baseada no aluno/atleta. Este livro tem o objetivo de abordar esse importante desafio.

## 1.4 O desenvolvimento de Modelos Baseados no Jogo (Abordagem Centrada no Jogo, GcA)

Modelos Baseados no Jogo (Oslin e Mitchell, 2006) representam um conceito que, de forma simbólica, simula um grande guarda-chuva que engloba abordagens pedagógicas e modelos de iniciação ao esporte, nos quais os elementos fundamentais da aprendizagem são: jogo e reflexão sobre ele (Forrest, 2014). Essa abordagem didática também é chamada de Game-Based Approach (GbA, Kinnerk, Har-vey, MacDonncha e Lyons, 2018; Light e Mooney, 2014), para evitar confusão com as abreviações e o modelo de abordagem do conceito de jogos (GcA), desenvolvido em Cingapura.

De acordo com Light and Mooney (2014), a origem deste conceito pode ser rastreada até mesmo antes da explosão dos Jogos para Compreensão (Teaching Games for Understanding), especificamente ao trabalho publicado por Wade (1967) e Mahlo (1974). Entretanto, a proposta de Bunker e Thorpe (1982, 1986) e suas adaptações curriculares ao redor do mundo consolidaram a necessidade de integrá-los a todos sob o guarda-chuva do termo Game--Centred Models (Modelos Baseados no Jogo) (Forrest, 2014).

Com relação à natureza dos Modelos Baseados no Jogo, Harvey, Cushion e Sammon (2015) destacaram o uso de jogos modificados visando o desenvolvimento de uma técnica específica, bem como o uso e aplicação de problemas táticos como os elementos comuns mais importantes deste modelo proposto. Harvey, Cope e Jones (2016) também enfatizaram o uso de estratégias de questionamento (perguntas) para ajudar os participantes a construir seus conhecimentos para refletir sobre a melhor estratégia e técnica diante de um problema tático real. Com ambos os elementos em mente, Light (2013) observou que o primeiro passo para desenvolver o pensamento crítico é permitir que os estudantes descubram de forma independente a solução para problemas táticos que estão continuamente presentes em situações de jogo.

A Figura 1.2 resume os elementos fundamentais dos Modelos Baseados no Jogo. O segundo passo é convidar os jogadores a refletir sobre os elementos importantes que ocorrem no jogo usando estratégias de questionamento (perguntas).

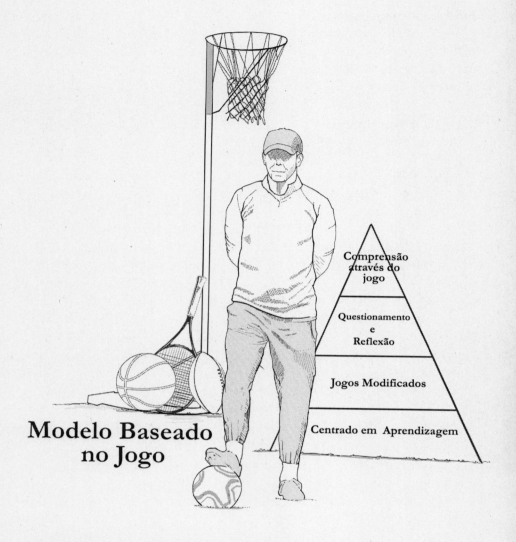

**Figura 1.2.** Principais características dos Modelos Baseados no Jogo.
**Fonte:** Ramón Freire Santa Cruz

## 1.5 Jogar como o elemento central dos Modelos Baseados no Jogo

O jogo é indiscutivelmente o elemento central nesses modelos. Entretanto, Mitchell, Oslin e Griffin (2013) ressaltaram que o jogo deveria ser adaptado para se adequar às necessidades dos jogadores. Por esse motivo, o termo jogo modificado é usado para enfatizar um desenvolvimento técnico-tático abrangente que simplifica elementos do esporte "real" como o número de jogadores, tempo ou tamanho do espaço de jogo (Almond, 2015). Os jogos modificados foram divididos considerando dois conceitos básicos (Mitchell et al., 2013):

- Representação do esporte: mantém a essência do esporte original, mas a complexidade tática é adaptada às características dos jogadores (por exemplo, jogo de basquete 3 x 3).

- Exagero do esporte: enfatiza elementos do esporte original (por exemplo, um princípio tático ou técnico).

Como seu nome sugere, os jogos reduzidos implicam na redução do campo de jogo ou do número de jogadores, juntamente com regras básicas como o papel dos jogadores ou regras de pontuação, a fim de satisfazer suas necessidades (Robles, Fernández-Espínola e Fuentes Guerra, 2019). A literatura científica tem mostrado que jogos reduzidos são uma grande alternativa aos exercícios tradicionais, porque ajudam os jogadores a aprender técnicas e desenvolver habilidades de tomada de decisão (Davids et al., 2013). Além disso, de acordo com Sánchez-Sánchez et al. (2019), jogos reduzidos podem reproduzir as exigências do esporte real, enfatizando elementos técnico-táticos básicos. Além disso, cada adaptação ou mudança no jogo pode produzir resultados ou aprendizado diferentes. Em relação aos esportes de invasão, tais como futebol, basquetebol ou handebol, os termos jogos reduzidos e jogos reduzidos e condicionados foram amplamente utilizados e pesquisados (Clemente, 2016). Ao longo do livro, serão apresentados diferentes exemplos para esclarecer sua implementação.

## 1.6 Classificação dos esportes e transferência

Baseado nas ideias de Ellis (1983) e, posteriormente, reorganizado por Almond (1986), os esportes foram agrupados em cinco categorias básicas, que têm estruturas similares e lógica interna baseadas nos mesmos princípios táticos: alvo (por exemplo, boliche), campo e taco (por exemplo, basebol)[1],

---

[1]  Griffin, Mitchell y Oslin (2006) assumiram uma nova terminologia para esse grupo de esportes: jogos de striking/fielding (JOGOs), que se deve à constatação de que ambas as ações, juntamente com a ideia de obter corridas, são as características mais relevantes desses esportes. Os jogadores da equipe de rebatedores devem rebater a bola com força e precisão suficientes para iludir os jogadores da equipe de defensores (que estão na fase defensiva) e, ao mesmo tempo, dar tempo ao rebatedor para correr entre duas áreas demarcadas, que geralmente são bases ou pinos. As decisões de campo (por exemplo, as posições dos jogadores) são baseadas nos pontos fortes ou fracos do batedor e dependem, por sua vez, do resultado parcial do jogo naquele momento do JOGO.

rede/parede (por exemplo, badminton) e invasão (por exemplo, handebol). As semelhanças entre desportos dentro da mesma categoria permitem a transferência de conhecimentos de um desporto para outro (Casey e Mac-Phail, 2018), porque partilham os mesmos princípios temáticos.

Os capítulos seguintes descreverão cada categoria independentemente, incluindo um capítulo sobre desportos individuais (por exemplo, atletismo), fornecendo exemplos práticos de como implementar diferentes Modelos Baseados no Jogo.

## 1.7 Os diferentes Modelos Baseados no Jogo

### 1.7.1 Ensino dos Jogos para Compreensão (TGfU)

O termo oficial "Teaching Games for Understanding" (TGfU) foi utilizado por Bunker e Thorpe, em 1982, embora o seu modelo se baseasse na colaboração com uma série de acadêmicos e professores. TGfU foi o primeiro modelo a apontar o conceito de "prática descontextualizada" observado nas escolas (Webb e Pearson, 2012). Essencialmente, o objetivo do modelo é colocar o aluno numa situação de jogo na qual a tática, a tomada de decisão e a resolução de problemas são os elementos não negociáveis, embora os exercícios ou tarefas analíticas sejam também utilizados para corrigir um hábito ou reforçar uma competência específica.

Esse modelo foi o primeiro a deslocar a consciência da alfabetização desportiva, tanto em contextos educativos, como extracurriculares. Foi o primeiro a incentivar o pensamento crítico, que ligou formas contextualizadas e estratégias de reflexão baseadas em questões (Culpan e Galvan, 2012). Originalmente, Bunker e Thorpe (1982) propuseram uma estrutura circular de seis momentos que deveriam estar presentes em cada sessão: jogo, apreciação do jogo, consciência tática, tomada de decisão apropriada, prática de habilidades e desempenho. A prática lúdica é essencialmente colocada no centro do processo de ensino-aprendizagem (Kirk e MacPhail, 2002).

Após a primeira publicação de Bunker e Thorpe (1982) e do livro *Rethinking Games Teaching* (Thorpe et al., 1986), o modelo espalhou-se por todo o mundo. Contudo, como defende Kirk (2017), um modelo não deve ser considerado estático, mas, sim, o contrário, deve ser dinâmico e capaz de se adaptar a contextos diferentes. Por essa razão, foram realizadas adaptações e reestruturações do modelo original TGfU em todo o mundo, em países como Estados Unidos (Werner, 1989; Mitchell, 1996), Austrália (Kirk, 1989) e

Espanha (Devís-Devís e Peiró, 1992), o que levou ao surgimento de modelos pedagógicos semelhantes, hoje modelos contrastados e consolidados.

Mais adiante, no Capítulo 5, inclui-se um exemplo prático de como aplicar o TGfU na categoria de desportos-alvo. Na realidade, os leitores são convidados a adaptar a proposta prática a outras categorias de desportos.

### 1.7.2 Abordagem de Jogos Táticos (Tactical Games Approach - TGA)

Esse modelo é uma versão do modelo TGfU adaptada ao contexto dos EUA (Girffin et al., 1997). Mitchell (2013) considerou que o ensino tradicional do desporto nas escolas promovia uma pedagogia muito limitada para que os estudantes praticassem plenamente o desporto. Por essa razão, propuseram uma abordagem tática para promover o interesse, a compreensão e a capacidade de praticar o desporto. Esses autores sugeriram que os problemas táticos dentro de cada categoria poderiam ser divididos em diferentes níveis de complexidade tática e que em cada desporto poderiam ser ensinados problemas táticos específicos após uma progressão tática.

Desde a sua inclusão no desenvolvimento e ensino do desporto, a Abordagem dos Jogos Tácticos tem sido considerada um dos modelos proeminentes dos modelos não baseados em jogos (Oslin e Mitchell, 2006). De fato, vários livros foram publicados desde a sua origem para apoiar o seu desenvolvimento (Griffin et al., 1997; Mitchell et al., 2003, 2006, 2013). O principal objetivo dessa abordagem é criar jogadores inteligentes, tanto do ponto de vista da tática, como da técnica, pois os jogadores devem aprender a selecionar a melhor estratégia e a utilizar a habilidade necessária para resolver os problemas temáticos que surgem na prática desportiva.

Griffin et al. (1997) propuseram uma estrutura mais simplificada baseada em quatro fases para pôr em prática a Abordagem dos Jogos Táticos, considerando os principais elementos do TGfU de uma forma mais simples:

1. Os atletas jogam um jogo modificado que realça um problema tático particular, que se torna o foco central do ensino.

2. As perguntas são concebidas para desenvolver uma consciência tática (isto é, compreender o que tem de ser feito para resolver o problema).

3. São realizadas práticas adaptadas que guiam o aluno a experimentar as competências ou movimentos necessários para resolver os problemas apresentados no jogo inicial.

4. O jogo final oferece aos alunos a oportunidade de utilizar os conhecimentos aprendidos em um cenário de jogo real (Mitchell et al., 2003).

No Capítulo 2, é apresentada uma aplicação prática da abordagem dos Jogos Táticos no futebol e, no Capítulo 7, um exemplo de como hibridizá-la com o Modelo de Educação Desportiva.

### 1.7.3 Modelo Senso De Jogo (Game Sense)

O autor Thorpe visitou a Áustria para trabalhar com treinadores e a Comissão Desportiva Australiana para desenvolver uma adaptação do TGfU para o contexto extracurricular. Essa versão foi nomeada Senso de Jogo (Game Sense) (den Duyn, 1997; Light, 2013) e está especialmente focada no contexto da formação desportiva. Na educação física, esse modelo é utilizado para introduzir os estudantes a vários desportos, enquanto quando aplicado no treino é utilizado integrado em um período que inclui competições entre vários jogadores ou equipes (Light, 2013). Esse é um dos modelos menos conhecidos e difundidos no resto do mundo, uma vez que a sua origem foi mais tarde. O foco do Senso de Jogo está na aprendizagem do desporto, entendido como um processo social em que os alunos estão "inevitavelmente interligados" (Light, 2013, p. 33).

A concepção do processo de aprendizagem precisa "corresponder" ao resultado desejado e aos conhecimentos, capacidades e interesses dos jogadores, preparando modificações para tornar as tarefas mais ou menos desafiadoras para os jogadores (Light, 2013), portanto, a abordagem de aprendizagem deve desafiar os atletas. No Senso de Jogo, as competências são aprendidas "através de jogos (modificados)" (Light, 2013, p. 51). De acordo com Mandigo, Butler e Hopper (2007), esse modelo baseia-se nas capacidades dos indivíduos para executar tarefas físicas e desportivas por meio de atividades centradas no jogo, concebidas para melhorar as tomadas de decisões, pensamento, resolução de problemas e capacidades de desempenho num ambiente interativo. Uma aplicação prática do badminton por meio do Senso de Jogo é apresentada no Capítulo 3.

### 1.7.4 Práticas De Jogo

Essa abordagem foi desenvolvida em paralelo e tem as mesmas referências anteriores ao TGfU (Launder e Piltz, 2013), tal como foi originalmente criado em contextos extracurriculares na Austrália (Launder, 2001). O seu objetivo básico é encontrar formas de envolver e motivar os jovens no desporto. A sessão de treino deve começar com um jogo simplificado que requer as competências ou técnicas específicas mais adequadas ao grupo específico de alunos. Posteriormente, o professor é responsável por analisar a progressão dos jogadores e propor novos desafios ou jogos. As Práticas de Jogo baseiam-se em quatro estratégias (Launder e Piltz, 2013): a) simplificar atividades para captar a atenção dos alunos e construir autoconfiança e resiliência; b) moldar práticas por meio da manipulação de diferentes elementos (por exemplo, regras, jogadores, espaços...) para os adaptar às necessidades dos alunos; c) realizar práticas focalizadas: o professor deve intervir para se concentrar em aspectos específicos do jogo ("congelar e replay" consiste em parar o jogo, voltar à situação inicial e repetir a ação refletindo sobre as melhores opções); e d) aumentar as experiências de jogo para motivar os jogadores, limitando o tempo de jogo a 2-3 minutos para manter a pontuação "apertada", exercícios de 30 segundos para aumentar a intensidade e a tensão. Uma aplicação prática com o modelo Práticas de Jogo na natação é apresentada no Capítulo 6.

### 1.7.5 Modelo De Aprendizagem De Decisão Tática

Tal como no Senso de Jogo, o modelo francês de aprendizagem de decisão tática (Grehaigne, Richard e Griffin, 2005) não foi criado diretamente a partir do TGfU. O seu objetivo básico é melhorar a exploração do jogo pelos estudantes, bem como a consolidação de respostas adequadas em jogos reduzidos e condicionados. Para atingir esses objetivos, o modelo apresenta uma estrutura em espiral. Começa com um simples jogo reduzido e a complexidade tática aumenta progressivamente. No final de cada jogo, realiza-se uma discussão de ideias, guiada pelo professor, para reforçar os elementos importantes experimentados anteriormente no jogo. Após a discussão, os jogadores podem perceber a emergência de diferentes elementos-chave do jogo, que têm de ser positivamente associados à próxima proposta de ação.

### 1.7.6 Modelo De Estágio De Desenvolvimento De Jogos

Esse modelo de origem norte-americana (Rink, 2002), também chamado Abordagem de Desenvolvimento de Competências (Araújo et al., 2017), consiste-se na mesma base que os outros Modelos Baseados em Jogos (Graça e Mesquita, 2015): o processo de aprendizagem de um desporto deve aumentar a satisfação e o desenvolvimento técnico-tático em uma sequência de aprendizagem progressiva (Belka, 2004). O Modelo de Estágio de Desenvolvimento dos Jogos baseia-se em duas ideias principais: a) a modificação dos jogos tem de orientar a adaptação e progressão das condições de prática e b) o nível de dificuldade dos jogos deve ter em conta as características dos participantes, bem como as suas experiências anteriores (Rink, 2002). Uma publicação posterior destaca a importância de desenvolver e promover estilos de vida ativos (Rink, 2008). Assim, o Modelo do Estágio de Desenvolvimento dos Jogos baseia-se em três princípios básicos (Mesquita e Graca, 2009):

1. Princípio da progressão ou extensão: sublinha a importância de estruturar progressivamente o conteúdo por meio de quatro etapas (Rink, 2002): (a) competências simples, (b) competências combinadas, (c) jogo ofensivo e defensivo inicial e (d) jogo regulamentado.

2. Princípio do refinamento: essa é uma abordagem metodológica que reforça a ideia de que o desenvolvimento de competências e estratégias é um fator determinante no processo de aprendizagem.

3. Princípio de aplicação: enfatiza o objetivo de cada jogo, bem como o papel de cada participante, incluindo o seu empenho pessoal e autonomia.

Esse modelo é explicado de forma prática no Capítulo 4 por meio do beisebol. Como tal, o leitor é convidado a considerar adaptá-lo ao seu contexto específico ou a outros desportos.

### 1.7.7 Pedagogia Não Linear (Non-linear Pedagogy) e as Abordagens Guiadas por Restrições

A Pedagogia Não Linear envolve a manipulação de importantes restrições de tarefas para facilitar a emergência de padrões de movimento funcionais e comportamentos de tomada de decisão. Além disso, os professores devem compreender as condições de cada aluno e como manipular as condições de tarefa para facilitar o aparecimento de repertórios de movimentos funcionais.

Segundo Chow et al. (2006), a manipulação de restrições pode levar à produção de padrões motores de sucesso, comportamentos de tomada de decisão que orientam a realização dos objetivos da tarefa. Existem três tipos diferentes de condicionantes (Chow et al., 2007):

- **Performance**: características estruturais e funcionais do indivíduo, incluindo características físicas (por exemplo, altura, peso e composição corporal) e atributos funcionais (por exemplo, sinapses no sistema nervoso, motivações, emoções).

- **Ambiental**: todos aqueles encontrados no contexto (por exemplo, luz, temperatura, superfície) e todos aqueles sociais (por exemplo, grupo de pares, normas sociais, expectativas culturais).

- **Relacionadas com a tarefa**: aquelas que envolvem diretamente a tarefa (por exemplo, regras, equipamento, área de jogo, objetivos, número de jogadores).

### 1.7.8 Outros Modelos Baseados no Jogo

Os leitores devem ter em mente que existe uma vasta gama de abordagens que partilham os mesmos elementos básicos dos Modelos Baseados em Jogos, mas que não foram descritos, desenvolvidos, estudados ou aplicados amplamente ou em profundidade (i.e. Abordagem de Insight de Jogos, Abordagem de Conceito de Jogos, Modelo de Competência de Jogos de Invasão) e mesmo outras abordagens emergentes como o Modelo Contextualizado de Alfabetização Desportiva, desenvolvido na Espanha (González-Víllora et al., 2019). Nenhuma dessas abordagens tem sido o objetivo deste livro, mas é positivo indicá-las e tê-las em consideração para perspectivas futuras, pois poderiam acrescentar inovações de grande interesse para facilitar a aprendizagem do desporto.

## 1.8 Os diferentes Modelos Baseados no Jogo

Todos os Modelos Baseados no Jogo são baseados na premissa de que as experiências de aprendizagem podem ajudar no desenvolvimento social, moral e pessoal dos indivíduos. Isso deve-se aos elementos desta abordagem que se resumem a seguir:

1. Concentrar-se no jogo em vez de se concentrar em capacidades ou técnicas descontextualizadas por meio de jogos modificados ou atividades de jogo (Light, 2013). Esses modelos utilizam tanto técnicas, como táticas para desenvolver a compreensão do jogo, portanto, não falaremos mais de técnicas por um lado e táticas por outro,

mas, sim, de competências técnico-táticas. Por sua vez, os jogos são modificados e adaptados de acordo com as exigências do aluno.

2. Ênfase no questionamento (questionamento), pois estimula o pensamento e a interação (Wright e Forrest, 2007).

3. O diálogo, a reflexão e a interação social desempenham um papel fundamental no desenvolvimento da compreensão do jogo (Light, 2014b).

Apesar das diferenças, essas abordagens podem proporcionar experiências positivas que melhoram a aprendizagem e promovem a capacidade e a inclinação para aprender, porque são "centradas no aluno e baseadas na investigação e enfatizam a reflexão do aluno baseada na experiência e na interação social" (Light, 2014a, p. 29).

### 1.8.1 Outros Modelos Baseados no Jogo

Mitchell et al. (2003) salientaram que as abordagens temáticas exigem que os jogadores sejam motivados a jogar independentemente em pequenos grupos e forneceram várias sugestões para preparar os alunos mais jovens ou aqueles que se aproximam desse tipo de abordagem pela primeira vez, o que poderia ser considerado útil para qualquer dos modelos apresentados acima:

1. Os alunos devem aprender regras e rotinas simples que os ajudem na utilização eficaz do tempo (por exemplo, os alunos devem organizar o seu próprio material e iniciar a atividade imediatamente).

2. Os alunos devem respeitar os outros alunos durante os jogos reduzidos (isto é, não ridicularizar alguém que se encontra num nível inferior).

3. Os estudantes devem desenvolver comportamentos desportivos (isto é, por meio de papéis específicos e do desenvolvimento de responsabilidades).

## 1.9 Princípios pedagógicos para ajudar a mudar o estilo de liderança do professor

Com base no trabalho de Thorpe et al. (1986), Griffin et al. (2018) descreveram os seguintes princípios pedagógicos para mudar o estilo de liderança dos professores:

### 1.9.1 O docente como facilitador da aprendizagem

Os Modelos Baseados em Jogos baseiam-se em transferir a responsabilidade dos professores para os alunos. Dessa forma, os jovens adquirem um papel relevante no seu processo de aprendizagem. O professor atua como facilitador, estabelecendo problemas, objetivos e limites que orientam as tarefas de aprendizagem (Griffin et al., 2018), enquanto os alunos procuram as melhores soluções. Como Griffin et al. (2018, p. 13) sugerem: "para que os alunos se tornem bons jogadores, precisam de ser bons solucionadores de problemas". Para apoiar essa transferência de responsabilidade, os professores precisam criar práticas de aprendizagem ativas, dando tempo aos alunos para integrarem os seus novos papéis (Griffin et al., 2018). É essencial uma reflexão de aprendizagem eficaz por meio de estratégias de interrogação ou questionamento (Butler, 1997).

Os professores promoverão a aprendizagem por meio do questionamento. Por conseguinte, precisam aprender quando perguntar e quando dar respostas (Griffin et al., 2018). Assim, um elemento chave do processo de planejamento é o desenvolvimento de questões de qualidade (Bunker e Thorpe, 1982; Griffin et al., 2018; Mitchell et al., 2013). A literatura científica sobre Modelos Baseados no Jogo destaca a importância do desenvolvimento e utilização de questões de qualidade (Australian Sport Commission, 1997; Bunker e Thorpe, 1982; Griffin et al., 1997). No entanto, Harvey e Light (2015) salientam que o questionamento pode ser difícil durante os jogos. Para esse fim, Griffin et al. (2018, p. 14) propuseram seis tipos de perguntas e os aspectos do jogo que cada uma deveria cobrir:

1. Consciência tática ou estratégica: "o que deve fazer..."

2. Execução de uma habilidade ou movimento: "como se deve fazer..."

3. Tempo: "quando é o melhor momento para..."

4. Espaço: "onde...?"

5. Risco: "que escolha..."

6. Raciocínio: "Por quê...?

A esse respeito, os capítulos deste livro fornecem exemplos práticos e específicos sobre como adaptar essas questões a diferentes categorias de desportos. As estratégias de interrogação devem também considerar fatores psicológicos. Pearson e Webb (2008) descobriram que a atitude e o questionamento poderiam aumentar as atitudes positivas e a motivação autônoma dos alunos, fazendo-os sentir mais autoconfiantes para desenvolverem as suas próprias ideias.

Embora alguns Modelos Baseados em Jogos indiquem quando introduzir perguntas (Ex.: Modelo de Estágio de Desenvolvimento de Jogos, Prática de Jogo), os professores devem sempre considerar a sua utilização para reforçar uma ideia, conceito, problema temático, habilidade ou técnica. Por outras palavras, as estratégias pedagógicas reflexivas ativas devem ser parte integrante do processo de planejamento de qualquer um dos Modelos de Jogo. Grehaigne et al. (2005) propuseram a estratégia do "debate de ideias". Isso permitiu que os jogadores partilhassem opiniões sobre elementos específicos do jogo por meio da identificação dos pontos fortes e fracos dos adversários e da seleção de estratégias para abordar esses pontos fortes e explorar esses pontos fracos.

Por outro lado, Whitmore (2009) propôs a estratégia GROW, objetivos (gols), realidade (reality), opções/obstáculos (options/obstacles) e vontade/via (will/way) para reforçar a identificação dos elementos-chave do jogo. Harvey et al. (2016) propuseram quatro passos para implementar esta estratégia:

1. Declarar o objetivo da atividade.

2. Analisar a realidade do adversário.

3. Apontar os obstáculos e suas possíveis soluções.

4. Estabelecer um plano de ação no jogo.

### 1.9.2 Complexidade tática

As diferentes categorias de esportes têm uma maior ou menor complexidade tática, devido aos elementos estruturais e funcionais. Nesse sentido, os esportes de invasão são os mais complexos (González-Víllora, 2021), seguidos pelos esportes de rede/parede, rebatidas e taco, alvo e, como regra geral, os esportes individuais são os menos complexos taticamente. Essas características devem ser levadas em conta no planejamento educacional, a fim de seguir uma progressão adequada na aprendizagem entre as diferentes modalidades esportivas.

A complexidade tática refere-se aos conceitos temáticos (ou seja, nos esportes de invasão eles se relacionam com os princípios táticos: manter a bola, progredir em direção ao gol, conseguir o gol), os conceitos de movimento dos esportes e as habilidades e habilidades necessárias para implementar esses conceitos (Howarth, Fisette, Sweeney e Griffin, 2010). Portanto, esses conceitos determinam as dificuldades das tarefas ou jogos que os alunos enfrentarão.

Para explicar a progressão nas tarefas que são desenvolvidas dentro de um programa de treinamento, consideramos a contribuição de García-López e Gutiérrez (2016) com base em um duplo critério: o contexto temático e os elementos técnicos, onde a aprendizagem é focalizada. O nível de dificuldade da tarefa/jogo é adaptado de uma menor para uma maior complexidade do contexto temático, modificando sequencialmente as regras do jogo, espaço ou funções de certas áreas do jogo, tempo, número de jogadores, características da bola e variantes de manuseio, características dos implementos ou das metas.

### 1.9.3 Modificações (Representação, Exagero e Adaptação)

Diversos autores de modelos baseados nos jogos argumentam que, modificando e moldando o jogo, todos os jogadores podem ter sucesso e integrar aprendizagem significativa (Griffin et al., 2018). Esses autores sugeriram que os professores ou treinadores deveriam considerar o princípio pedagógico da "modificação" por meio dos seguintes procedimentos:

1. **Representação**: "fazer menos para conseguir mais"; o esporte pode ser simplificado, por exemplo, reduzindo o número de jogadores, mas mantendo suas estruturas principais (ou seja, 2 x 2 no futebol de salão).

2. **Exagero**: alguns aspectos do esporte podem ser enfatizados para promover componentes temáticos específicos (ou seja, 5 objetivos para 3 jogadores, em que a ênfase está em tentar marcar) ou componentes técnicos (ou seja, bater apenas de costas em mini tênis).

3. **Adaptação**: uma vez que o jogador tenha tido sucesso, o jogo pode ser modificado para torná-lo mais desafiador para o jogador (ou seja, em 3 x 3 no basquetebol, todos os jogadores devem atirar com a mão não preferida). O objetivo disto é aumentar a motivação para alcançar o desafio proposto.

Mais exemplos de diferentes modificações são apresentados ao longo do livro nos vários capítulos. Essas modificações ajudam professores e treinadores a simplificar o esporte com jogos reduzidos (Griffin et al., 2018), criando e praticando jogos, táticas, estratégias ou movimentos simples. Griffin et al. (2018) identificaram cinco aspectos do esporte que podem ser modificados ou adaptados para se concentrarem em problemas temáticos específicos:

1. **Regras:** remover, adicionar ou modificar regras para trabalhar em elementos temáticos ou técnicos específicos.

2. **O número de jogadores**: utilizando jogos reduzidos ou formas de jogo (ou seja, 3 x 3 ou 2 x 1) para diminuir a velocidade e o ritmo do jogo, limitando sua complexidade tática e simplificando o processo de tomada de decisão.

3. **A área de jogo**: reduzi-la ou ampliá-la para ajudar os jogadores a se concentrarem em aspectos específicos do jogo (isto é, defender-se melhor, mover-se para áreas "abertas" sem um defensor).

4. **O equipamento**: modificá-lo para ajudar os jogadores a se sentirem mais confiantes e permitir execuções e movimentos de habilidade mais bem-sucedidos (ou seja, usar uma bola mais macia ou menor).

5. **O sistema de gol ou de pontuação**: modificá-lo para reforçar a defesa ou o ataque (ou seja, marcar dois pontos para cada gol no futsal).

### 1.9.4 A Avaliação

Siedentop e Tannehill (2000, p. 179) definiram a avaliação como a integração de diferentes tarefas e contextos em que os alunos têm a oportunidade de "demonstrar seus conhecimentos, habilidades, compreensão e aplicação de conteúdo em um contexto que permita a aprendizagem e crescimento contínuos". A avaliação não deve ser apenas a medida de um resultado esperado (classificação). Deve também ajudar os alunos a compreender o processo de aprendizagem e ajudar os professores/treinadores a avaliar quão bem eles alcançaram os objetivos de aprendizagem estabelecidos no início.

A avaliação do conteúdo esportivo tem sido tradicionalmente baseada no teste das habilidades técnicas para medir seu desenvolvimento e desempenho motor. Entretanto, o uso de testes de habilidade descontextualizados para avaliar o desempenho esportivo é problemático. Hay (2006) sugeriu uma mudança de "avaliação para aprendizagem" (avaliação somativa no final) para "avaliação para aprendizagem", com o objetivo de informar e fornecer feedback aos alunos sobre seu progresso. Wiggins (2011) argumenta que a avaliação autêntica deve atender aos seguintes critérios:

- Deve representar com precisão o desempenho no campo de jogo.
- Tanto o contexto físico quanto o social devem ser considerados.
- A autoavaliação desempenha um papel maior do que a medição tradicional.
- Espera-se que os praticantes apresentem e defendam seu trabalho publicamente, o que demonstra o domínio da tarefa.

Ao longo dos capítulos deste livro, são apresentadas diferentes ferramentas de avaliação adaptadas ao modelo pedagógico e ao esporte utilizado.

## 1.10 Os Modelos Baseados no Jogo e Alfabetização Física (Alfabetização Motora)

### 1.10.1 O conceito de alfabetização motora

De acordo com Whitehead (2010), o conceito de Alfabetização Motora surgiu como resultado do declínio da importância do desenvolvimento motor na infância, que se concentrava no desenvolvimento da linguagem e das habilidades sociais, no aumento de problemas como obesidade ou saúde física e mental precária, e na crítica à educação física que rejeitava os alunos que não tinham habilidades motoras excepcionais. Nas palavras de Whitehead (2010, pp. 11-12): "a alfabetização motora pode ser descrita como a motivação, confiança, competência física, conhecimento e compreensão para sustentar a atividade ao longo da vida".

### 1.10.2 A investigação nos Modelos Baseados no Jogo: Razões para promover estudantes alfabetizados motrizmente

Uma recente revisão feita por Harvey e Jarret (2014) mostrou o aumento da representação dos esportes de invasão na literatura dos Modelos Baseados nos Jogos. A seguir, apresentamos evidências dos resultados positivos e limitações desses em esportes de invasão e seu impacto sobre a alfabetização motora. Dudley (2015) e SHAPE America (2014) sugerem que os alunos de alfabetização motora deveriam:

1. Demonstrar competência em habilidades motoras e padrões de movimento (Kinnert et al., 2018), em uma revisão dos contextos de treinamento, sugeriram que há poucas evidências para apoiar o desenvolvimento técnico por meio de Modelos Baseados nos Jogos. Na mesma linha, Harvey e Jarret (2014) observaram que havia resultados confusos sobre o desenvolvimento de habilidades em estudos comparativos (treinamento tático e treinamento técnico),

2. Mas também não houve evidência de que o desenvolvimento de habilidades técnicas tenha diminuído como consequência do uso de modelos não centrados em jogos (Kinnert et al., 2018). Pesquisas mais recentes mostraram resultados positivos em habilidades técnicas (Gouvenia et al., 2019; Morales-Belando et al., 2018).

3. Conhecendo as regras, princípios, estratégias e táticas relacionadas ao movimento e ao desempenho: uma recente revisão dos Modelos Baseados em Jogos nos esportes de equipe mostrou resultados positivos na tomada de decisão e na conscientização tática (Kinnert et al., 2018). A pesquisa tem demonstrado ajudar no desenvolvimento do desempenho geral do jogo nos praticantes (Morales-Belando et al., 2018), bem como na transferência tática (Gouveia et al., 2019; Memmert e Harvey, 2010) e no desenvolvimento do conhecimento declarativo (Nathan e Haynes, 2013). Gray and Sproule (2011) encontraram melhores resultados nas tomadas de decisão do que nos grupos focados nas técnicas e a percepção de melhoria dos jogadores era evidente apenas nos grupos focados no jogo.

4. Demonstrar os conhecimentos e habilidades necessários para atingir e manter um nível de aptidão física e atividade física para melhorar a saúde: há pouca pesquisa sobre o desenvolvimento da saúde e da aptidão física por meio de Modelos Baseados nos Jogos (Harvey e Jarret, 2014; Kinnert et al., 2018; Oslin e Mitchell, 2006). Algumas pesquisas têm fornecido resultados positivos sobre oportunidades para atingir as metas recomendadas de atividade física na Educação Física (Gouveia et al., 2019; Harvey et al., 2016). De acordo com estudos comparativos, a atividade física moderada-vigorosa (AFMV) foi significativamente maior em modelos baseados

em jogo do que em abordagens que se concentraram no ensino da técnica (Smith et al., 2015).

5. Mostrar comportamento pessoal e social e reconhecer o valor da atividade física para a saúde, o prazer, o desafio, a autoexpressão e a interação social: revisões recentes mostraram o potencial dos Modelos Baseados em Jogos para criar ambientes de aprendizagem agradáveis e promover a aprendizagem no domínio afetivo (Harvey e Jarret, 2014; Miller, 2015). Um ponto forte desses modelos é que o professor adota o papel de facilitador, incentivando o empoderamento e a responsabilidade do aluno (Kinnert et al., 2018). Os professores perceberam positivamente a transferência de responsabilidade para os alunos (Llobet-Martí et al., 2018). Por sua vez, os estudantes relataram melhora na comunicação e no trabalho em equipe (Harvey, 2009), motivação autodeterminada (Harvey et al., 2017) e automotivação (Harvey et al., 2017), competência e a percepção de competência e prazer (Gil-Arias et al., 2020), todos eles de grande interesse no processo de aprendizagem.

## Resumo e conclusões

Este capítulo fornece uma visão geral de como modelos baseados nos jogos se desenvolveram, assim como suas principais características (isto é, jogos modificados, questionamentos). Finalmente, é apresentada a conexão entre esses modelos e a Alfabetização Motora. Isso servirá como base para os capítulos seguintes.

## Referências

Almond, L. (1986). Reflecting on themes: a games classification. In R. D. Thorpe, D. J. Bunker & L. Almond (Eds.), *Rethinking games teaching* (pp. 71-77). Department of Physical Education and Sports Sciences of the University of Loughborough.

Almond, L. (2015). Rethinking Teaching Games for Understanding. *Ágora para la Educación Física y el Deporte, 17*(1), 15-25.

Araújo, R., Hastie, P. A., Pereira, C., &Mesquita, I. (2017). The evolution of student-coach's pedagogical content knowledge in a combined use of Sport Education and the Step-Game-Approach model. *Physical Education e Sport Pedagogy, 22*(5), 518-535. org/10.1080/17408989.2017.1294668

Arocha-Rudolfo, J. I. (2019). Sedentarism, a disease from XXI century. *Clínica e Investigación en Arteriosclerosis, 31*(5), 233-240. org/10.1016/j.arteri.2019.04.004

Australian Sports Commission. (1997). Game Sense. Developing thinking players. Belconen, Australian Capital Territory: Australian Sports Commission.

Baker, K. (2016). Models-based practice: learning from and questioning the existing Cana- dian physical education literature. *Canadian Journal for New Scholars in Education, 7*(2), 47-58.

Belka, D. E. (2004). Combining and sequencing games skills. *Journal of Physical Education, Recreation e Dance, 75*(4), 23-27. https://doi.org/10.1080/07303084.2004.1060 9263

Bull, F. C., Al-Ansari, S. S., Biddle, S., Borodulin, K., Buman, M. P., Cardon, G., & Demp-Sey, P. C. (2020). World Health Organization 2020 guidelines on physical activity and sedentary behaviour. *British Journal of Sports Medicine, 54*(24), 1451-1462.

Bunker, D. J., & Thorpe, R. D. (1982). A model for the teaching of games in secondary schools. *Bulletin of Physical Education, 18*(1), 5-8.

Butler, R. (1997). Stories and experiments in social inquiry. *Organization Studies, 18*(6), 927-948. https://doi.org/10.1177/017084069701800602

Casey, A., & Macphail, A. (2018). Adopting a models-based approach to teaching physical education. *Physical Education e Sport Pedagogy, 23*(3), 294-310. https://doi.org/10.1 080/17408989.2018.1429588

Chow, J. Y., Davids, K., Button, C., Shuttleworth, R., Renshaw, I., & Araújo, D. (2006). Non-linear pedagogy: a constraints-led framework for understanding emergence of game play and movement skills. *Nonlinear Dynamics, Psychology, and Life Sciences, 10*(1), 71-103.

Chow, J. Y., Davids, K., Button, C., Shuttleworth, R., Renshaw, I., & Araújo, D. (2007). The role of nonlinear pedagogy in physical education. *Review of Educational Research, 77*(3), 251-278. https://doi.org/10.3102/003465430305615.

Clemente, F. M. (2016). Small-Sided and Conditioned Games in soccer training: the Science and practical applications. Springer.

Culpan, I. y Galvan, H. (2012). Physical education in New Zealand: a socio-critical and bi-cultural positioning. *Journal of Physical Education and Health, 1*(1), 31-42.

Davids, K., Araújo, D., Correia, V. y Vilar, L. (2013). How Small-Sided and Conditioned Ga- mes enhance acquisition of movement and decision-making skills. *Exercise and Sport Sciences Reviews, 41*(3), 154-161. https://doi.org/10.1097/JES.0b013e318292f3ec

Den Duyn, N. (1997). Game Sense: *developing thinking players.* Australian Sports Commission.

Devís-Devís, J., & Peiró, C. (1992). *Nuevas perspectivas curriculares en Educación Física*: la salud y los JOGOs modificados. Inde.

Dudley, D. A. (2015). A conceptual model of observed physical literacy. *The Physical Educator, 72*(5), 236-260. https://doi.org/10.18666/TPE-2015-V72-I5-6020

Ellis, M. (1983). *Similarities and differences in games*: a system for classification. Conferencia presentada en la International Association for Physical Education in Higher Education (AIESEP) Conference. Rome, Italy.

Evangelio, C., Sierra-Díaz, M. J., González-Víllora, S., & Clemente, F. M. (2019). 'Four goals for three players': using 3 vs. 3 Small-Sided Games at school. *Human Movement, 20*(2), 68-78. https://doi.org/10.5114/hm.2019.85096

Farooq, A., Martin, A., Janssen, X., Wilson, M. G., Gibson, A. M., Hughes, A., & Reilly, J. J. (2020). Longitudinal changes in moderate-to-vigorous-intensity physical activity in children and adolescents: a systematic review and meta-analysis. *Obesity Reviews, 21*(1), 1-15. https://doi.org/10.1111/obr.12953

Forrest, G. (2014). Questions and answers: understanding the connection between ques- tioning and knowledge in Game-Centred Approaches. In R. Light, J. Quay, S. Harvey & A. Mooney (Eds.), *Contemporary developments in games teaching* (167-177). Routledge.

García-López, L. M., & Gutiérrez, D. (2016). *Aprendiendo a enseñar deporte*. Modelos de enseñanza comprensiva y educación deportiva. Inde.

Gil-Arias, A., Claver, F., Práxedes, A., Villar, F. D., & Harvey, S. (2020). Autonomy support, motivational climate, enjoyment and perceived competence in phy- sical education: impact of a hybrid Teaching Games for Understanding/Sport Education unit. *European Physical Education Review, 26*(1), 36-53. https://doi. org/10.1177/1356336X18816997

González Víllora, S. (2021). ¿Cómo utilizar la Enseñanza Comprensiva del Deporte en Educación Física y en ámbito extracurricular? In A. Peréz-Pueyo, D. Hortigüela y J. Fernández-Río, ¿Cómo utilizar los Modelos pedagógicos en Educación Física? Universidad de León.

González-Víllora, S., Sierra-Díaz, M. J., Pastor-Vicedo, J. C., & Contreras-Jordán, O. R. (2019). The way to increase the motor and sport competence among children: the Contextualized Sport Alphabetization Model. *Frontiers in Physiology*, *10*, 569. https:// doi.org/10.3389/fphys.2019.00569

Gouveia, É. R., Gouveia, B. R., Marques, A., Kliegel, M., Rodrigues, A. J., Prudente, J., ... Ihle, A. (2019). The effectiveness of a Tactical Games Approach in the teaching of invasion games. *Journal of Physical Education and Sport*, *19*, 962-970.

Graça, A., & Mesquita, I. (2015). Modelos e concepções de ensino dos jogos desportivos. In F. Tavares (Ed.), *Jogos Desportivos Colectivos Ensinar a Jogar* (pp. 9-54). Editora.

Gray, S., & Sproule, J. (2011). Developing pupils' performance in team invasion games. *Physical Education e Sport Pedagogy*, *16*(1), 15-32. https://doi.org/10.1080/17408980903535792

Gréhaigne, J. F., Richard, J.- F., & Griffin, L. (2005). *Teaching and learning team sports and games*. Routledge-Falmer.

Griffin, L., Butler, J. y Sheppard, J. (2018). Athlete-centred coaching: extending the pos- sibilities of a holistic and process-oriented model to athlete development. In S. Pill (Ed.), *Perspectives on athlete-centred coaching* (pp. 9-23). Routledge.

Griffin, L., Mitchell, S., & Oslin, J. (1997). *Teaching sport concepts and skills*: a tactical games approach. Human Kinetics.

Haerens, L., Kirk, D., Cardon, G., & De Bourdeaudhuij, I. (2011) Toward the development of a pedagogical model for Health-based Physical Education. *Quest*, *63*(3), 321-338. https://doi.org/10.1080/00336297.2011.10483684

Harvey, S. (2009). A study of interscholastic soccer players' perceptions of learning with Game Sense. *Asian Journal of Exercise e Sports Science*, *6*(1), 1-10.

Harvey, S., Cope, E., & Jones, R. (2016). Developing questioning in Game-Centered Approaches. *Journal of Physical Education, Recreation e Dance*, *87*(3), 28-35. https:// doi.org/10.1 080/07303084.2015.1131212

Harvey, S., Cushion, C., & Sammon, P. (2015). Dilemmas faced by pre-service teachers when learn- ing about and implementing a Game-Centred Approach. European *Physical Education Review*, *21*(2), 238-256. https://doi.org/10.1177/1356336X14560773

Harvey, S., Gil-Arias, A., Smith, M. L., & Smith, L. R. (2017). Middle and elementary school students' changes in self-determined motivation in a basketball unit taught using the Tactical Games Model. *Journal of Human Kinetics, 59*(1), 39-53. https://doi.org/10.1515/ hukin-2017-0146

Harvey, S., & JARRETT, K. (2014). A review of the Game-Centred Approaches to teaching and coaching literature since 2006. *Physical Education e Sport Pedagogy, 19*(3), 278-300. https://doi.org/10.1080/17408989.2012.754005

Harvey, S., & Light, R. L. (2015). Questioning for learning in Game-Based Approaches to teaching and coaching. *Asia-Pacific Journal of Health, Sport and Physical Education, 6*(2), 175- 190. https://doi.org/10.1080/18377122.2015.1051268

Harvey, S., Song, y., Baek, J. H., & Van Der Mars, H. (2016). Two sides of the same coin: student physical activity levels during a game-centred soccer unit. *European Physical Education Review, 22*(4), 411-429. https://doi.org/10.1177/1356336X15614783

Hay, P. J. (2006). Assessment for learning in physical education. In D. Kirk, D. Macdonald & M. O'Sullivan (Eds.), *The handbook of physical education* (pp. 312-326). SAGE Publications Ltd.

Howarth, K., Fisette, J., Sweeney, S., & Griffin, L. (2010). Unpacking tactical problems in invasion games: Integrating movement concepts into games education. In J. Butler, & L. Griffin (Eds.), *More Teaching Games for Understanding: moving globally* (pp. 245-256). Human Kinetics.

Jewett, A. E., Bain, L. L., & Ennis, C. D. (1995). *The curriculum process in physical education.* Brown e Benchmark.

Kinnerk, P., Harvey, S., Macdonncha, C., & Lyons, M. (2018). A review of the Game--Based Approaches to coaching literature in competitive team sport settings. *Quest, 70*(4), 401-418. https://doi.org/10.1080/00336297.2018.1439390

Kirk, D. (1989). Teaching Games for Understanding: an innovation in the games curriculum. *The Australian Council for Health, Physical Education and Recreation National Journal, 126*(1), 25-27.

Kirk, D. (2017). Teaching games in physical education: towards a pedagogical model. *Revista Portuguesa de Ciências do Desporto, 17*(S1.A), 17-26. https://doi.org/10.5628/rpcd.17.S1A.17

Kirk, D., & Macphail, A. (2002). Teaching Games for Understanding and situated learning: rethinking the Bunker-Thorpe model. *Journal of Teaching in Physical Education, 21*(2), 177-192. https://doi.org/177-192.10.1123/jtpe.21.2.177

Kruzel, J. (1985). What's wrong with the traditional approach? *Washington Quarterly, 8*(2), 121-132. https://doi.org/10.1080/01636608509450274

Launder, A. (2001). *Play practice*: the games approach to teaching and coaching sports. Human Kinetics.

Launder, A., & Piltz, W. (2013). *Play practice.* Engaging and developing skilled players from beginners to elite. Human Kinetics.

Light, R. (2013). Game sense. Pedagogy for performance, participation and enjoyment. Routledge.

Light, R. (2014a). Positive pedagogy for physical education and sport. Game Sense as an example. In R. Light, J. Quay, S. Harvey y A. Mooney (Eds.), *Contemporary develop- ments in games teaching* (pp. 29-42). Routledge.

Light, R. (2014b). Learner-centred pedagogy for swim coaching: A complex learning theory- informed approach. *Asia-Pacific Journal of Health, Sport and Physical Education, 5*(2), 167-180. https://doi.org/10.1080/18377122.2014.906056

Light, R., & Mooney, A. (2014). Introduction. In R. Light, J. Quay, S. Harvey & A. Mooney (Eds.), *Contemporary developments in games teaching* (pp. 1-12). Routledge.

Llobet-Martí, B., López-Ros, V., & Vila, I. (2018). The analysis of interactivity in a teaching and learning sequence of rugby: the transfer of control and learning responsibility. *Physical Education e Sport Pedagogy, 23*(1), 84-102. https://doi.org/10.1080/17408 989.2017.1341472

Mahlo, F. (1974). *Acte tactique en jeu* [Traducción propuesta: Acción Táctica en JOGO]. Vigot.

Mandigo, J., Butler, J., & Hopper, T. (2007). What is Teaching Games for Understanding? A Canadian perspective. *Physical and Health Education Journal, 73*(2), 14-20.

Martin, N. J. (2020). Fostering motivation: understanding the role coaches play in youth sport. *Strategies, 33*(1), 20-27. https://doi.org/10.1080/08924562.2019.1680 Memmert, D., & Harvey, S. (2010). Identification of non-specific tactical tasks in invasion games. *Physical Education e Sport Pedagogy, 15*(3), 287-305. https://doi.org/10.1080/17408980903273121

Mesquita, I., & Graça, A. (2009). Modelos instrucionais no ensino do desporto [Traducción propuesta: Modelos de Instrucción para la enseñanza deportiva]. *Pedagogia do Desporto*, 39-68.

Mesquita, I., & Graça, A. (2005). *Instructional models for physical education* (2nd ed.). Routledge-Falmer.

Mesquita, I., & Graça, A. (2017). *Instructional models for physical education* (3rd ed.). Routledge-Falmer.

Miller, A. (2015). Games Centered Approaches in teaching children e adolescents: Systematic review of associated student outcomes. *Journal of Teaching in Physical Education*, *34*(1), 36-58. https://doi.org/10.1123/jtpe.2013-0155

Mitchell, S. A. (1996). Improving invasion game performance. *Journal of Physical Education, Recreation e Dance*, *67*(2), 30-33. https://doi.org/10.1080/07303084.1996.1060 7197

Mitchell, S. A., Oslin, J. L., & Griffin, L. L. (2003). *Sport foundations for elementary physical education:* a Tactical Games Approach. Human Kinetics.

Mitchell, S. A., Oslin, J. L., & Griffin, L. L. (2006). *Teaching sport concepts and skills. A Tactical Games Approach*. Human Kinetics.

Mitchell, S. A., Oslin, J. L., & Griffin, L. L. (2013). *Teaching sport concepts and skills: a Tactical Games Approach for ages 7 to 18*. Human Kinetics.

Morales-Belando, M. T., Calderón, A., & Arias-Estero, J. L. (2018). Improvement in game performance and adherence after an aligned TGfU floorball unit in physical education. *Physical Education e Sport Pedagogy*, *23*(6), 657-671. https://doi. org/10.1080/17408 989.2018.1530747

Nathan, S., & Haynes, J. (2013). A move to an innovative games teaching model: Style E Tactical (SET). *Asia-Pacific Journal of Health, Sport and Physical Education*, *4*(3), 287-302. https://doi.org/10.1080/18377122.2013.836769

Oslin, J., & Mitchell, S. (2006). Game-Centered Approaches to teaching physical education. In D. Kirk, D. Macdonald & M. O'Sullivan (Eds.), *The handbook of physical education* (pp. 627-651). SAGE Publications Ltd.

Pearson, P. J., & Webb, P. (2008). *Developing effective questioning in Teaching Games for Understanding (TGfU)*. Conferencia presentada en la First Asia Pacific Sport in Education Conference. Adelaide, Australia.

Pill, S. (2018). *Perspectives on athlete-centred coaching*. Routledge.

Rink, J. E. (2002). *Teaching physical education for learning* (8th ed.). McGraw-Hill Education.

Rink, J. E. (2008). *Designing the physical education curriculum*: Promoting active lifestyles.McGraw-Hill Education.

Robles, M. T., Fernández-Espínola, C., & Fuentes-Guerra, F. J. (2019). Small games as a teaching methodology in football. *Revista Iberoamericana de Ciencias de la Actividad Física y el Deporte, 8*(1), 83-96.

Sánchez-Gómez, R., Devís-Devís, J., & Navarro-Adelantado, V. (2014). The Teaching Games for Understanding model in international and Spanish context: an historical perspective. *Ágora para la Educación Física y el Deporte, 16*(3), 197-213.

Sánchez-Sánchez, J., García, M. S., Asián-Clemente, J. A., Nakamura, F. Y., & Ramírez-Campillo, R. (2019). Effects of the directionality and the order of presentation within the session on the physical demands of small-sided games in youth soccer. *Asian Journal of Sports Medicine, 10*(2), 1-8. https://doi.org/10.5812/asjsm.87781

SHAPE America. (2014). *Grade-levels outcomes for K-12 Physical Education*. Human Kinet- ics and SHAPE America Press.

Siedentop, D., & Tannehill, D. (2000). *Developing teaching skills in physical education* (4th ed.). McGraw-Hill.

Sierra-Díaz, M. J., González-Víllora, S., Pastor-Vicedo, J. C., & López-Sánchez, G. F. (2019).Can we motivate students to practice physical activities and sports through models- based practice? A systematic review and meta-analysis of psychosocial factors related to Physical Education. *Frontiers in Psychology, 10,* 2115. https://doi.org/10.3389/ fpsyg.2019.02115

Smith, L., Harvey, S., Savory, L., Fairclough, S., Kozub, S., & Kerr, C. (2015). Physical activity levels and motivational responses of boys and girls: a comparison of direct instruction and Tactical Games Models of games teaching in physical education. *European Physical Education Review, 21*(1), 93-113. org/10.1177/1356336X14555293

Standing, R., & Maulder, P. (2019). The effectiveness of progressive and traditional coaching strategies to improve sprint and jump performance across varying levels of maturation within a general youth population. *Sports, 7*(8), 186-206. org/10.3390/ sports7080186

Thorpe, R. D., & Bunker, D. J. (1986). The curriculum model. In R. D. Thorpe, D. J. Bunker & L. Almond (Eds.), *Rethinking games teaching* (pp. 7-10). Department of Physical Education and Sports Sciences; University of Loughborough.

Thorpe, R. D., Bunker, D. J., & Almond, L. (1986). *Rethinking games teaching*. Department of Physical Education and Sports Sciences; Loughborough: University of Loughborough.

Wade, A. F. A. (1967). *The F.A. Guide to training and coaching*. The Football Association.

Webb, P. I., & Pearson, P. J. (2012). Creative unit and lesson planning through a thematic/integrated approach to Teaching Games for Understanding (TGfU). *New Zealand Physical Educator, 45*(3), 17-22.

Werner, E. E. (1989). Teaching games: a tactical perspective. *Journal of Physical Education, Recreation e Dance, 60*(3), 97-101.

Whitehead, M. (2010). *Physical literacy throughout the lifecourse*. Routledge.

Whitmore, J. (2009). *Coaching for performance*: GROWing human potential and purpose. The principles and practice of coaching and leadership (4th ed.). Nicholas Brealey.

Wiggins, G.(2011). A true test: toward more authentic and equitable assessment. *Phi Delta Kappan, 92*(7), 81-93. org/10.1177/003172171109200721

World Health Organization (2010). *Global recommendations on physical activity for health*. WHO Library Cataloguing-in-Publication Data.

Wright, J., & Forrest, G. (2007). A social semiotic analysis of knowledge construction and Games Centred Approaches to teaching. *Physical Education e Sport Pedagogy, 12*(3), 273-287. org/10.1080/17408980701610201

# 2

# ENSINO DOS ESPORTES DE INVASÃO USANDO O MODELO TÁTICO (*TACTICAL GAMES APPROACH*)

## 2.1 Esportes de invasão: definição e princípios

Nos esportes de invasão ou também conhecidos em nosso contexto como esportes de equipe (Méndez-Giménez, 2009), as equipes pontuam movendo a bola/dispositivo (de agora em diante, o termo "bola" será usado para se referir a esse conceito) (por exemplo, frisbee, basquete, bola de rúgbi ou disco de hóquei) no campo do adversário para atirar para um alvo fixo (por exemplo, gol, cesta) ou para passar a bola através de um alvo aberto (por exemplo, linha) (Almond, 1986). Os esportes de invasão são esportes em equipe de alta complexidade tática que geralmente incluem mais jogadores por equipe do que esportes em outras categorias esportivas, forçando os jogadores a controlar sua própria localização espacial, trajetórias móveis ou os movimentos e localizações de outros atletas, com tempo limitado para driblar ou passar a bola na área de marcação e pontuar (Gréhaigne, Caty e Godbout, 2010), produzindo táticas mais complexas (Thorpe e Bunker, 1989).

Os jogadores podem desempenhar dois papéis básicos durante a prática:

1. **Os jogadores no controle da bola:** esses são jogadores que estão no controle da bola. Esses jogadores tomam decisões que respondem às exigências do jogo, tentando resolver situações que determinam a continuidade ou padrão de movimentos (Gréhaigne et al., 2010). Esses jogadores têm quatro opções — correr, driblar, passar ou finalizar (Bayer, 1992) — e as habilidades utilizadas para realizar essas ações são bastante diferentes de uma situação de jogo para outra e com diferenças óbvias entre os esportes. O seguinte é um exemplo prático para representar essas diferenças usando o passe como elemento. Se alguém imaginar uma situação em que um joga-

dor de basquete encontra uma defesa de baixa pressão, nesse caso, se o jogador quiser passar a bola para outro colega de equipe não marcado, ele provavelmente usará um passe de peito. Entretanto, se em um caso semelhante, o jogador com a bola se encontrar em uma situação com dois adversários no canto da quadra (limite entre a linha de base e a linha lateral), nesse caso, é possível que esse jogador seja forçado a fazer um passe para um colega de equipe, a fim de sair dessa situação de alta pressão defensiva sem perder a bola. Por outro lado, esta diferença na execução da mesma habilidade é ainda mais evidente quando se fala de um esporte que é jogado com a mão (por exemplo, handebol) ou de um esporte que é jogado com o pé (por exemplo, futebol).

2. **Jogadores sem bola:** os jogadores que não têm controle da bola; eles têm três opções — suporte/desmarcação (ação ofensiva), cobertura ou marcação (ações defensivas) —, dependendo de sua posição no campo.

Os esportes de invasão envolvem praticantes que jogam com outros colegas de equipe para atingir um objetivo comum, e essa colaboração e cooperação podem contribuir para apoiar a diversidade na alfabetização motora (Whitehead, 2010). Além disso, esse trabalho colaborativo é importante para o sucesso da equipe, pois as decisões e ações de um jogador dependem do que os outros jogadores da equipe e os adversários estão fazendo (Tallir et al., 2012).

Todas essas ações são realizadas em diferentes situações de jogo, às quais nos referimos como "princípios táticos". A seguir, são apresentados os princípios táticos ofensivos nos esportes de invasão.

1. **Manutenção da posse da bola:** quando jogadores atacantes com a bola decidem passar a bola para outro companheiro de equipe, o passe eficaz depende não apenas da habilidade do passador, mas também da habilidade dos jogadores atacantes sem a bola para receber o passe (MacPhail et al., 2008). Portanto, é importante que o jogador na posse da bola seja capaz de fazer o passe com uma trajetória e velocidade adequadas às possibilidades de recepção do jogador ao qual o passe é dirigido. O apoio ou desmarcação inclui movimentos táticos para seguir uma posição ideal na área de jogo no momento certo, a fim de fornecer ao jogador atacante com bola opções de passe (Memmert e Harvey, 2010). Esse movimento

tático sem a bola é essencial nos esportes de invasão, devido ao fato de que os jogadores na maior parte do tempo de jogo, não tem a posse da bola.

2. **Progressão em direção ao gol:** jogadores atacantes com a bola podem avançar em direção ao gol do time adversário, correndo, driblando ou passando. Esse princípio inclui a exigência tática de transportar a bola para uma área específica (por exemplo, gol, zona final) com a ajuda dos colegas de equipe (Memmert e Harvey, 2010) e com a oposição da equipe adversária. Nesse sentido, é importante que os jogadores entendam que o objetivo final do jogo é atingir o alvo (por exemplo, marcar um gol, marcar uma cesta) e, portanto, é essencial que os jogadores entendam que esse princípio deve ter prioridade sobre a manutenção da posse (desde que isso seja possível e não comprometa a posse de bola). Por essa razão, devem ser propostos jogos em que os jogadores experimentem diferentes maneiras de progredir, tais como o uso de uma regra que limita a condução e os dribles e incentiva os passes.

3. **Atingir o objetivo (finalizar):** esse princípio inclui as exigências táticas de tomar decisões temporais e espaciais enquanto se resolve situações táticas (Memmert e Harvey, 2010). Os jogadores tentam marcar um gol/ponto de diferentes maneiras (por exemplo, gol, cesta), dependendo do esporte que estão jogando. Por exemplo, no basquete, os atletas marcam colocando a bola através de uma cesta (usando suas mãos), enquanto no futebol, os atletas marcam quando a bola passa pela linha do gol (usando qualquer parte do corpo, exceto as mãos). No hóquei, os atletas marcam de forma semelhante ao futebol, mas usando um implemento para impulsionar a bola em direção ao gol. Para tomar boas soluções nesse princípio tático, é muito importante que os jogadores estejam cientes de quando é o melhor momento para terminar a jogada, ou seja, devem procurar a melhor posição e situação para tentar alcançar o objetivo (por exemplo, sem defesa ou com uma defesa que o jogador com a bola seja capaz de superar). Da mesma forma, situações ou estratégias táticas devem ser propostas para que os jogadores entendam quando não finalizar e quando é melhor driblar o adversário ou fazer um passe para um colega de equipe, o que poderia ser uma ajuda.

Por outro lado, os defensores tentarão impedir o sucesso da equipe atacante. Como sugerido por Rovegno et al. (2001), defensores, como condicionantes da tarefa contribuem para a autenticidade do esporte. Ao projetar jogos e tarefas, diferentes tipos de defesa podem ser utilizados, o que tornará o ataque progressivamente mais difícil. Entretanto, uma defesa forte limitará o sucesso do adversário, e uma defesa fraca não desafiará o jogador, com a possibilidades de levar ao tédio no jogo.

Todas essas ações acontecem em diferentes situações de jogo. Os princípios táticos de defesa nos esportes de invasão são os seguintes.

1. **Evitar a progressão**: os defensores tentarão impedir que a equipe adversária avance com a bola utilizando diferentes tipos de defesa (por exemplo, defesa individual, de zona ou mista). Nos estágios iniciais da iniciação esportiva (alfabetização), é recomendado começar com a defesa individual e depois construir e praticar a defesa zonal, o que requer uma melhor compreensão do conceito de espaço e mais coordenação e comunicação com o resto da equipe. Uma vez conhecidos esses dois tipos de defesa, é possível começar a praticar a defesa mista em alguns cenários típicos, como as jogadas de bola parada.

2. **Recuperar a posse da bola**: os defensores tentarão roubar a bola, antecipando os movimentos do adversário, interceptando o passe ou fazendo-o sair do campo, devido à pressão exercida, o que gera erros nos jogadores do time adversário. Também é possível fazer bom uso da interceptação ou desarme pelo jogador defensivo no atacante com a bola, embora seja uma ação técnico-tática complexa de realizar e conseguir, portanto, é necessário colocar os jogadores em diferentes jogos modificados para que eles pratiquem a antecipação e a tomada de decisões em diferentes cenários, o que ajudará quando se tentar um roubo direto da bola e quando for melhor temporizar.

3. **Evitar o gol**: os goleiros (nos esportes onde este papel existe) têm um papel importante, pois geralmente são a última pessoa capaz de evitar o gol (por exemplo, usando suas mãos ou um implemento); entretanto, quando estão fora de posição, outro jogador pode tentar evitar o gol, embora com regras diferentes das do goleiro (por exemplo, o goleiro no futebol pode parar a bola com qualquer parte do

corpo, enquanto os outros jogadores podem usar qualquer parte do corpo, exceto as mãos). Em jogos esportivos envolvendo o goleiro, a coordenação entre os movimentos dos defensores mais atrasados e o goleiro é fundamental neste princípio, que deve ser aprendida levando em conta as diferentes situações possíveis e a prática de jogos modificados que exagerem essas relações espaço-temporal.

## 2.2 Esportes de invasão: definição e princípios

A fim de adaptar diferentes esportes de invasão às necessidades dos jogadores, é necessário que professores e treinadores modifiquem as exigências do esporte e se concentrem em objetivos específicos de aprendizagem. Entretanto, essa adaptação pode nem sempre ser simples, pois uma revisão recente observa que professores/treinadores têm dificuldade em projetar e planejar jogos "apropriados" (Kinnerk et al., 2018). As seções seguintes apresentam alguns exemplos de como os esportes de invasão poderiam ser modificados para atender às necessidades dos jovens jogadores. Pretende-se que as modificações apresentadas a seguir sirvam como exemplos e estabeleçam as bases para ajudar o leitor a modificar os vários esportes de invasão em sua prática. Entretanto, caberá ao treinador/professor projetar suas próprias atividades, de acordo com seu contexto específico de aprendizagem.

### 2.2.2 Como é possível modificar os esportes de invasão?

Como observado no Capítulo 1, os jogos em diferentes categorias esportivas podem ser modificados de três maneiras diferentes: representação, exagero e adaptação (Griffin et al., 2018). Esta seção fornece exemplos de jogos de invasão modificados, de acordo com as seguintes possibilidades:

- **Representação:** alguns exemplos são um 2 x 2, 3 x 3, 4 x 4... qualquer número menor que o esporte "real", em uma área de jogo menor do que a área "real". As principais regras são mantidas, embora algumas sejam simplificadas ou eliminadas ou novas regras também podem ser incluídas para facilitar a aprendizagem (por exemplo, uma "área segura" ao redor do jogador quando ele/ela obtiver a posse). Um exemplo de tais modificações seriam os minijogos, por exemplo, o minibasquetebol ou o futebol de 7.

- **Exagero**: exemplos desse tipo de modificação são 1 x 2, 2 x 3, 3 x 4, 4 x 2... qualquer combinação em que haja jogadores mais ofensivos do que defensivos ou vice-versa. O número de jogadores ofensivos é aumentado (exagero) para facilitar a progressão da bola ou a realização da meta (sucesso), enquanto o número de defensores é aumentado para trabalhar o conceito de cobrir espaços (zonas), defender um jogador, parar a progressão da bola ou recuperar a bola. Da mesma forma, podem ser incluídos jogadores com o papel de coringa, que sempre jogam no ataque ou na defesa e podem limitar sua zona de ação a uma determinada área de jogo (2 x 2+1, 2 x 2+2, 3 x 3+1...), o que é benéfico para enriquecer a compreensão tática do jogo (por exemplo, em representação dos esportes invasivos na literatura dos Modelos Baseados nos Jogos. A seguir, apresentamos evidências largura e profundidade), de fato, em um estudo realizado no futebol Correia et al. (2020) demonstraram que jogadores com maior rendimento de jogo aumentaram a quantidade e a eficácia das ações táticas ofensivas e defensivas em jogos reduzidos com o uso de jogadores coringa.

- **Adaptação**: a modificação dos jogos por adaptação significa adaptar os requisitos da tarefa de acordo com as necessidades dos alunos, proporcionando oportunidades de sucesso e, ao mesmo tempo, permanecendo desafiador para todos os jogadores (por exemplo, quando um atleta joga um 3 x 3 efetivamente enquanto outros não, o professor/treinador pode pedir ao jogador que passe a bola com a mão não preferida). Esse tipo de adaptação é um pré-requisito para desenvolver a alfabetização motora dos atletas. Essas modificações são essenciais para desenvolver um esporte inclusivo, para que todos os jovens, independentemente de suas condições e nível de habilidade, e especialmente aqueles com baixa competência motora, possam praticar os esportes de invasão. Seu uso também é recomendado quando há um jogador no grupo que se destaca por suas capacidades motoras elevadas, que estão bem acima do nível médio de habilidade do resto dos participantes, pois será necessário fazer uma adaptação para que esse tipo de jogador tenha a possibilidade de continuar progredindo e que o resto dos participantes possa jogar e ter uma chance de sucesso se se esforçarem. Na literatura esportiva especializada, tem sido chamado como uso de desvantagens.

### 2.2.3 Que elementos dos jogos podem ser modificados?

Griffin et al. (2018) sugeriram que há cinco elementos do esporte que podem ser modificados para concentrar a atenção em problemas táticos específicos (ver Capítulo 1). Esta seção apresenta exemplos desses cinco elementos e pretende mostrar como essas modificações podem trazer uma grande mudança nos jogos esportivos de invasão:

- **Regras**: como em qualquer categoria esportiva, os esportes de invasão têm regras específicas que condicionam o desempenho do atleta e a dinâmica do esporte. As regras podem ser facilmente modificadas para desenvolver objetivos específicos de aprendizagem. Nos estágios iniciais, poderia se incluir a regra de *"área segura"* em torno do jogador na posse da bola, na qual os defensores não poderiam roubar a bola diretamente dele/dela, mas teriam que interceptar a bola. Essa regra permite ao jogador com a bola mais tempo para tomar uma decisão e executá-la, o que se destina a impedir que o jogador atacante com a bola acelere e reduza a ansiedade causada pela pressão defensiva direta No entanto, essa regra deve levar em conta a posição no campo. Ou seja, se o jogo for basquetebol e o jogador com a bola estiver perto da cesta, não poder roubar a bola nessa posição tornaria muito fácil para ele acertar a cesta. Essa regra deve ser ajustada à idade, à habilidade dos jogadores (competência motora) e ao objetivo específico de aprendizagem. Um exemplo concreto é dado abaixo para mostrar como uma pequena mudança nas regras leva a um jogo diferente.

  – Jogo 1. 3 x 3 no futebol com jogos reduzidos e sem goleiros em uma área de jogo de 15 x 15 metros.

  – Jogo 2. Jogo com elementos similares ao Jogo 1 (por exemplo, número de jogadores e área de jogo), permitindo que os jogadores realizem apenas três passos quando em posse da bola. Essa restrição cria um novo jogo, no qual os atletas têm que fazer mais passes e movimentos sem a bola (por exemplo, desmarcar). Ao mesmo tempo, esse jogo limita o desenvolvimento das habilidades de manuseio de bola.

- **Número de jogadores:** é fácil apreciar as diferenças físicas e técnico-táticas entre os diferentes esportes de invasão, por exemplo, futebol (10 jogadores de campo e um goleiro) ou basquete (cinco jogadores e nenhum goleiro). A redução do número de jogadores pode simplificar a complexidade tática, ajudando assim os processos de percepção, antecipação e tomada de decisão. Um jogo 4 x 4 no futebol ou 3 x 3 no basquetebol pode aumentar a participação e ajudar a desenvolver habilidades e táticas. Os professores e treinadores devem considerar diferentes combinações para projetar jogos da maneira que melhor se adapte ao objetivo da sessão. Um 2 x 2 no basquetebol pode ser projetado para focar a atenção no passe e no movimento do jogador sem a bola (por exemplo, desmarcar ou o "passa e vai"). Esse jogo vai aumentar a participação, devido ao número limitado de jogadores (se um jogador tem a bola, o outro deve apoiar), mas, ao mesmo tempo, esse jogo limita as opções táticas para cada jogador (só é possível passar para um colega de equipe); quando um jogador tem a bola, ele só pode driblar, chutar ou passar para um jogador específico (o jogador sem a bola), limitando as decisões táticas quando em posse da bola. Portanto, professores e treinadores devem considerar os objetivos de aprendizado técnico-tático, a fim de projetar o jogo que melhor se adapte a ambas as exigências. Aquí, estão alguns exemplos:

    - Jogo 1. 3 x 2 em *thoukball*com dois gols. Esse jogo, com superioridade numérica, favorece a realização do objetivo para a equipe com o maior número de jogadores.

    - Jogo 2. 2 x 3 em *thoukball* com dois gols. Esse jogo ajuda os defensores a cobrir mais a área de jogo para ganhar a posse da bola, tornando mais difícil para a equipe com menos jogadores alcançar o objetivo.

- **Área de jogo:** esportes de invasão são praticados em uma grande variedade de ambientes (por exemplo, em uma piscina no polo aquático, na grama no rúgbi) com áreas de jogo de diferentes tamanhos (por exemplo, a área de futebol é muito maior do que a área de futsal). Alterar o tamanho da área de jogo poderia ajudar os jogadores a focar a atenção em aspectos particulares do jogo:

– Jogo 1. 4 x 4 no handebol sem goleiro, gols pequenos e área de jogo estreita. O espaço confinado força a defesa a ser mais apertada, tornando mais difícil atingir o objetivo no ataque.

– Jogo 2. 4 x 4 no handebol sem goleiro, pequenos gols e ampla área de jogo. Essa modificação dá mais espaço aos atacantes, tornando as tarefas defensivas mais complexas, pois eles têm que defender mais espaço de jogo.

- **Material:** cada esporte de invasão utiliza equipamentos diferentes (por exemplo, tipo de bola, que pode ser diferente em material, forma, cor ou peso: bola oval em rugby ou bola esférica em basquetebol; tipo e adaptação do implemento: bastão/taco de hockey ou bastão/taco de lacrosse). Para os iniciantes, é importante adaptar o equipamento para tornar a prática mais segura e permitir um desempenho bem-sucedido. Vejamos alguns exemplos:

– Jogo 1. 3 x 3 no lacrosse com equipamento institucionalizado (o bastão de lacrosse, ou "crosse").

– Jogo 2. 3 x 3 no lacrosse com equipamento adaptado (o bastão é mais curto que o tradicional bastão). A modificação desse segundo jogo permitirá que os jovens praticantes executem as habilidades de forma mais eficiente e tenham mais sucesso em suas ações, o que aumentará sua motivação para continuar praticando e aprendendo, já que esse equipamento será adaptado ao estágio de maturação em que se encontram (por exemplo, os bastões serão adaptados à altura, ao peso e às habilidades físicas dos participantes).

- **Pontuação e/ou objetivo:** ambos podem ser facilmente modificados aumentando o número ou o tamanho. Dois exemplos:

– Jogo 1. 4 x 4 *ultimate* com dois gols (jogo de invasão jogado com o disco ou frisbee).

– Jogo 2. 4 x 4 *ultimate* com dois gols e dois atletas com um grande arco cada um (atuando como alvos móveis). Nesse jogo, cada equipe tem a opção de marcar em três gols: um fixo e dois móveis.

## 2.3 Questionamento e reflexão nos esportes de invasão

O questionamento é um dos aspectos básicos dos Modelos Baseado no Jogo, pois eles concentram a atenção em dois aspectos: o jogo e o jogador. Nesse sentido, deve ser dada atenção especial à dinâmica do questionamento. Ou seja, paradas com frequência pelo professor/treinador para fazer perguntas tira os jogadores o prazer de jogar e o tempo necessário para aprender através da ação, por isso, é melhor fazer poucas perguntas do que muitas (Light, 2013). O professor de iniciação esportiva deve falar pouco e concentrar o discurso em um ou, no máximo, em dois aspectos-chave.

É importante que seja criado um ambiente seguro, no qual os jogadores entendam que não há respostas certas ou erradas, pois isso, também incentivará respostas criativas. Nesse ponto, o diálogo que será gerado entre os jogadores mais e menos habilidosos é essencial, e eles podem aprender uns com os outros independentemente de seu nível de compreensão, habilidade e competência motora.

Dependendo do foco, há várias formas de questionamento, como já explicado no Capítulo 1. A seguir, estão alguns exemplos adaptados aos esportes de invasão, com perguntas com foco na: consciência tática, execução, tempo, espaço, risco ou raciocínio (ver Tabela 2.1).

| Foco | Exemplo de questionamento | |
|---|---|---|
| | Pergunta | Possível resposta |
| Consciência tática | O que você pode fazer para ajudar o jogador com a bola a fazer um passe? | Realizar uma movimentação para uma posição livre no campo. |
| Execução da habilidades | Como você pode parar o ataque em um 1 contra 1? | Ao ficar entre o jogador com a bola e a cesta. |
| Tempo | Quando você deve driblar? | Quando você tem espaço livre para fazer isso sem perder a bola. |
| Espaço | Para onde os passes deverão ser feitos, a fim de manter a posse da bola? | Em direção à um companheiro de equipe. |
| Risco | Que opções você tem se receber a bola nesta posição? | Driblar, passar e finalizar. |
| Raciocínio lógico | O que você deve fazer quando está tão perto da cesta? Por quê? | Uma finalização se eu não tiver um defensor na minha frente. Porque estou muito perto do alvo. |

**Tabela 2.1.** Exemplos de diferentes tipos de questionamentos em esportes de invasão.
**Fonte:** os autores.

## 2.4 Considerações sobre o ensino de esportes de invasão

Para estabelecer um ponto de partida no progresso do ensino de esportes de invasão, Mitchell et al. (2003) propuseram que professores e treinadores pensassem em que tipo de esporte de invasão será mais fácil para os jogadores e ajudará mais no seu progresso, já que existem diferentes tipos de jogos. Esses autores sugeriram a seguinte progressão:

1. **Jogos de posse**: as formas de jogo 2 x 2 ou 3 x 3 são mais adequadas para atletas iniciantes. Nos jogos de posse de bola, os jogadores não se preocupam com a direção do jogo, pois se movimentam pelo espaço para alcançar o objetivo (por exemplo, quatro passes

consecutivos), portanto, não precisam se preocupar em ir para uma área específica para marcar, já que não há objetivo (ou qualquer outro objetivo, como uma linha). Reconhecemos a contribuição de Mitchell et al. (2003) em explorar alguns dos problemas que podem surgir durante esse tipo de esporte de invasão. Esses autores advertem os educadores de que alguns iniciantes podem ter os seguintes problemas:

– Permanecem parados quando o outro time está atacando: todos os jogadores devem ser encorajados a permanecer ativos, independentemente do papel que estejam desempenhando no jogo (ataque ou defesa). Alguns jogadores mostram comportamento de "espectador", ou seja, não estão olhando para o que está acontecendo no jogo, no ataque não estão procurando uma posição sem marcação onde possam receber a bola etc. O professor deve fornecer feedback individualizado e motivar cada um desses jogadores para que, a curto prazo e progressivamente, eles se integrem ao jogo, o que é essencial para que eles alcancem aderência esportiva à longo prazo.

– Eles presumem que vão receber a bola simplesmente gritando para seus companheiros de equipe: "Passa! Nesse caso, é importante trabalhar em desmarcar e apoiar os colegas de equipe, pois eles devem procurar a melhor posição para receber a bola. Os jogadores devem ser levados a entender que em um jogo 4 x 4, existem três possíveis receptores e que a bola nem sempre os alcançará, mas devemos motivar os jogadores e deixar claro, que mesmo que não recebam a bola, em muitas ocasiões eles estão proporcionando espaço ou situações melhores para seus companheiros de equipe.

– Eles ficam perto do jogador que tem a bola, fazendo com que todos os jogadores se aproximem uns dos outros. Jogadores próximos uns dos outros, o que é chamado de "jogo de aglomeração" (uma situação semelhante às uvas em um cacho de uvas onde estão todos juntos), complicando o jogo ofensivo, que requer jogo no maior espaço possível, levando em conta a competência motora dos atacantes. Pode ser necessário estabelecer regras específicas para evitar que todos os jogadores fiquem ao redor da bola. Por exemplo, pode ser estabelecida a regra de que todos os jogadores de uma equipe devem ficar pelo menos a dois grandes passos um do outro. E, então, uma vez entendida essa regra, ela seria removida, embora os jogadores ainda devam aplicá-la no jogo, mas não seria mais uma infração.

– Demoram para tomar decisões: é normal quando o nível de especialização não é muito alto, os jogos esportivos de invasão são complexos e a paciência é necessária no processo de aprendizagem

2. **Jogos com objetivo de gol**: para acrescentar complexidade ao jogo, um gol (por exemplo, um par de cones) pode ser incluído para cada equipe, inicialmente pequeno e sem goleiro, depois maior e com um goleiro. O goleiro cria um desafio maior para a precisão do chute (nos estágios iniciais, considere o uso de bolas macias para evitar que os goleiros se machuquem). É recomendável mudar o jogador que ocupa a posição de goleiro para que todos experimentem diferentes papéis no esporte, assim como as habilidades e decisões necessárias. Mitchell et al. (2003) sugeriram que os educadores deveriam considerar os seguintes aspectos:

– Alguns aprendizes podem precisar ser lembrados sobre qual alvo atacar.

– Restringir o movimento com a bola ou não permitir nenhum movimento.

– Insistir que a bola deve passar de forma limpa e baixa, por meio dos cones. Isso evitará problemas durante o jogo, pois não haverá conflito, se uma bola alta entrou ou não nos limites imaginários da meta (estabelecida por dois cones).

– Estabelecer o tipo de defesa (por exemplo, individual) e ensinar como "restabelecer o jogo" (por exemplo, quando um gol é marcado ou quando a bola sai dos limites). Portanto, é necessário praticar os cenários típicos que os jogadores encontrarão nos jogos, para que quando o fizerem, eles estejam em contextos que lhes sejam familiares e tenham alguma experiência motora.

3. **Jogos com um "jogador-alvo"** (meta móvel): esse atleta será colocado na metade do campo do time adversário e seus companheiros tentarão alcançá-lo, passando para penetrar na defesa. A incorporação do jogador com esse papel em um jogo reduzido ajuda os jogadores a superar a defesa, procurando uma lacuna na defesa do time adversário para fazer um passe. As equipes pontuam levando a bola para o "jogador-alvo". Nesses jogos, Mitchell et al. (2003) sugeriram que se levasse em conta o seguinte:

   – Os aprendizes devem entender que o "jogador-alvo" é como um objetivo, ou seja, eles marcam passando para esse atleta, que está posicionado em uma linha final, e não finalizando a um alvo.

   – O "jogador-alvo" precisa ser lembrado que ele pode se mover em sua zona para que seus companheiros de equipe possam passar para ele e não permanecer estático.

   – Pode ser necessário ensinar aos jogadores como restabelecer o jogo (por exemplo, se um time marcar, o "jogador-alvo" devolverá a bola para o time adversário).

4. **Jogos com zona final:** esportes como o rúgbi envolvem pontuação em uma zona final, o que representa um aumento da complexidade, pois os atletas podem levar a bola para uma zona final ou recebê-la dentro dela para pontuar. É por isso que esses jogos devem ser introduzidos no final.

## 2.5 Ensinando futebol com o Modelo Tático (*Tactical Games Approach*)

O futebol é um dos esportes mais populares do mundo e um dos esportes mais pesquisados com os Modelos Baseados em Jogos (Kinnerk et al., 2018).

Como a aprendizagem é complexa e demorada, são necessárias intervenções longas para gerar resultados positivos. No Modelo Tático, há diferentes níveis de complexidade tática (ver Capítulo 1, para mais informações sobre os Níveis Táticos). Quando os alunos tiverem assimilado e compreendido o nível I, passarão ao nível II.

O Modelo Tático se baseia nas seguintes características (Mitchell et al., 2003):

- Os aprendizes jogam um jogo modificado com foco em um problema tático específico.

- O professor/treinador projeta perguntas para desenvolver a consciência tática e técnica.

- As atividades contextualizadas guiam o aprendiz na prática de habilidades essenciais ou movimentos para resolver problemas táticos decorrentes da forma inicial do jogo.

- Um jogo final é introduzido para aplicar o aprendizado adquirido.

A seguinte proposta é composta de sete sessões de treinamento correspondentes ao nível III proposto pelo Modelo Temático e se baseia em uma equipe de 12 jogadores em futebol 8 x 8. Foram considerados os problemas táticos no futebol propostos por Mitchell et al. (2006):

- **Pontuação**: os jogadores podem manter a posse da bola (por exemplo, passar a bola, apoiar o jogador com a bola), atacar o gol (por exemplo, chutar), criar espaço no ataque (por exemplo, usar passes de um toque) e usar espaço no ataque (por exemplo, conduzir e driblar).

- **Impedir a realização do objetivo**: os jogadores podem defender o espaço (por exemplo, marcação), defender o gol (por exemplo, goleiro) e recuperar a bola (por exemplo, bloqueio).

- **Retomar o jogo**: os jogadores podem lidar com problemas táticos com cobrança de escanteios, pênaltis ou arremessos laterais.

Mitchell et al. (2006) sugeriram seis níveis de complexidade tática no futebol, com diferentes habilidades e movimentos para cada um deles. As seguintes sessões de treinamento são baseadas no nível III (ver Tabela 2.2), em que Mitchell et al. (2006) propuseram o seguinte:

- Marcar utilizando "jogadores-alvo" e passes de primeiro toque.

- Impedir que a equipe adversária alcance o alvo, evitando penetrações.

- Retomar o jogo (por exemplo, escanteio).

| Sessão | Problema tático | Movimentos sem bola | Habilidades com bola |
|--------|-----------------|---------------------|----------------------|
| 1 | Manter a posse de bola | • Desmarcar | • Passe |
| 2 | Atacar o objetivo | • Desmarcar | • Passe<br>• Drible |
| 3 | Conseguir o objetivo | • Desmarcar | • Passe<br>• Finalizar à baliza |
| 4 | Criar espaço no ataque | • Desmarcar | • Passe<br>• Finalizar à baliza |
| 5 | Criar espaço no ataque | • Desmarcar | • Passe de primeiro toque |
| 6 | Recuperar a bola | • pressionando a defesa com marcação individual<br>• Cobertura | |
| 7 | Retomar o jogo | • Desmarcar | • Passe de primeiro toque<br>• Finalizar à baliza |

**Tabela 2.2.** Plano de trabalho para as sessões.
**Fonte:** os autores.

## SESSÃO 1: MANTER A POSSE DE BOLA

Nesta primeira sessão, será dada ênfase ao trabalho de manter a posse de bola em jogo por meio de jogos de exagero em igualdade e superioridade, nos quais o passe será considerado como elemento técnico-tático com a bola e a marcação será considerada como elemento técnico-tático sem a bola. A sessão terminará com um jogo de representação em igualdade numérica.

**Problema tático**: manter a posse da bola.

**Foco da sessão e objetivo**: proporcionar apoio aos jogadores com bola para facilitar o passe.

**JOGO 1**: 3 x 3 em uma área de jogo de 25 x 20 metros com dois minigols (sem goleiro). Terão cinco minigols de 1 metro de largura (criados com cones) distribuídas de maneira dispersa na área de jogo.

**Objetivo**: as equipes tentam fazer três passes em três das cinco balizas antes de tentarem marcar no minigol. Os jogadores marcam um ponto cada vez que fazem três passes por meio do gol de cone e um ponto adicional se eles fizerem um gol no minigol.

## EXEMPLOS DE PERGUNTAS:

- O que deve fazer depois de fazer um passe? Mover-se para outra posição no campo para tentar receber a bola.

- Para onde se deslocar, a fim de ajudar os jogadores com a bola a fazer um passe? Para um lugar onde não haja defesas e onde o colega de equipe com a bola tenha uma linha clara para passar.

**TAREFA PRÁTICA**: 4 x 2 numa área de jogo de 15 x 15 metros. A área de jogo é dividida em quatro quadrados iguais, e cada atacante está de pé em um deles (cada atleta só pode mover-se no seu próprio espaço). Os dois defensores podem mover-se em toda a área de jogo (em todos os quatro quadrados). Os atacantes tentarão fazer 10 passes consecutivos, e os defensores tentarão roubar a bola.

**JOGO 2**: 6 x 6 jogados numa área de jogo de 50 x 35 metros com dois minigols (sem goleiros). Se o professor/treinador observar problemas na fase ofensiva, o número de jogadores pode ser reduzido, outra possibilidade seria deixar um 5 x 5 + 1, ou seja, incluindo um jogador de coringa que joga e facilita o ataque.

**Objetivo**: apoiar o jogador com a bola para penetrar na defesa utilizando passes.

## SESSÃO 2: ATACAR A BALIZA

O objetivo desta sessão é, antes de mais nada, penetrar na defesa com a intenção de procurar um "jogador-alvo" específico. Para tal, serão utilizados jogos de superioridade numérica para gerar vantagens no ataque que permitirão que a bola chegue ao jogador que desempenha o papel de "jogador-alvo". Os elementos técnicos-táticos ofensivos que serão utilizados como prioridade são os passes e os dribles como elementos com a bola, e a desmarcação como um elemento sem a bola.

**Problema tático**: atacar a baliza.

**Foco da sessão e objetivo**: utilizar o "jogador-alvo" para penetrar na defesa movendo a bola.

**JOGO 1**: 2 x 2 + 1 "jogador-alvo" (atacante) e um goleiro numa área de jogo de 20 x 20 metros. Duas minibalizas são colocadas na linha de fundo oposta à baliza com goleiro.

**Objetivo**: os dois jogadores atacantes tentarão passar a bola para o "jogador-alvo" (atacante), que tentará marcar na baliza depois de receber a bola. A equipe atacante recebe um ponto se o "jogador-alvo" receber a bola e dois pontos se ele também marcar um gol (ele pode passar para um companheiro de equipe se não estiver em uma posição de finalização). Se a equipe defensora recupera a bola, tenta marcar em um dos dois minigols.

**EXEMPLOS DE PERGUNTAS:**

– Como o "jogador-alvo" pode receber a bola? Movendo-se para os espaços sem defensores.

– Que possibilidades oferece esse jogador? Permite gerar superioridade no ataque.

**TAREFA PRÁTICA**: 4 x 1 mais um goleiro em um gol, em uma área de 15 x 15 metros de jogo. Haverá um passador em uma linha paralela a 15 metros da linha da baliza (linha de fundo), dois jogadores que apoiam este passador e um "jogador-alvo", a quem a bola tentará alcançar. O defensor pode interceptar a bola, contudo, uma vez na posse do "jogador alvo", não poderá roubar-lhe a bola. Quando o "jogador-alvo" recebe, deve tentar fazer uma assistência a qualquer um dos seus dois companheiros de equipe atacantes (o passador inicial não é uma opção).

**JOGO 2**: repetir o jogo 1.

## SESSÃO 3: ATINGIR O OBJETIVO

Nesta sessão, os jogos modificados com exagero (número de balizas) serão aplicados com o princípio tático de alcançar o objetivo. Nesse caso, o objetivo é que os jogadores experimentem numerosas situações de finalização, uma vez que, se apenas duas balizas forem utilizadas, há menos situações em que os jogadores se encontram numa situação propícia ao remate e, portanto, aprender a tomar decisões sobre onde e quando chutar.

**Problema tático**: atingir o objetivo.

**Foco da sessão e objetivo**: finalizar em diferentes situações de jogo e de diferentes posições (selecionando o remate mais adequado).

**JOGO 1**: 3 x 3 em uma área jogo de 20 x 20 metros com seis minigols (quatro localizados nos cantos do campo e dois localizados paralelamente um ao outro em duas linhas de fundo). Um ponto é marcado a cada vez que um gol é marcado em cada um deles.

**Objetivo**: a equipe na posse da bola deve tentar finalizar em qualquer uma das balizas. Para o fazer, deverá procurar a melhor situação de finalização.

**EXEMPLOS DE PERGUNTAS**:

– Como se pode marcar ponto? Marcando um gol em qualquer uma das balizas.

– Em que gol é mais fácil/difícil marcar? Depende da situação no campo onde se encontra a equipe atacante e a equipe defensiva. É mais fácil se não houver defesas nas proximidades.

**TAREFA PRÁTICA**: 1 x 1 numa área de jogo de 20 x 6 metros com quatro minigols (dois numa linha de fundo e dois paralelos na outra linha de fundo — na linha de 6 metros de comprimento). Cada jogador defende e ataca dois minigols, a fim de evitar ser defendido ao colocar-se diretamente sobre um deles, impedindo, assim, o remate ou tornando-o muito difícil.

**JOGO 2**: semelhante ao jogo 1, mas cada equipe só pode marcar nos três gols localizados numa linha de fundo específica.

**Objetivo**: a equipe na posse da bola tentará terminar em qualquer um dos três gols indicados. Para o fazer, é necessário buscar a melhor situação de finalização.

**EXEMPLOS DE PERGUNTAS:**

– Como se pode marcar ponto? Marcando um gol em qualquer uma das balizas.

– Como é mais fácil marcar em qualquer um deles? Fazendo a defesa mover-se para um lado e depois mudar a direção da bola para o outro lado para encontrar uma baliza sem defesa.


## SESSÃO 4: CRIAÇÃO DE ESPAÇO NO ATAQUE

Com esta sessão, a compreensão do conceito de "amplitude" será reforçada. Com outras palavras, o objetivo desta sessão é que os jogadores compreendam que a utilização de todo o campo no ataque (ou da maior área possível) permite que a defesa tenha mais dificuldade em impedir a equipe adversária de alcançar o seu objetivo. A sessão começará com jogos de superioridade numérica, terminando com jogos de igualdade numérica. Os elementos técnico-táticos utilizados com a bola são principalmente os passes e a condução. Os elementos técnico-táticos sem a bola são principalmente de natureza ofensiva (marcação), embora os aspectos defensivos também sejam trabalhados indiretamente.

**Problema tático**: criar espaços no ataque.

**Foco da sessão e objetivo**: criar espaço no ataque utilizando o conceito da largura do campo para criar espaço na defesa (jogo pelos lados).

**JOGO 1**: 2 x 2 + dois atacantes fixos e dois minigols, sem goleiros, em uma área jogo de 20 x 15 metros (Figura 2.1). Serão criadas duas faixas paralelas às linhas de toque (20 x 1 metros cada), nas quais serão colocados dois atacantes fixos. Os jogadores laterais trocarão papéis com o resto dos companheiros de equipe a cada três ataques (isso pode variar se o professor/treinador considerar apropriado).

**Objetivo**: as equipes tentarão marcar com a ajuda dos atacantes fixos, que não se pode roubar a bola, pois são os únicos que podem estar na sua faixa de ataque, mas o seu passe pode ser obstruído (estando sempre fora da sua faixa). No entanto, os atacantes fixos não podem conduzir a bola e devem fazer o passe em um tempo máximo de três segundos.

**EXEMPLOS DE PERGUNTAS:**

– Os jogadores fixos podem ter a bola roubada? Não, os outros jogadores não estão autorizados a entrar na sua área.

– Que opções fornecem os jogadores fixos no ataque? Permitem gerar superioridade, mover a bola rapidamente e abrir o campo para criar espaço no ataque.

**TAREFA PRÁTICA**: 3 x 1 + dois atacantes fixos, um minigol e nenhum goleiro em uma área de jogo de 20 x 14 metros. Os atacantes fixos serão posicionados perto das linhas laterais (semelhante ao arranjo anterior), e a defesa não pode roubar a bola desses jogadores.

Os atacantes só podem marcar se o passe vier da lateral, de um atacante fixo. Os jogadores da ala irão trocar de papéis com o resto dos companheiros de equipe a cada três ataques (isso pode variar se o professor/treinador considerar apropriado).

**JOGO 2:** 3 x 3 com dois minigols, sem goleiros, em uma área de jogo de 25 x 20 metros.

**Objetivo**: criar espaço no ataque, utilizando o jogo das laterais para trabalhar a largura do campo e criar espaço na defesa.

**Figura 2.1.** Jogo de 2 x 2 + 2 atacantes fixos em dois mini-gols e sem goleiro numa área de jogo de 20 x 15 metros.
**Fonte:** Ramón Freire Santa Cruz.

## SESSÃO 5: CRIAR ESPAÇOS NO ATAQUE

Nesta segunda sessão para o desenvolvimento da criação de espaço no ataque, o jogo com passe de primeira será reforçado para criar situações ofensivas e uma progressão mais rápida. Se, para além da precisão, os jogadores ofensivos forem capazes de executar ações mais rapidamente, os jogadores defensores têm menos tempo para perceber as ações da equipe adversária e, portanto, para se organizarem defensivamente. Começaremos com jogos de superioridade numérica para facilitar a realização do objetivo proposto e terminaremos com um jogo de igualdade numérica.

O elemento técnico-tático utilizado com a bola é o passe (principalmente o passe de primeira). O elemento técnico-tático sem a bola é principalmente de natureza ofensiva (desmarcação), embora os aspectos defensivos também sejam trabalhados indiretamente.

**Problema tático**: criar espaços no ataque.

**Foco da sessão e objetivo**: criar espaços no ataque através de passes de primeira (jogo mais rápido).

**JOGO 1**: 4 x 2 em uma área de jogo de 20 x 20 metros.

**Objetivo**: os atacantes tentarão fazer cinco passes de primeira, enquanto os defensores tentarão roubar a bola. Apenas os passes feitos de primeira contam como passes, embora a posse de bola não se perderá por realizar o controle de bola.

## EXEMPLOS DE PERGUNTAS:

– O que se pode fazer depois de passar a bola a um colega de equipe? Movimentar-se rapidamente para o espaço sem defesa e tentar receber a bola de novo.

– Como pode fazer com que o passe de primeira ocorra melhor? Normalmente, se eu realizo o passe com o interior do meu pé, ele será mais bem direcionado.

**TAREFA PRÁTICA**: 4 x 2 em uma área de 10 x 10 metros de jogo (utilizando quatro cones; ver Figura 2.2). Os atacantes irão posicionar-se entre dois dos cones. A defesa ficará dentro do espaço. Os atacantes tentarão fazer cinco passes de primeira uns aos outros sem que a defesa intercepte a bola.

**JOGO 2**: 3 x 3 com dois minigols e nenhum goleiro em uma área jogo de 25 x 20 metros. Os passes de primeira devem ser feitos sempre que possível, embora a posse de bola não se perca ao controlar a bola.

**Objetivo**: progredir para a baliza favorecendo os passes de primeira.

MODELOS DE ENSINO BASEADOS NO JOGO PARA A INICIAÇÃO COMPREENSIVA DO ESPORTE

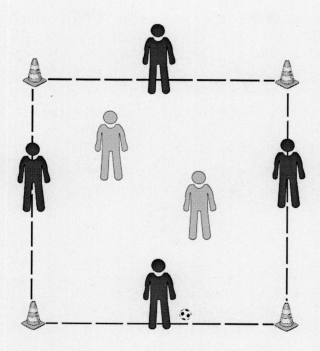

**Figura 2.2.** Tarefa prática 4 x 2 em uma área de 10 x 10 metros de jogo.
**Fonte:** Ramón Freire Santa Cruz.

## SESSÃO 6: RECUPERAR A BOLA

Embora em todas as sessões anteriores tenhamos treinado indiretamente a defesa, dado que sempre incluímos atividades e jogos em que há um ou mais defensores, esta sessão terá como principal objetivo tático a recuperação da bola. Para tal, serão realizados jogos nos quais será encorajada a pressão defensiva e começará a ser criada a consciência de como é importante defender combativamente e roubar algumas bolas a fim de ganhar vantagem no jogo.

**Problema tático**: recuperar a bola.

**Foco da sessão e objetivo**: conter o ataque para impedir a progressão à baliza.

**JOGO 1**: 3 x 3 numa área de jogo de 30 x 14 metros divididos em três espaços iguais (10 x 15 metros cada) e dois minigols sem goleiros (ver Figura 2.3). A área A é a área mais próxima de onde o jogo começa. A área B é a área central. A área C é a área onde as balizas estão localizadas.

**Objetivo**: os atacantes tentam marcar e a defesa tenta roubar a bola o mais próximo possível da área de início (área A). Se roubarem a bola na área A, marcam três pontos; na área B, dois pontos; na área C, um ponto. Se os atacantes marcarem um gol, os defensores não marcam pontos. Por outro lado, se os atacantes conseguirem alcançar a área B, marcam um ponto, se alcançarem a área C, marcam dois pontos, se conseguirem marcar, marcam três pontos.

### EXEMPLOS DE PERGUNTAS:
– Como a defesa pode parar os atacantes e ganhar a bola? Pressionando com a defesa individual desde a saída da bola.

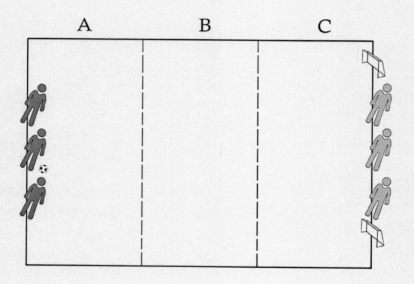

**Figura 2.3.** Jogo jogado numa área de jogo de 30 x 15 metros dividida em zonas (A, B e C).
**Fonte**: Ramón Freire Santa Cruz.

**TAREFA PRÁTICA**: 2 x 1 em uma zona de jogo de 10 x 10 metros. A defesa tentará roubar a bola em menos de 10 segundos.

**JOGO 2**: 5 x 5 jogados numa área de jogo de 50 x 35 metros com duas balizas (cada uma com um goleiro).

**Objetivo**: a defesa pressionar em jogo reduzido. Além de obter um ponto para cada gol, se a bola for roubada pela defesa dentro de 10 segundos, é atribuído um ponto extra.

## SESSÃO 7: RETOMAR O JOGO

Esta última proposta de sessão, com o objetivo tático de retomar o jogo, centra-se especificamente no escanteio. Outras sessões devem também trabalhar em situações como o tiro de meta, o lançamento lateral ou faltas no campo do jogo, utilizando táticas básicas, mas adequadas a cada contexto.

**Problema tático**: retomar o jogo.

**Foco da sessão e objetivo**: retomar o jogo a partir do escanteio.

**JOGO 1**: 4 x 1 e um goleiro (em um gol), em uma área de jogo de 15 x 15 metros. Um atacante será o passador (em um dos escanteios), e os outros três ficarão em frente à baliza. Os três atacantes irão se posicionar da seguinte forma: um perto do passador, um a uma distância média e o último longe do escanteio.

**Objetivo**: o passador tentará passar para o companheiro de equipe mais próximo, que tentará receber perto da trave direita (se o passe vier do escanteio direito) ou perto da trave esquerda (se o passe vier do escanteio esquerdo). Assim que o atleta receber a bola, tentará passar para um dos outros dois companheiros de equipe, que tentará marcar. Pode ser feito um máximo de três passes antes de finalizar à baliza.

**FOCO DA SESSÃO E OBJETIVO:**

Como pode um passe vindo do escanteio esquerdo ou direito ser eficaz? O jogador que recebe a bola pode passar para outros colegas de equipe e criar oportunidades de finalização.

**TAREFA PRÁTICA**: 3 x 0 e um goleiro. Jogo semelhante ao jogo 1, mas sem defesas e com dois passadores. Haverá passes constantes a partir dos escanteios esquerdo e direito.

**JOGO 2**: 3 x 3 em uma área de jogo de 20 x 20 metros, sem goleiros e com dois minigols.

**Objetivo**: jogo modificado e área reduzida do jogo. Se o gol vier do escanteio, a pontuação é duplicada (dois pontos).

## 2.6 Ensino de esportes de invasão adaptados através de Modelos Baseados no Jogo

Whitehead (2007) sugere que todos os alunos devem ter oportunidades para a educação motora. Ou seja, todos deveriam ter oportunidades para se envolverem em atividades físicas, independentemente das suas necessidades, uma vez que há benefícios em praticar esportes e de se envolverem em atividades físicas.

Atualmente, existe uma escassez de investigação explorando Modelos Baseados no Jogo no esporte adaptado (Harvey e Jarrett, 2014; Jarrett, Eloi e Harvey, 2014). Jarrett et al. (2014) conceberam uma série de jogos para o rugby em cadeira de rodas. Em um desses jogos, foi pedido aos jogadores que se deslocassem pelo espaço em uma cadeira de rodas tentando roubar o maior número possível das placas dos seus adversários. Essa proposta demonstra que uma diversidade de jogos pode ser realizada sem a necessidade de uma adaptação que mude a essência da sessão.

Como discutido no início deste capítulo, os jogos podem ser ajustados para se adaptarem às necessidades dos praticantes. Por exemplo, um 3 x 3 pode ser utilizado tanto para rugby em cadeira de rodas, como para uma sessão de treino de basquetebol. Da mesma forma, o ataque pode ser exagerado utilizando mais jogadores ofensivos (por exemplo, 4 x 2). As modificações do jogo propostas nas seções anteriores podem ser utilizadas em jogos adaptados. No entanto, é necessária mais investigação nesse campo de estudo para analisar o impacto das diferentes adaptações nos jogadores. Por exemplo, como é que um jogo com superioridade numérica no basquetebol em cadeira de rodas influencia na carga de trabalho em comparação com a equipe em inferioridade numérica?

Recentemente, foi demonstrado que a utilização de jogadores que desempenham o papel de coringa tem um impacto no número de ações táticas realizadas durante o jogo (Correira et al., 2021). Será que a utilização de jogadores coringa influencia da mesma forma no futebol amputado (futebol com muletas)? Essas e muitas outras questões continuam ainda por ser estudadas. Algumas dessas questões de investigação podem ser sugeridas na prática para que os jogadores possam colocar diferentes formas de as resolver, selecionar uma delas e questionar sobre ela e, dessa forma, começar a ser introduzidas no método científico com a ajuda do professor na aplicação e aperfeiçoamento do esporte, o que sem dúvida ajudará a sua maior compreensão.

## 2.7 Avaliação do processo de ensino-aprendizagem

Uma vez que o conceito de Modelos Baseados no Jogo neste livro se baseia no desenvolvimento de atletas alfabetizados, não só o desempenho do jogo deve ser avaliado, mas há muitos mais aspectos que determinam se um jogador tem conhecimento e gosta do esporte (por exemplo, espírito esportivo, capacidade de resposta, intenção de praticar o esporte no futuro, companheirismo). Esta seção fornece alguns instrumentos para avaliar outros elementos, que podem ser úteis para professores ou treinadores.

### 2.7.1 Desenvolvimento de competências e consciência tática

Uma das fraquezas mais marcantes das abordagens centradas nas técnicas em termos de desempenho do jogo é a sua capacidade de desenvolver as competências e conhecimentos necessários para o trabalho dentro do campo de jogo (Light, 2013). A mudança na abordagem pedagógica (de uma perspectiva centrada nas técnicas para uma perspectiva baseada no jogo) levou ao desenvolvimento de vários instrumentos para avaliar o desempenho em esportes de invasão, que não se concentram na melhoria de competências isoladas.

### 2.7.2 Dimensão social

Nos esportes de invasão, as ações realizadas por atletas sem bola são essenciais para o sucesso da equipe (Arias e Castejón, 2012) e, portanto, os instrumentos de avaliação devem avaliar estas ações. Nesse sentido, uma pessoa com alfabetização motora tem o potencial de responder adequadamente às exigências que enfrenta, antecipando as necessidades ou possibilidades de movimento e respondendo-lhes adequadamente com inteligência e imaginação (Whitehead, 2010).

O Team Performance Assessment Procedure (TSAP) (Gréhaigne, Godbout e Bouthier, 1997) é um dos instrumentos mais populares, no entanto, avalia apenas os comportamentos dos jogadores ofensivos na posse da bola. O instrumento mais utilizado é o Game Performance Assessment Instrument (GPAI) (Oslin et al., 1998), porque avalia os jogadores no ataque (com e sem a bola) e em situações defensivas.

No futebol, a ferramenta de Avaliação de Rendimento de Jogo (Game Performance Evaluation Tool – GPET; García-López, González-Víllora,

Gutiérrez e Serra, 2013) avalia as capacidades técnicas e táticas dos atletas atacantes, tanto com a bola, como sem a bola. Esse instrumento vai mais longe e adota os princípios táticos propostos por Bayer (1992), em relação ao ataque: manter a posse da bola, progredir pelo campo de jogo da equipe adversária e alcançar o objetivo (finalizar).

Por outro lado, as percepções do jogador também podem ser avaliadas. A Escala de Competência Específica Percebida do jogo (Forsman et al., 2015) foi desenvolvida para examinar as percepções dos atletas sobre a sua competência em três dimensões:

- Habilidades ofensivas (10 itens; por exemplo, "Posso mover-me de acordo com os atletas atacantes durante o jogo, para que os meus companheiros de equipe possam passar-me a bola").

- Habilidades de 1 x 1 (cinco itens; por exemplo, "Em 1 x 1 situações, sou mais forte/mais rápido que o meu adversário").

- Habilidades defensivas (três itens; por exemplo, "Sou capaz de cobrir o meu jogador em situações defensivas durante os jogos").

Uma boa percepção das próprias forças (competência física) pode levar a melhorias na autoestima e confiança que, por sua vez, contribui para o desenvolvimento de indivíduos com melhor alfabetização motora (Whitehead, 2010).

Nos esportes de invasão, a coesão é importante para o sucesso da equipe. Martin, Carron, Eys e Loughead (2012) propuseram o Inventário da Coesão para as Equipes Esportivas Infantis para avaliar a coesão dos jovens jogadores em esportes de equipe por meio de itens como: "Os membros da nossa equipe partilham os mesmos objetivos", "A minha equipe me dá a oportunidade de melhorar as minhas capacidades" ou "Continuarei a ter uma relação com os meus colegas de equipe quando a temporada terminar".

Os profissionais devem preocupar-se com o bem-estar dos atletas, e esse instrumento pode ajudar a compreender como cada jogador se sente dentro da equipe, o que pode levá-los a manter (ou não) a prática da atividade durante a sua vida: adesão à prática do esporte, que é sem dúvida o principal objetivo de ser uma pessoa com boa alfabetização motora (Whitehead, 2010).

## Resumo e conclusões

Este capítulo fornece exemplos práticos de como ensinar esportes de invasão e como tarefas, exercícios ou questionamentos podem ser modificados e adaptados. Mostra-se que os Modelos Baseados em Jogos são adaptáveis às exigências dos jogadores e podem, portanto, ser uma boa ferramenta pedagógica para utilização no ensino de esportes adaptados. Sete sessões práticas de um esporte de invasão, o futebol, são apresentadas para um nível médio de especialização — nível III proposto por Mitchell et al. (2006) para o Modelo Tático, que pode ser adaptado para os níveis II e IV.

Finalmente, são sugeridos vários instrumentos de avaliação para esportes de invasão e, especificamente, são apresentados alguns instrumentos específicos para a avaliação do futebol.

## Referências

Almond, L. (1986). Reflecting on themes: A games classification. In R. D. Thorpe, D. J. Bunker, & L. Almond (Eds.), *Rethinking games teaching* (pp. 71-77). Loughborough: Department of Physical Education and Sports Sciences of the University of Loughborough.

Arias, J. L., & Castejón, F. J. (2012). Review of the instruments most frequently employed to assess tactics in physical education and youth sports. *Journal of Teaching in Physical Education, 31*(4), 381-391. https://doi.org/10.1123/jtpe.31.4.381

Bayer, C. (1992). *La enseñanza de los JOGOs deportivos colectivos*. Hispano Europea.

Correira Da Silva, D., Calábria, M., González-Víllora, S., Sarmento, H., & Teoldo, I. (2021). Tactical behaviour differences of high and low-performing youth soccer players in small-sided and conditioned games. *International Journal of Performance Analysis in Sport, 21*(1), 33-50. https://doi.org/10.1080/24748668.2020.1843214

Forsman, H., Gråstén, A., Blomqvist, M., Davids, K., Liukkonen, J., & Kouttinen, N. (2015). Development and validation of the Perceived Game-Specific Soccer Competence Scale. *Journal of Sports Science, 34*(14), 1319-1327. https://doi.org/10.1080/026404 14.2015.1125518

García-López, L. M., González-Víllora, S., Gutiérrez, D., & Serra, J. (2013). Development and validation of the Game Performance Evaluation Tool (GPET) in soccer. *Revista Iberoamericana de Ciencias del Deporte, 2*(1), 89-99.

Gréhaigne, J. F., Caty, D., & Godbout, P. (2010). Modelling ball circulation in invasion team sports: a way to promote learning games through understanding. *Physical Education e Sport Pedagogy*, *15*(3), 257-270. https://doi.org/10.1080/17408980903273139

Gréhaigne, J. F., Godbout, P., & Bouthier, D. (1997). Performance assessment in team sports. *Journal of Teaching in Physical Education*, *16*(4), 500-516. https://doi.org/10.1123/jtpe.16.4.500

Gréhaigne, J. F., Richard, J.-F., & Griffin, L. (2005*). Teaching and learning team sports and games*. Rout-ledge-Falmer.

Griffin, L., Butler, J., & Sheppard, J. (2018). Athlete-centred coaching: Extending the pos- sibilities of a holistic and process-oriented model to athlete development. In S. Pill (Ed.), *Perspectives on athlete-centred coaching* (pp.. 9-23). Routledge.

Harvey, S., & Jarrett, K. (2014). A review of the Game-Centred Approaches to teaching and coaching literature since 2006. *Physical Education e Sport Pedagogy*, *19*(3), 278-300. https://doi.org/10.1080/17408989.2012.754005

Jarrett, K., Eloi, S., & Harvey, S. (2014). Teaching Games for Understanding (TGfU) as a positive and versatile approach to teaching adapted games. *European Journal of Adapted Physical Activity*, *7*(1), 6-20. https://doi.org/10.5507/euj.2014.001

Kinnerk, P., Harvey, S., Macdonncha, C., & Lyons, M. (2018). A review of the Game-Based Approaches to coaching literature in competitive team sport settings. *Quest*, *70*(4), 401-418. https://doi.org/10.1080/00336297.2018.1439390

Light, R. (2013). Game Sense. Pedagogy for performance, participation and enjoyment. Routledge.

Macphail, A., Kirk, D., & Griffin, L. (2008). Throwing and catching as relational skills in game play: situated learning in a modified game unit. *Journal of Teaching in Physical Education*, *27*(1), 100-115. https://doi.org/10.1123/jtpe.27.1.100

Martin, L., Carron, A., Eys, M., & Loughead, T. (2012). Development of a cohesion invento- ry for children's sport teams. *Group Dynamics: Theory, Research, and Practice*, 16(1), 68-79. https://doi.org/10.1037/a0024691

Memmert, D., & Harvey, S. (2010). Identification of non-specific tactical tasks in inva- sion games. *Physical Education e Sport Pedagogy*, *15*(3), 287-305. https://doi.org/10.1080/17408980903273121

Méndez-Giménez, A. (2019). Modelos de enseñanza y JOGOs deportivos de invasión: aclara- ción conceptual. In A. Méndez-Giménez (Coord.), *Modelos actuales de iniciación deportiva: unidades didácticas sobre deportes de invasión* (pp. 19-29). Wanceulen.

Mitchell, S. A., Oslin, J. L., & Griffin, L. L. (2003). *Sport foundations for elementary physical education: a tactical games approach.* Human Kinetics.

Mitchell, S. A., Oslin, J. L., & Griffin, L. L. (2006). *Teaching sport concepts and skills. A Tactical Games Approach.* Human Kinetics.

Oslin, J. L., Mitchell, S. A., & Griffin, L. L. (1998). The Game Performance Assessment Instrument (GPAI): Development and preliminary validation. *Journal of Teaching in Physical Education, 17*(2), 231-243. https://doi.org/10.1123/jtpe.17.2.231

Rovegno, I., Nevett, M., Brock, S., & Babiarz, M. (2001). Chapter 7. Teaching and learning basic invasion-game tactics in 4th grade: a descriptive study from situated and con-straints theoretical perspectives. *Journal of Teaching in Physical Education, 20*(4), 370-388. https://doi.org/10.1123/jtpe.20.4.370

Tallir, I., Philippaerts, R., Valcke, M., Musch, E., & Lenoir, M. (2012). Learning opportunities in 3 on 3 versus 5 on 5 basketball game play. An application of non-linear pedago- gy. *International Journal of Sport Psychology, 43*(5), 420-437. https://doi.org/10.7352/ IJSP2012.43.420

Thorpe, R. D., & Bunker, D. J. (1989). A changing focus in games teaching. In L. Almond (Ed.), *The place of physical education in schools.* Kogan.

Whitehead, M. (2007). *Physical literacy and its importance to every individual.* Conferencia presentada en la National Disability Association of Ireland, Dublin, January.

Whitehead, M. (2010). *Physical literacy throughout the lifecourse.* Routledge.

# 3

# ENSINO DOS ESPORTES DE REDE E PAREDE USANDO O MODELO SENSO DE JOGO (GAME SENSE)

## 3.1 Esportes de rede e parede: definição e princípios

Nos esportes de rede e de parede, equipes ou jogadores tentam marcar mandando um objeto móvel (por exemplo, uma bola) para o espaço de jogo do time adversário, impedindo que o time ou jogadores adversários o devolvam corretamente (Almond, 1986).

No ataque, os jogadores tomam decisões (por exemplo, posicionamento, rebatidas) com base em seus próprios pontos fortes e fracos, bem como em sua própria posição e na do adversário. Na defesa, os jogadores tentarão impedir o ponto devolvendo o objeto à área de jogo do adversário. Estes esportes podem ser jogados com um implemento (por exemplo, raquete, bastão) ou sem um implemento. Com base nas características dos esportes que se enquadram nessa categoria esportiva, Almond (1986) classificou esses esportes em (1) esportes de rede/raquete (Ex.: badminton, tênis), (2) esportes de rede/mão (Ex.: vôlei) e (3) esportes de parede (Ex.: squash). Esses esportes podem ser jogados como individuais (por exemplo, badminton individual), duplas (por exemplo, tênis duplo) ou em equipes pequenas (por exemplo, vôlei).

Nesse tipo de esporte, os jogadores podem experimentar duas funções básicas, que mudam constantemente ao longo do jogo:

1. Jogador/equipe com a posse do objeto: tenta marcar acertando o objeto fazendo-o ir para uma área "limpa" (sem adversário(s) próximo(s)).

2. Jogador/equipe sem a posse do objeto: tenta impedir que o(s) adversário(s) marque(m) devolvendo o objeto corretamente para a quadra do adversário.

Esses dois papéis envolvem habilidades técnicas diferentes, pois há diferentes tipos de rebatidas que podem ser feitas (por exemplo, saque, forehand, backhand, "deixadinha" e smash), que podem ser feitos com um implemento (por exemplo, raquete ou bastão) (Fernández-Río, 2011). Vários autores descreveram os princípios táticos nesse tipo de esporte. A seguir, estão algumas das classificações, desde aquelas que apresentam os princípios de uma forma mais resumida até aquelas que os apresentam de uma forma mais detalhada:

Contreras-Jordán, García-López, Gutiérrez, del Valle e Aceña (2007) sugeriram que existem princípios táticos comuns nos esportes de rede e de parede:

- Manter o objeto no jogo.
- Ter a iniciativa durante o jogo.
- Pontuar.

Por outro lado, Fernández-Río (2011) destacou os seguintes princípios táticos gerais:

- **Manter a "posição de base"**: zona central na própria área de jogo (melhor posição para cobrir o campo de jogo). Ao utilizar um implemento, estar preparado para utilizá-lo rapidamente.
- **Enviar o objeto para uma área aberta**: para trás, para o lado, perto da rede... para afastar o adversário de sua "área de base."
- **Acertar o objeto na hora certa e usar a técnica certa**: ser preciso e eficaz. É importante incentivar a prática em diferentes situações de jogo, para que o jogador possa experimentar os vários golpes que podem ser usados e selecionar o mais apropriado em cada situação específica.
- **Mover-se rápido**: para alcançar o objeto e responder a um ataque do adversário.
- **Usar seus pontos fortes e os pontos fracos de seu oponente**: direcionar o jogo para a mão de trás (backhand) do oponente ou para o jogador mais fraco (por exemplo, o jogador mostrando exaustão em um ponto) em jogos de duplas.

- **Coordenação:** (em duplas ou em esportes de equipe como o vôlei) com o parceiro para apoiar e cobrir os pontos fracos. É importante que haja comunicação entre os parceiros e que eles se incentivem mutuamente.

Por outro lado, Méndez-Giménez (2011) detalha os princípios táticos dessa categoria esportiva, de acordo com o número de jogadores, ou seja, em duplas, individuais e equipes:

- **Individuais:**

   - Enviar o objeto para o espaço livre, longe do adversário.
   - Fazer o oponente devolver o objeto com dificuldade.
   - Deslocar o oponente jogando o objeto para os lados do campo do jogo.
   - Retirar o oponente da sua posição de base.
   - Recuperar a posição de base o mais rápido possível.
   - Aproveitar os pontos fracos do adversário, usando seus próprios pontos fortes e defendendo os pontos fracos.
   - Quando diante de situações comprometedoras, levantar o objeto com um objetivo defensivo: ganhar tempo e reposicionar-se.
   - Fintar e tentar pegar o oponente no contra-ataque.

- **Duplas**: inclui os princípios expostos acima e incorpora os seguintes:

   - Apoiar o companheiro de equipe, jogando de forma coordenada para poder cobrir suas fraquezas, se necessário.
   - Ganhar a rede (especialmente em jogadores de nível superior).
   - Jogar com precisão e não com força para escapar das ações da equipe adversária sem cometer erros não forçados.

- **Equipes**: além dos princípios mencionados acima (individuais e duplas), esse autor inclui o seguinte:

– Na defesa: cobrir os espaços na própria metade; coordenar com os colegas de equipe para receber o objeto; apoiar os colegas de equipe e antecipar as ações de seus oponentes.

– No ataque: enviar o objeto para os jogadores menos habilidosos da equipe adversária e para os espaços livres; distribuir no espaço, delimitar funções e coordenar ações.

## 3.2 Modificações nos esportes de rede e parede

Para que os alunos se sintam bem-sucedidos, os esportes devem ser modificados e adaptados de acordo com suas necessidades (Hopper e Bell, 2001).

### 3.1.1 Como os esportes de rede e parede podem ser modificados?

Como discutido no Capítulo 1, três tipos de modificações podem ser feitos para que o aprendizado tenha sentido:

1. **Representação**: as regras principais são mantidas, mas algumas delas podem ser modificadas ou eliminadas para facilitar o aprendizado (por exemplo, durante o vôlei, um quique pode ser permitido antes de devolver a bola ou a retenção da bola é permitida. Uma versão reduzida do voleibol pode ser jogada, como 3 x 3).

2. **Exagero**: o número de jogadores pode ser modificado para tornar a defesa ou o ataque mais simples ou mais complexo (por exemplo, 2 x 1 em badminton: o ataque será mais simples para a equipe com superioridade; 2 x 3 em vôlei: a defesa será mais simples para a equipe com superioridade). A área do jogo também pode ser aumentada para focar em problemas táticos específicos (por exemplo, uma área de jogo mais longa para focar no golpe "limpo" ou defensivo do fundo de quadra que direciona o objeto para a quadra de fundo do adversário no badminton).

3. **Adaptação**: os requisitos do jogo devem ser modificados para se adequar às necessidades dos jogadores (por exemplo, uso de implemento). A adaptação é uma modificação essencial para atender às exigências e motivações dos jogadores e contribuir para seu prazer durante a prática, um princípio básico de aprendizagem para a alfabetização motora e participação ao longo da vida (Whitehead, 2010).

### 3.1.2 Que elementos dos jogos podem ser modificados?

Como sugerido no Capítulo 1, há cinco elementos dos jogos que podem ser modificados para desenvolver a compreensão de um jogador sobre um problema tático (Griffin et al., 2018). Para modificar os esportes de rede e de parede, o objetivo principal deve ser respeitado: acertar um objeto (por exemplo, uma peteca) em um espaço e evitar que ele seja devolvido (Griffin et al., 1997):

1. **Regras**: essas podem ser facilmente modificadas para concentrar a atenção em elementos específicos. Por exemplo, permitindo apenas um tipo específico de golpe (por exemplo, à frente ou atrás) ou golpes específicos (por exemplo, em badminton, primeiro — "clear", segundo — "drop" ou deixada de fundo da quadra, terceiro — "lob"). Nesse exemplo, os jogadores devem executar um número mínimo de tacadas (modificação para colaboração), antes de tentar ganhar o ponto (deixando um jogo mais competitivo).

2. **Número de jogadores**: esportes de rede e de parede permitem diferentes formatos: individuais (por exemplo, badminton individual), masculinos, femininos ou duplas mistas (por exemplo, duplas de tênis), ou equipes pequenas (por exemplo, voleibol). Esses esportes incluem menos jogadores do que os esportes de invasão, o que significa menos complexidade tática. Entretanto, há algumas exceções. Por exemplo, o basquete 3 x 3, um esporte de invasão, envolve menos jogadores do que o vôlei (6 x 6), um esporte de rede.

   Os professores/treinadores devem planejar jogos que considerem combinações diferentes para atender às exigências dos alunos. Além disso, a alteração do número de jogadores gera mudanças na dinâmica do jogo desses esportes, o que enriquece as estratégias a serem utilizadas pelos participantes e o desenvolvimento da inteligência tática. Ao jogar 1 x 1 no tênis, os jogadores devem estar cientes de seus próprios pontos fortes e fracos, assim como os de seus oponentes, enquanto em um 2 x 2 significa também considerar os pontos fortes e fracos do parceiro e de dois oponentes em vez de um. Em outras palavras, a incerteza no jogo é aumentada e, com ela, a complexidade tática.

3. **Área de jogo**: modificações da área de jogo são importantes para o ensino simplificado do jogo. Campos reduzidos (por exemplo,

pequeno/grande, largo/estreito) devem ser usados, o que dependerá do problema tático que o professor propõe para que os jogadores aprendam. As áreas de jogo podem ser marcadas com discos móveis para permitir que os próprios jogadores os modifiquem (promovendo a autonomia). Os esportes de rede e de parede podem ser jogados em diferentes superfícies (por exemplo, areia para voleibol, grama para tênis). Cada jogo ou esporte tem diferentes áreas de jogo (por exemplo, uma quadra de tênis é maior que uma quadra de badminton). Quando a área do jogo é modificada, o jogo exige mudanças (Contreras-Jordan et al., 2007):

- Se a área de jogo de uma equipe é menor do que a do adversário, a defesa é mais fácil.

- As áreas de jogo longas permitem oportunidades de trabalho em profundidade, movimento para frente e técnicas específicas ("deixadinha" e "clears").

- Áreas amplas do jogo permitem que os jogadores trabalhem em largura, movimentos laterais e técnicas específicas (rebatidas rápidas paralelas ou diagonais).

4. **Material**: deve ser modificado para atender às características e exigências (por exemplo, idade e nível) dos alunos. Seguindo Mitchell et al. (2003) e Contreras-Jordán et al. (2007):

- Os objetos usados devem ser macios e proporcionar um manejo fácil. Nos estágios iniciais, o objeto deve ser movimentado lentamente. O professor deve oferecer uma variedade de objetos (por exemplo, pequenos, grandes, leves, pesados) para permitir que os alunos escolham o mesmo com base em seus pontos fortes e fracos. Essa prática é chamada de "ensino por convite" (Graham et al., 2001).

- Quando os jogadores usam um implemento (por exemplo, raquete), ele deve ser leve e ter um cabo curto.

- Nos estágios iniciais, os cones podem ser usados para delimitar uma rede imaginária (permitindo aos alunos brincar com uma barreira mais simples). Esses cones devem ser leves e macios para evitar que os jogadores se machuquem se pisarem neles.

Se forem usadas redes, elas devem ser facilmente ajustáveis para evitar o desperdício de tempo e maximizar o tempo de prática. Uma alta altura de rede reduz a velocidade do jogo e ajuda os jogadores defensivos ao retornar o golpe, pois os movimentos parabólicos são forçados e é mais fácil perceber a direção do objeto, enquanto uma baixa altura de rede favorece as chances de ataque e torna a defesa mais difícil, aumentando a velocidade do jogo. Um exemplo nesse sentido é o jogo esportivo de rede e a parede chamada Squash, que tem a peculiaridade de a altura da rede estar ao nível do chão (ou seja, é o vértice entre a parede frontal e a superfície horizontal onde é jogada), sendo a regra principal que a bola não pode saltar mais de uma vez no chão, antes do segundo salto, a bola deve ser atingida e deve atingir a parede frontal.

5. **Pontuação e/ou objetivo**: a marcação de "áreas de jogo" ajuda os alunos a se concentrar em espaços específicos no campo, longe dos defensores. Também é possível marcar "áreas no jogo", onde os jogadores não podem pontuar. O sistema de pontuação fornece aos jogadores informações sobre sua competência, ajudando-os a serem mais eficazes. Se os jogadores só podem pontuar vencendo o adversário, os jogadores de baixa habilidade podem nunca pontuar. Portanto, é recomendado:

- Utilizar contextos colaborativos, não apenas competitivos. Um exemplo de um jogo colaborativo seria uma situação 1x1 em que os jogadores tentam manter o objeto no jogo com 10 toques consecutivos. Os dois jogadores colaboram para atingir um objetivo comum.

- Não usar pontuações negativas para erros (por exemplo, -2, -5). Ocasionalmente, haverá jogadores que terão dificuldade para marcar pontos, portanto, se também forem penalizados por erros (por exemplo -2 pontos por um erro de saque), isso pode levar à frustração e ao tédio e, portanto, ao abandono da prática.

- Não jogue até um alto número de pontos (por exemplo, jogue até 10 pontos), pois isso pode mostrar diferenças excessivas entre os jogadores. É preferível que os jogos tenham um baixo número de pontos para evitar situações de, por exemplo, 20-2 que, mais uma vez, poderiam levar o jogador a abandonar a prática por causa de derrotas muito pesadas. Esses fatos têm um impacto sobre o autoconceito e a competência percebida. O desejo de se sentir autônomo, competente e de se relacionar com os outros levará a um desejo de participar de atividades esportivas.

- Use jogos de competição colaborativa, que incluem pontos para colaboração (por exemplo, cinco toques antes da pontuação) e para a competição (por exemplo, pontuação).

## 3.3 Questionamento e reflexão sobre os esportes de rede e de parede

O questionamento é importante para que os Modelos Baseados em Jogos sejam verdadeiramente centrados no jogador, estimulando o pensamento e ajudando os jogadores a serem aprendizes ativos na compreensão do jogo ou do esporte (Light, 2013). Entretanto, pode ser complexo para aqueles professores ou treinadores que estão acostumados a dizer a seus jogadores o que fazer (instrução ou comando direto). Nesse sentido, fazer perguntas geradoras de conhecimento pode ser difícil para os praticantes que não têm experiência na aplicação desse tipo de modelo. Isso exige que o professor ou treinador esteja aberto a diferentes respostas, em vez de esperar uma resposta pré-determinada (Light, 2013) e, depois, orientar a reflexão dos jogadores.

Como sugerido no Capítulo 2, é preciso encontrar um equilíbrio entre fazer perguntas e deixar os jogadores jogarem, para não privá-los do tempo necessário para aprender através da ação (Light, 2013). Como você tentará tornar os jogos o mais ativo possível, você pode aproveitar os tempos de pausa para fazer este questionamento. Além disso, deve ser criado um ambiente saudável e sem medo no qual os jogadores entendam que não há respostas certas ou erradas, pois é realmente nesses momentos que são geradas situações de conhecimento e discussão.

Como introduzido no Capítulo 1, há diferentes maneiras de criar perguntas e promover o aprendizado em Modelos Baseados em Jogos (ver Tabela 3.1).

| Foco | Exemplo de questionamento | |
|---|---|---|
| | **Pergunta** | **Possível resposta** |
| Consciência táctica | *O que você deve fazer se seu oponente estiver perto da rede?* | *Realizar um golpe na parte de trás da quadra.* |
| Execução da habilidade | *Como você pode ganhar um ponto enquanto joga contra outro jogador que joga perto da rede?* | *Eu posso realizar um "clear".* |
| Tempo | *Quando você deve acertar um "corte"?* | *Quando o adversário estiver longe da rede.* |
| Espaço | *Onde você pode arremessar a bola para tornar mais difícil para o adversário devolvê-la?* | *Em direção a um espaço vazio, onde não há adversário.* |
| Risco | *Que opções você tem se estiver perto da rede?* | *Eu posso fazer um "corte".* |
| Raciocínio lógico | *Se seu oponente está te movendo, para onde você deve ir depois de seus próprios arremessos? Por quê?* | *Eu deveria voltar para o centro da quadra, porque de lá eu posso me mover mais facilmente em torno do resto da quadra.* |

**Tabela 3.1.** Exemplos de diferentes formas de questionamento em esportes de rede e parede.
**Fonte:** os autores.

## 3.4 Considerações sobre o ensino de esportes de rede e de parede

Como em qualquer outra categoria esportiva, uma progressão na complexidade deve ser realizada, a fim de favorecer o ensino do esporte. Mitchell et al. (2003) recomendaram a seguinte progressão no ensino de esportes de rede e de parede:

1. Do contexto cooperativo ao competitivo: nas tarefas cooperativas, os jogadores colaboram com um parceiro para atingir um objetivo comum. Nos estágios iniciais, é importante que os jogadores colaborem para integrar as habilidades básicas durante o jogo. Se

os praticantes não forem capazes de manter um ritmo, eles podem ficar entediados porque não são capazes de manter a continuidade no jogo.

2. Do simples ao complexo: desde habilidades, movimentos, problemas táticos e condições do jogo. Os jogos iniciais devem envolver apenas algumas habilidades, regras e o menor número possível de jogadores. À medida que os jogadores melhoram sua competência (usando diferentes habilidades e tomando decisões), a complexidade do jogo aumenta. Entretanto, os jogos iniciais (mais simples) também deveriam oferecer oportunidades para o uso de elementos táticos.

3. De formatos individuais a jogos menores (2 x 2) e grupos maiores (4 x 4): quando há poucos jogadores, o ritmo do jogo diminui, e é mais fácil de jogar. Quanto maior o número de jogadores, mais difícil é coordenar a relação espaço-tempo.

A progressão anterior poderia seguir as seguintes recomendações (Mitchell et al., 2003):

1. Nos estágios iniciais, os jogos de lançamento e recepção devem ser introduzidos sobre uma rede ou contra uma parede, pois são mais fáceis para os jogadores. Esses jogos se concentram em situações cooperativas com tarefas simples jogadas em formato individual. Nesses jogos, os jogadores não estão preocupados com um parceiro tentando ganhar um ponto, mas com a devolução do objeto sobre a rede. Os professores/treinadores podem engajar seus alunos em discussões focadas em maneiras de serem bem-sucedidos nesses tipos de jogos.

2. Incorporar o golpe de baixo para cima e jogos de lançamento e recebimento. Isso significa passar de cooperativo para competitivo e de simples para problemas táticos complexos.

3. Incorporar golpes com a mão ou com um implemento tendo mais de um contato (por exemplo, voleibol).

## 3.4 Ensinando badminton com o modelo Game Sense

Thorpe fez visitas regulares à Austrália para trabalhar com treinadores e a Comissão Australiana de Esportes no desenvolvimento de uma versão australiana do Teaching Games for Understanding, com foco no treinamento esportivo. Essa versão foi denominada Game Sense e é um modelo menos estruturado do que o Teaching Games for Understanding ou a Abordagem de Jogos Táticos.

Segundo Light (2013), as principais características do Game Sense são:

1. A maior parte do aprendizado é contextualizada dentro dos jogos envolvendo competição e tomada de decisões.

2. O professor ou treinador usa perguntas para estimular a reflexão e o engajamento intelectual.

Embora o Game Sense seja semelhante aos Teaching Games for Understanding, existem algumas diferenças entre eles, como o foco no treinamento esportivo, o envolvimento da Comissão Australiana de Esportes e dos treinadores em seu desenvolvimento. Esse modelo coloca o foco nos treinadores e não nos professores, o que o torna uma abordagem menos prescritiva, proporcionando um espaço para que os treinadores o adotem como parte de seu treinamento, mantendo outras práticas existentes (Light, 2013). O Game Sense compartilha algumas ideias básicas com o Teaching Games for Understanding, como o uso de jogos modificados, a apresentação de problemas para resolver ou incentivar a reflexão e o diálogo, no entanto, o foco está em um aspecto específico do jogo e não em aprender como jogar o jogo (Light, 2013).

Como qualquer outro modelo baseado no jogo, desenvolver o Game Sense adequadamente requer tempo e esforço. Entretanto, assim como os jogadores aprendem, o professor ou treinador também aprenderá, se estiver aberto ao aprendizado (Light, 2013). Nesse sentido, o primeiro e um dos passos mais importantes na realização de uma sessão com o Game Sense é o planejamento de jogos modificados. Nesse ponto, o professor ou treinador já terá a maior parte do trabalho feito antes do início da sessão (Thorpe e Bunker, 2008). O Game Sense não esquece as habilidades técnicas, mas nesse modelo elas são aprendidas por meio de jogos modificados (Light, 2013).

Alguns desafios que surgem na aplicação do Game Sense (Light, 2013) precisam ser considerados:

- **A "estética" do treinamento e a percepção de outras pessoas**: a maioria das pessoas pensa que um bom treinamento é aquele que aparentemente está bem-organizado e onde o treinador ou professor conduz as atividades com autoridade. No entanto, os jogos, especialmente aqueles realizados por crianças, são frequentemente caóticos e às vezes não atendem à estas condições.

- **O reposicionamento do treinador/professor**: esse modelo, em comparação com as abordagens tradicionais, implica em relações de poder mais estreitas e mais iguais entre o treinador/professor e os alunos.

O Badminton é um esporte de raquete no qual os atletas concentram sua atenção em um tipo de peteca (volante) e os adversários concentram sua atenção em antecipar os movimentos da peteca (Casebolt e Zhang, 2020). O esporte tem sido notado por ser um esporte popular que pode ser praticado ao longo da vida e em qualquer lugar do mundo, embora tornar-se um atleta competente seja uma tarefa exigente (Casebolt e Zhang, 2020).

É um esporte que se adapta bem a ambientes escolares e extracurriculares, de preferência se uma instalação coberta (ginásio) estiver disponível. Light (2013) propõe a seguinte ordem: (1) explicar o jogo e garantir que os jogadores o entendam; (2) deixar os jogadores jogarem o jogo; (3) parar o jogo e levantar algumas questões para identificar ou confirmar o(s) problema(s) a ser(em) resolvido(s); (4) deixar os jogadores formularem uma estratégia ou plano de ação por meio do diálogo; (5) permitir-lhes implementar a estratégia ou plano proposto no jogo; (6) parar o jogo e dar tempo para reflexão para sugerir modificações ou identificar o que não está funcionando. Essa sequência não é uma sequência rígida, ela deve estar aberta a mudanças para se adaptar aos jogadores e ao contexto específico.

Portanto, essa proposta combina jogos colaborativos e competitivos, assim como situações 1 x 1 e 2 x 2. Os problemas táticos propostos por Mitchell et al. (2006) no badminton foram utilizados (Tabela 3.2).

| Problemas táticos | Nível tático | | |
|---|---|---|---|
| | I | II | II |
| **PONTUAR (OFENSIVO)** | | | |
| Atacar criando espaço no lado do adversário | • "Clear"<br>• "Deixadinha" | • Saque por cima<br>• "Clear" | |
| Conseguir o ponto | | • Saque ao fundo<br>• Saque curto | Ataque curto |
| Atacar em duplas | | | • Ataque de frente e de costas<br>• Comunicação |
| **EVITAR O PONTO (DEFESA)** | | | |
| Defender o espaço do próprio lado | • Recuperar a posição de base | • Devolver por baixo | |
| Defender contra um ataque | | • Devolver o ataque | • Devolver o ataque curto |
| Defender em duplas | | | • Defesa lado a lado<br>• Comunicação |

**Tabela 3.2.** Níveis de complexidade tática em badminton.
**Fonte:** adaptada de Mitchell et al., 2006.

Como mostrado na Tabela 3.3, a seguinte proposta é composta de seis sessões utilizando a estrutura de sessão proposta por Light (2013) para o Game Sense. Essas sessões, embora propostas em progressão de dificuldade tática (Sessão 1 é mais simples que a Sessão 6), não se referem a um único nível específico de complexidade, mas compreendem problemas táticos dos três níveis propostos por Mitchell, Oslin e Griffin (2006), para que o leitor possa ter uma visão mais ampla do ensino do badminton. Em outras palavras, é utilizado um nível médio de complexidade (nível II), embora atividades e jogos dos níveis I e III estejam incluídos.

| Sessão | Problema tático | Objetivo principal | Habilidades |
|--------|-----------------|--------------------|-------------|
| 1 | Manter o objeto no jogo | Experimentando diferentes jogadas básicas, assim como quando usá-los | • Golpes para trás<br>• Clear/lob de direita/ |
| 2 | | | • Saque |
| 3 | Recuperar a posição de base | Posição de base | • Posição do corpo |
| 4 | Atacar criando espaços no ataque | Conceito de profundidade | • Diferentes golpes para mover o oponente |
| 5 | | Conceito de lateralidade | • Diferentes golpes para mover o oponente |
| 6 | Conseguir o ponto | Utilizar diferentes golpes e quando é o melhor momento para puntuar | • Diferentes golpes para criar oportunidades de conseguir o ponto |

**Tabela 3.3.** Plano de trabalho nas sessões de badminton.

**Fonte:** os autores.

A seguir, algumas sessões são apresentadas como um exemplo do modelo Game Sense na aplicação do badminton com complexidade tática diferente.

## SESSÃO 1: GOLPES BÁSICOS

Esta primeira sessão tem como objetivo permitir que os jogadores experimentem vários golpes básicos no badminton em contextos colaborativos. Essa sessão servirá como uma abordagem geral ao jogo para que os participantes se familiarizem com as raquetes, as petecas e seus movimentos. Serão utilizados jogos com uma área estreita de jogo, a fim de facilitar o posicionamento do jogador e, assim, o retorno da peteca. As propostas serão mais cooperativas entre os jogadores do que competitivas, tentando manter o objeto no jogo.

**Atividade 1**: 1x1 (colaboração) em uma área de jogo de 10 x 3 metros com uma rede de 1,5 metros de altura. Os jogadores tentam acertar a peteca o mais centralmente possível e em direção ao fundo da quadra com um movimento parabólico do objeto, para facilitar a percepção da trajetória do outro jogador, contando em voz alta o número de vezes que o acerta.

**Objetivo**: aprender quando e como realizar um clear/lob.

## EXEMPLOS DE PERGUNTAS:

– Como você deve golpear o objeto se ele vier por baixo? De baixo para cima.

– E se o objeto vier alto? De cima para baixo.

– O que você pode conseguir com esse tipo de golpe? Empurrar o outro jogador para longe da rede, enviando-o para a parte de trás da rede.

– Quando é mais eficaz acertar esse tipo de jogada? Quando o outro jogador está perto da rede.

## MODIFICAÇÕES:

Mais desafiador: incluir obstáculos (por exemplo, pratinhos ou cordas) para fazer com que os jogadores concentrem sua atenção em outros elementos enquanto se movimentam.

Menos desafiador: modificar a altura da rede para facilitar os golpes.

**Atividade 2**: 1x1 (colaboração) em uma área de jogo de 10m x 3m com uma rede de 1,5m de altura. Uma "zona proibida" (2 x 3 metros da rede) em cada quadra. Os jogadores tentam devolver a peteca o máximo de vezes possível sem que ele caia na zona proibida.

**Objetivo**: aprender quando e como usar os golpes de longe da rede: clear/lob.

## EXEMPLOS DE PERGUNTAS:

– Que tipo de golpe você deve fazer se a peteca vier alta? Por cima da cabeça (overhead). Por quê? Para enviar a peteca para o final da quadra e evitar a zona proibida.

– E se a peteca vier baixa? De baixo para cima.

## MODIFICAÇÕES:

Mais desafiador: reduzir a área do jogo, ampliando a zona proibida: golpes mais precisos.

Menos desafiador: modificar a altura da rede para facilitar a jogada.

**Atividade 3**: 1x1 (colaboração) em uma área de jogo de 10m x 3m com uma rede de 1,5m de altura. Os jogadores tentam acertar a peteca para o lado direito ou esquerdo de seu parceiro usando golpes com a mão direita ou esquerda. Eles contam o número de vezes que acertam o objeto.

**Objetivo:** aprender quando e como acertar um golpe de direita ou de esquerda.

### EXEMPLOS DE PERGUNTAS:

- Você acerta o objeto com o mesmo lado da raquete se ele vier da direita e da esquerda? Não, eu giro a raquete.

- Quando o objeto se afasta de você, o que você faz? Estende seu braço para devolver o objeto.

- O que acontece se o objeto chegar ao seu corpo? Eu tenho que me mover para o lado para poder bater com a raquete.

### MODIFICAÇÕES:

Mais desafiador: alternar golpes para a frente e para trás.

Menos desafiador: modificar a altura da rede para facilitar a batida.

**Atividade 4**: 2x2 (colaboração) em uma área de 10 x 4 metros de jogo com uma rede de 1,5 metros de altura. Em pares, os jogadores passam a peteca e alternam quem joga o ponto.

**Objetivo**: concentrar a atenção em diferentes elementos do jogo (por exemplo, peteca, rede, parceiro e outros jogadores) e realizar golpes diferentes.

### EXEMPLOS DE PERGUNTAS:

- O que você deve fazer se o objeto a ser atingido está em sua direção? Eu fico no caminho da trajetória do objeto e acerto quando ele está perto da raquete.

### MODIFICAÇÕES:

Mais desafiador: cada parceiro atinge duas vezes consecutivas; tipos alternativos de golpes.

Menos desafiador: modificar a altura da rede e a área do jogo para facilitar o golpe.

## SESSÃO 2: GOLPES BÁSICOS (O SAQUE)

Nesta sessão, trabalharemos o saque através de jogos de precisão. O objetivo destes jogos será que os jogadores aprendam a controlar sua força de batida e a trajetória do objeto.

**Atividade 1**: 1x1 (colaboração) em uma área de jogo de 10 x 3 metros com uma rede de 1,5 metros de altura. Os jogadores sacam cinco vezes consecutivas na posição em que o outro colega de equipe está posicionado, que devolve a peteca.

**Objetivo:** compreender como e quando realizar o saque.

**EXEMPLOS DE PERGUNTAS:**

– Por que eu realizo um saque? Para iniciar o jogo ou para retomá-lo.

– O que há de errado se você não for capaz de atingir o objeto? Eu movo a raquete muito rápido/baixo ou eu lanço a peteca muito perto/lento.

### MODIFICAÇÕES:

Mais desafiador: o jogador tenta sacar em diferentes partes da área de jogo mais rapidamente (o parceiro entrará em posição e antes da contagem de cinco, o jogador que saca deve ter sacado).

Menos desafiador: modificar a altura da rede para facilitar o saque.

**Atividade 2**: 1x1 (colaboração) em uma área de 10 x 3 metros de jogo com uma rede de 1,5 metros de altura. Um jogador tem a raquete e a peteca, e o outro jogador está em sua área de jogo com vários aros no chão (à direita e à esquerda do jogador). Esse jogador ficará de um lado ou do outro e o jogador que saca tentará enviar o objeto para o aro onde seu parceiro está.

**Objetivo**: foco na consciência espacial e não apenas na peteca.

**EXEMPLOS DE PERGUNTAS:**

– Se você quer evitar que o objeto caia no chão, o que você tem que fazer? Saber onde está meu parceiro antes de bater no objeto.

### MODIFICAÇÕES:

Mais desafiador: tentar acertar em direção a um aro vazio, onde não há jogador.

Menos desafiador: modificar a altura da rede para facilitar a jogada.

**Atividade 3:** em uma área de 10 x 3 metros de jogo com uma rede de 1,5 metros de altura. Um jogador saca 10 vezes seguidas tentando colocar a peteca em um grande aro no chão do outro lado da rede (o outro jogador pega a peteca e os papéis invertem).

**Objetivo:** orientar os pés e a cabeça da raquete ao sacar.

**EXEMPLOS DE PERGUNTAS:**

– Que pé você deve trazer para frente quando você saca? Depende da mão com a qual você saca.

– Como posso fazer com que o objeto pouse dentro do aro? Tenho que calcular a força do golpe e levar em conta a trajetória.

**MODIFICAÇÕES:**

Mais desafiador: mover o aro para locais diferentes.

Menos desafiador: modificar a altura da rede para facilitar o saque ou incluir um aro de maiores proporções.

**Atividade 4:** 1 x 1 em uma área de 10 x 3 metros de jogo com uma rede de 1,5 metros de altura. Se os jogadores marcarem por meio de um saque, eles ganham dois pontos.

**Objetivo:** pontuar por meio de um saque.

**EXEMPLOS DE PERGUNTAS:**

– Perguntas de atividades anteriores podem ser usadas.

**MODIFICAÇÕES:**

Mais desafiador: o jogador que saca fecha os olhos quando entra em contato com o objeto para sacar.

Menos desafiador: modificar a altura da rede para facilitar a jogada ou ampliar a área de recepção do resto, por exemplo, incluindo a parte do jogo de duplas.

## SESSÃO 3: POSIÇÃO DE BASE

O objetivo desta sessão é que os jogadores compreendam a posição base como uma ferramenta tática tanto ofensiva quanto defensiva. Ela será trabalhada tanto em ambientes cooperativos (primeiro jogo), quanto em ambientes competitivos (último jogo).

**Atividade 1**: 1x1 (colaboração) e uma área de jogo de 8 x 3 metros com uma rede de 1,5 metros de altura. No centro de cada área de jogo a 1,5 metros da rede, há uma área paralela à rede (1 x 3 metros). Os jogadores tentam devolver a peteca com um pé nesta área.

**Objetivo**: utilizar a quadra central (posição de base) como ponto de partida para golpear a peteca.

### EXEMPLOS DE PERGUNTAS:

– De qual parte do campo você será capaz de devolver a peteca mais facilmente? Da área da base, pois de lá será mais fácil retornar a peteca se ela for para qualquer lugar do campo.

– Como você pode manter a peteca no jogo por mais tempo? Movendo--se rapidamente para a "**área de base**", que é o centro do campo, pois me permitirá retornar a peteca em uma melhor posição de ataque.

### MODIFICAÇÕES:

Mais/menos desafiador: modificar as dimensões da área do jogo para tornar mais fácil/difícil golpear o objeto.

**Atividade 2**: 1x1 (colaboração) em uma área de 10 x 3 metros de jogo com uma rede de 1,5 metros de altura. Os jogadores tentam alternar entre clears e drops e retornar à posição de base.

**Objetivo**: usar a posição de base como elemento tático defensivo e ofensivo.

### EXEMPLOS DE PERGUNTAS:

– Como você pode devolver um drop e/ou um clear? Movendo-se para a posição de base (centro da área do jogo) para estar pronto para qualquer golpe.

### MODIFICAÇÕES:

Mais/menos desafiador: modificando as dimensões da área de jogo para facilitar/dificultar para golpear.

**Atividade 3**: 1 x 1 em uma área de jogo de 10 x 3 metros com uma rede de 1,5 metros de altura. Um círculo é desenhado no centro de cada área de jogo (ver Figura 3.1). Antes de devolver o objeto, o jogador deve colocar pelo menos um pé dentro do círculo. Se ele falhar, o outro jogador ganha o ponto.

**Objetivo**: utilizar a posição de base como elemento tático defensivo e ofensivo.

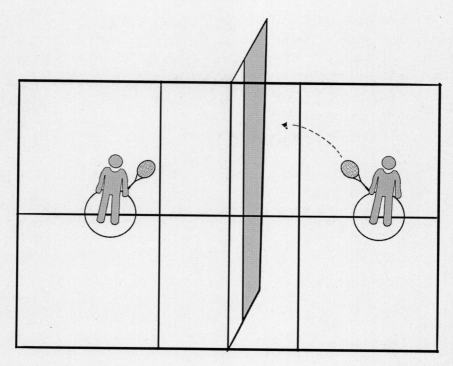

**Figura 3.1.** Posição de base no jogo.
**Fonte:** Ramón Freire Santa Cruz.

### EXEMPLOS DE PERGUNTAS:

– O que você tem que fazer para obter um ponto? Pisar no círculo antes de devolver a peteca.

– Você tem uma vantagem/desvantagem em ir para essa posição? Sim, me dá vantagens, porque estarei mais preparado para devolver a peteca.

### MODIFICAÇÕES:

Mais desafiador: modifique as dimensões da área do jogo para tornar mais difícil bater; inclua a regra de que, ao invés de pisar com apenas um pé no círculo, é necessário estar com dois pés dentro do círculo antes de bater.

Menos desafiador: modifique as dimensões da área do jogo para facilitar o golpe.

**Atividade 4**: 1 x 1 em uma área de jogo de 10 x 3 metros com uma rede de 1,5 metros de altura. Os jogadores tentam marcar o maior número de vezes possível.

**Objetivo**: pontuar enquanto se está ciente da própria posição e da posição dos adversários.

**EXEMPLOS DE PERGUNTAS:**

– Perguntas de atividades anteriores podem ser usadas.

**MODIFICAÇÕES:**

Mais/menos desafiador: modificar as dimensões da área de jogo ou a altura da rede.

## SESSÃO 4: PROFUNDIDADE

Esta sessão tem como objetivo sensibilizar os jogadores para o conceito de profundidade e permitir que eles possam aproveitá-lo. Nesse caso, o ponto de partida serão os jogos de colaboração para avançar em direção aos jogos de oposição. Esta sessão utilizará os golpes mais ofensivos como o elemento principal.

**Atividade 1**: 1x1 (colaboração) em uma área de jogo de 12 x 3 metros com uma rede de 1,5 metros de altura. Cada área de jogo (6 x 3 metros) é dividida em duas (3 x 3 metros) e a área mais afastada da rede é a "casa". Os jogadores tentam acertar o maior número possível de golpes de sua "casa".

Objetivo: entender o conceito de profundidade e quais golpes básicos são mais apropriados em cada caso.

**EXEMPLOS DE PERGUNTAS:**

– O que você pode fazer para manter o rally em andamento? Posicionar-me para onde eu acho que o objeto vai.

– O que você tem que fazer para enviar a peteca para a "casa" de seu parceiro?

– Aplicar a força necessária para direcionar a peteca até a parte final do campo do adversário.

– Que golpes você usa? Clear ou lob, dependendo da altura da peteca no momento da batida.

## MODIFICAÇÕES:

**Mais desafiador**: reduzir a "casa"; tornar a área do jogo mais longa.

**Menos desafiador**: expandir a "casa"; tornar a área de jogo mais curta: mais precisão; modificar a altura da rede.

**Atividade 2**: semelhante à atividade 1, mas os jogadores tentam marcar o máximo de vezes possível (oposição). Quando o objeto atinge a área "casa", o jogador marca dois pontos; em qualquer outro lugar na área do jogo, um ponto é marcado.

**Objetivo**: pontuar enviando a peteca para uma área "vazia".

## EXEMPLOS DE PERGUNTAS:

– O que você tem que fazer para marcar mais pontos? Mandar a peteca para a área "casa".

– O que os golpes clear/lob permitem que você faça? Afastar o adversário da rede.

## MODIFICAÇÕES:

Nenhuma sugestão.

**Atividade 3**: 1 x 1 em uma área de 12 x 3 de jogo com uma rede de 1,5 metro de altura. Os jogadores tentam marcar, mandando a peteca para o fundo da quadra. Quando há uma vantagem clara (o adversário está no fundo da quadra), é usado o golpe remate ou a deixada.

**Objetivo**: pontuar enviando o objeto para uma área "vazia".

## EXEMPLOS DE PERGUNTAS:

– O que você tem que fazer para mandar a peteca para o chão longe do oponente? Antecipar para onde o oponente vai e enviar a peteca para longe dele.

– Se o oponente estiver perto da rede, qual golpe é mais apropriado? O clear ou o lob. Por quê? Porque com eles eu envio a peteca para a parte de trás da quadra.

– E se o oponente estiver longe da rede? A deixada ou o golpe de remate, porque a área mais próxima da rede estará livre.

## MODIFICAÇÕES:

Mais desafiador: tornar a área de jogo mais longa.

Menos desafiador: tornar a área de jogo mais curta ou modificar a altura da rede para facilitar a jogada.

## SESSÃO 5: LATERALIDADE

Esta sessão, cujo objetivo é trabalhar a lateralidade, permitirá aos jogadores utilizar qualquer tipo de golpe, mas com um objetivo claro: a largura do campo. Portanto, serão utilizadas áreas mais amplas do campo de jogo do que nas sessões anteriores. O ponto de partida serão situações de colaboração a situações de oposição, terminando com situações de oposição em partidas duplas.

**Atividade 1**: 1x1 (colaboração) em uma área de jogo de 10 x 4 metros com uma rede de 1,5 metros de altura. Há quatro aros, um em cada canto da quadra (ver Figura 3.2). Os jogadores tentam enviar a peteca para um aro diferente em cada jogada, mantendo-a no jogo.

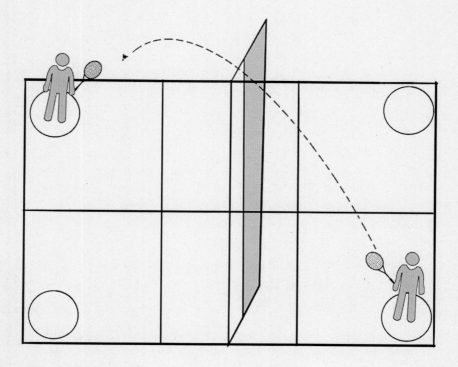

**Figura 3.2.** Buscando os aros.
**Fonte:** Ramón Freire Santa Cruz.

**Objetivo:** golpes laterais em busca de áreas vazias.

**EXEMPLOS DE PERGUNTAS:**

– O que há de positivo em enviar a peteca para um dos aros? Você cria espaço e na próxima tacada, é fácil encontrar áreas vazias no campo.

**MODIFICAÇÕES:**

Mais desafiador: enviar a peteca para os aros em determinada ordem.

Menos desafiador: modificar a altura da rede para facilitar a batida.

**Atividade 2:** 1 x 1 em uma área de 10 x 4 metros de jogo com uma rede de 1,5 metros de altura. Há quatro aros, um em cada canto. Os jogadores tentam marcar mandando o objeto para um aro com qualquer tipo de golpe.

**Objetivo:** pontuar enviando a peteca para um espaço definido.

**EXEMPLOS DE PERGUNTAS:**

– O que você tem que fazer para enviar a peteca para os aros? Orientar a raquete em direção ao aro.

– Que tipo de golpes você pode fazer? Qualquer um, depende da posição do jogador adversário.

**MODIFICAÇÕES:**

Mais desafiador: reduzir o tamanho do aro.

Menos desafiador: utilizar aros maiores.

**Atividade 3:** 1 x 1 em uma área de jogo 10 x 5 metros com uma rede de 1,5 metros de altura. A área de jogo de cada jogador é dividida em cinco zonas (1 x 5 cada zona, perpendicular à rede); pontuação: mais pontos para as áreas laterais; da esquerda para a direita: dois pontos (primeira zona), um ponto (segunda zona), zero pontos (terceira zona), um ponto (quarta zona) e dois pontos (quinta zona).

**Objetivo:** enviar o objeto para a área selecionada.

**EXEMPLOS DE PERGUNTAS:**

– O que você pode fazer para enviar o objeto para a área selecionada do jogo? Orientar a raquete para a área selecionada.

**MODIFICAÇÕES:**

Mais desafiador: você só pode pontuar se o objeto cair nas zonas 1 ou 5.

Menos desafiador: modifique a altura da rede para facilitar os golpes.

**Atividade 4**: 2 x 2 em uma área de 10 x 5 metros de jogo com uma rede de 1,5 metros de altura. As petecas que caem nas áreas laterais marcam dois pontos.

**Objetivo**: criar espaço em jogos de duplas.

**EXEMPLOS DE PERGUNTAS:**

– Como você pode pontuar? Movendo os adversários.

**MODIFICAÇÕES:**

Mais desafiador: usar áreas pequenas.

Menos desafiador: modifique a altura da rede para facilitar o golpe.

## SESSÃO 6: ATINGIR O OBJETIVO

O objetivo desta sessão é apresentar aos jogadores várias situações ofensivas nas quais eles terão que procurar a melhor situação para alcançar o objetivo. Será importante que os jogadores compreendam que devem ser pacientes antes de tentar alcançar o objetivo, pois nem todas as situações são propícias para isso.

**Atividade 1**: 1 x 1 em uma área de jogo 10 x 4 metros com uma rede de 1,5 metros de altura. Os jogadores devem pensar em enviar o objeto perto ou longe da rede, dependendo da posição do adversário no campo.

Objetivo: estar ciente do melhor momento para pontuar.

**EXEMPLOS DE PERGUNTAS:**

– Quando você decide finalizar o jogo? Quando vejo que há um espaço vazio na quadra (perto ou longe da rede).

– Que tipo de golpes você usa? Depende se o adversário está próximo ou distante da rede.

**MODIFICAÇÕES:**

Mais desafiador: golpes alternados (primeiro perto e depois longe da rede).

Menos desafiador: modificar o tamanho da área do jogo.

**Atividade 2**: 1 x 1 em uma área de jogo de 10 x 4 metros com uma rede de 1,5 metros de altura. O primeiro jogador saca desde o centro de sua área de jogo até o centro da área de jogo do adversário. Eles devem tentar enviar a peteca para as pernas do adversário, que tenta devolver a peteca. Após cinco tentativas, os jogadores mudam de papel.

**Objetivo**: estar ciente do melhor momento para pontuar.

**EXEMPLOS DE PERGUNTAS:**

– Quando é o melhor momento para enviar a peteca rápida e baixa? Quando o adversário envia o objeto para cima.

– Como você chama este tipo de golpe? Smash (ou golpe de impacto).

**MODIFICAÇÕES:**

Mais desafiador: enviar o objeto para outras partes do campo.

Menos desafiador: modificar a área do jogo ou a altura da rede.

**Atividade 3**: um jogador saca 10 vezes em uma área de jogo de 10 x 4 metros com uma rede de 1,5 metros de altura. Há seis aros no outro lado da rede. O jogador tenta enviar a peteca para dentro dos aros (um ponto por aro). O outro jogador recolhe o material e os papéis são mudados.

**Objetivo**: melhorar o saque.

**EXEMPLOS DE PERGUNTAS:**

– Como você deve sacar para enviar o objeto para dentro dos aros? Com força e precisão.

– Em quais aros pode sacar? Para aqueles onde eu acho que posso pontuar.

**MODIFICAÇÕES:**

Mais desafiador: dar mais pontos nos aros que são mais difíceis de enviar o objeto.

Menos desafiador: adicionar mais aros ou brincar com os lançamentos mais lentos.

**Atividade 4**: 1 x 1 em uma área de 10 x 4 metros de jogo com uma rede de 1,5 metros de altura. Há quatro aros, um em cada canto. Os jogadores tentam enviar a peteca para um aro de cada vez. Os jogadores devem enviar o objeto cinco vezes antes de marcar. Os jogadores marcam um ponto se o objeto cair no chão e um ponto extra se cair em um aro.

**Objetivo**: mover o adversário para pontuar, procurando por uma posição livre.

## EXEMPLOS DE PERGUNTAS:

– O que você deve fazer para enviar o objeto para dentro de um aro? Posicionar a raquete em direção à área selecionada.

– Quando é o melhor momento para fazer um golpe Smash? Quando o oponente está em uma posição difícil para devolver o objeto.

## MODIFICAÇÕES:

Mais desafiador: mover o aro para lugares diferentes.

Menos desafiador: modificar a área do jogo ou a altura da rede.

**Atividade 5:** 2 x 2 em uma área de jogo de 10 x 4 metros com uma rede de 1,5 metros de altura. Os jogadores devem tentar mover o adversário para encontrar uma área livre no campo para pontuar.

**Objetivo**: pontuar procurando por uma área vazia.

## EXEMPLOS DE PERGUNTAS:

– O que você deve fazer para encontrar uma área vazia no jogo? Deslocar o adversário.

## MODIFICAÇÕES:

Mais/menos desafiador: modificar a área de jogo ou a altura da rede.

### 3.5 Ensino de esportes de rede e parede adaptados através de Modelos Baseados no Jogo

Apesar da escassez de pesquisas sobre Modelos Baseados em Jogos no esporte adaptado (Harvey e Jarrett, 2014; Jarrett, Eloi e Harvey, 2014), há agora uma série de esportes de rede e de parede adaptados que podem ser jogados com adaptações apropriadas (por exemplo, voleibol ou badminton sentado).

Os esportes de rede e de parede podem ser adaptados de diferentes maneiras. Aqui estão algumas sugestões:

• Os esportes sentados podem ser praticados em áreas reduzidas do jogo, primeiro sem rede e depois com rede.

• Os participantes podem jogar o jogo simulando diferentes deficiências (por exemplo, apenas um braço ou perna).

- Restringir o movimento (por exemplo, sentado, sem correr) para igualar as oportunidades.

- Dar mais pontos para jogadores com dificuldades (no placar ou na defesa).

## 3.6 Avaliação do processo de ensino-aprendizagem

Uma pedagogia que se concentra em objetivos mais diversos do que os puramente técnicos requerem várias formas de avaliação que possam fornecer informações autênticas sobre as realizações dos jogadores. Uma vez que um dos objetivos dos Modelos Baseados em Jogos é a criação de jogadores alfabetizados motoramente, propomos diferentes instrumentos de avaliação para avaliar os alunos de forma holística.

### 3.6.1 Desenvolvimento motor

A sessão de Avaliação de Badminton (Casebolt e Zhang, 2020) é proposta: ela contém oito dimensões: (1) golpe em badminton; (2) smash no badminton; (3) saque no badminton; (4) clear no badminton; (5) deixadinha no badminton; (6) posição e movimento da peteca; (7) posição e movimento central da quadra; e (8) habilidade de antecipação. Quatro níveis de desempenho estão incluídos em cada dimensão, cada um tendo uma pontuação específica para tornar o processo de avaliação mais objetivo e preciso: (1) esforço (um ponto), (2) desenvolvimento (dois pontos), (3) conhecimento (três pontos) e (4) extraordinário (quatro pontos).

Outro dos instrumentos de avaliação propostos para um dos esportes desta categoria, o squash, foi desenvolvido por Catalán-Eslava e Gonzále-z-Víllora (2015). Esse instrumento incorpora os princípios táticos (manter o objeto no JOGO, tomar a iniciativa do ponto e conseguir o ponto), o que proporciona a contextualização ecológica do esporte respondendo à exigência de avaliar a tomada de decisão e o desempenho em contextos reais do jogo.

Um exemplo de um item de avaliação de uma decisão apropriada no resto é: "ficar atrás da linha de base (por exemplo, colocar a bola no fundo)". Um exemplo na avaliação do resto, mas focado na execução da habilidade, onde há quatro valores ou pontuações possíveis dependendo da execução: zero (erro não forçado), um (erro forçado), dois (golpe que não força o adversário) e três (ponto ou golpe que força o adversário). Por exemplo, um golpe que força o oponente a se mover seria codificado com o valor três, onde um caso concreto seria um golpe paralelo que faz o oponente sair do centro da quadra (perto do "T" no squash) e/ou que permite que o ponto seja ganho diretamente.

Esse instrumento é considerado como uma ferramenta inovadora para medir diferentes contextos ou níveis de experiência para melhorar o desempenho do squash. Embora essa ferramenta tenha sido validada para o squash, se seu funcionamento for analisado e compreendido, ela pode ser adaptada a outros esportes de rede e de parede, seja para educação, treinamento ou pesquisa (neste caso, o método científico deve ser aplicado para verificar a validade e a confiabilidade do novo instrumento).

### 3.6.2 Dimensão cognitiva

Esse aspecto envolve a resolução de diferentes cenários específicos com o objetivo de compreender situações específicas semelhantes àquelas encontradas nos jogos (Mitchell et al., 2003). Por exemplo, em um 1 x 1: Que tipo de golpe você deve usar?

Também recomendamos a criação de jogos, que devem seguir as diretrizes sugeridas por Butler e Hopper (2011, p. 6):

- Deixe o jogo fluir.

- Proporcionar oportunidades para que os jogadores interajam.

- Criar ambientes seguros.

- Estabelecer a justiça.

- Envolver a todos.

- Divertir-se.

A criação de jogos também pode contribuir para a dimensão social, com debates e discussões contínuas com os colegas. A Figura 3.3 mostra um grupo de estudantes projetando seus próprios jogos.

**Figura 3.3.** Em pequenos grupos, os estudantes projetam seus próprios jogos.
**Fonte:** Ramón Freire Santa Cruz.

### 3.6.3 Dimensão social

Podem ser utilizadas funções como capitão, treinador ou árbitro, utilizadas em outros modelos pedagógicos como a Educação Esportiva (Siedentop, Hastie e van der Mars, 2020). O uso de papéis permite que os alunos melhorem sua autonomia, responsabilidade e empatia. Recentemente, Guijarro, MacPhail, González-Víllora e Arias-Palencia (2021) sugeriram que os papéis poderiam ser uma característica importante da Educação Esportiva para desenvolver a responsabilidade pessoal e social na Educação Primária.

## Resumo e conclusões

Este capítulo fornece exemplos práticos de como ensinar esportes de rede e de parede, bem como uma visão sobre quais tipos de modificações podem ser realizadas.

Em primeiro lugar, são apresentadas as características desses esportes, informando sobre o objetivo que eles buscam e os princípios táticos que apresentam. Em seguida, são apresentadas as possíveis modificações que podem ser realizadas, bem como os elementos que podem ser modificados, exemplos dos diferentes tipos de questionamentos a serem aplicados na prática e considerações no ensino desse tipo de esporte. Tudo isso com exemplos práticos para facilitar a compreensão.

As sessões de Badminton são apresentadas utilizando o modelo Game Sense, com diferentes níveis de complexidade, bem como adaptações para o ensino de esportes de rede e de parede adaptados. Finalmente, são apresentados alguns instrumentos de avaliação para essa categoria esportiva, que consideram as várias dimensões do desenvolvimento do estudante.

O objetivo deste capítulo é fornecer ao leitor considerações teóricas e práticas para a aplicação dos esportes de rede e de parede com o Game Sense (ou similares). Esses elementos devem ser adaptados pelo professor ou treinador que deseja utilizá-los, de acordo com seu contexto particular e as exigências de seus jogadores ou alunos.

## Referências

Almond, L. (1986). Reflecting on themes: a games classification. In R. D. Thorpe, D. J. Bunker , & L. Almond (Eds.), *Rethinking games teaching* (pp. 71-77). Loughborough: Department of Physical Education and Sports Sciences of the University of Loughborough.

Butler, J., & Hopper, T. (2011). Inventing net/wall games for all students. *Active e Healthy, 18*(3), 5-9.

Casebolt, K., & Zhang, P. (2020). An authentic badminton game performance assessment rubric. *Strategies: A Journal for Physical and Sport Educators, 33*(1), 8-13. https://doi.org/10.1080/08924562.2019.1680329

Catalán-Eslava, M., & González-Víllora, S. (2015). Validación de un instrumento de evalua- ción en deportes de red-muro: squash (HERS). *Retos, 27*, 73-80.

Contreras-Jordán, O. R., García-López, L. M., Gutiérrez, D., Del Valle, M. S., & Aceña, R. M. (2007). *Iniciación a los deportes de raqueta*. La enseñanza de los deportes de red y muro desde un enfoque constructivista. Paidotribo.

Fernández-Río, J. (2011). La enseñanza del bádminton a través de la hibridación de los modelos de aprendizaje cooperativo, táctico y educación deportiva y del uso de materiales autoconstruidos In A, Méndez Giménez (Coord.), *Modelos actuales de ini- ciación deportiva:* Unidades didácticas sobre JOGOs y deportes de cancha dividida (pp. 193-236). Wanceulen.

Graham, G., Holt/Hale, S., & Parker, M. (2001). *Children moving:* a reflective approach to teaching physical education (5th ed.). Mayfield.

Griffin, L., Butler, J., & Sheppard, J. (2018). Athlete-centred coaching: extending the pos- sibilities of a holistic and process-oriented model to athlete development. In S. Pill (Ed.), *Perspectives on athlete-centred coaching* (pp. 9-23). Routledge.

Griffin, L. Mitchell, S., & Oslin, J. (1997). *Teaching sport concepts and skills:* a tactical games approach. Human Kinetics.

Guijarro, E., Macphail, A., González-Víllora, S., & Arias-Palencia, N. M. (2021). Relationship between personal and social responsibility and the roles undertaken in Sport Education. *Journal of Teaching in Physical Education, 40*(1), 76-85. https:// doi.org/10.1123/ jtpe.2019-0097

Harvey, S., & Jarrett, K. (2014). A review of the Game-Centred Approaches to teaching and coaching literature since 2006. *Physical Education e Sport Pedagogy, 19*(3), 278-300. https://doi.org/10.1080/17408989.2012.754005

Hopper, T., & Bell, R. (2001). Games classification system: teaching strategic unders- tanding and tactical awareness. *The California Association for Health, Physical Education, Recreation and Dance, 66*(4), 14-19.

Jarrett, K., Eloi, S., & Harvey, S. (2014). Teaching Games for Understanding (TGfU) as a positive and versatile approach to teaching adapted games. *European Journal of Adapted Physical Activity, 7*(1), 6-20. https://doi.org/10.5507/euj.2014.001

Light, R. (2013). Game Sense. Pedagogy for performance, participation and enjoy- ment. Routledge.

Mitchell, S. A., Oslin, J. L., & Griffin, L. L. (2003). *Sport foundations for elementary physical education:* a tactical games approach. Human Kinetics.

Mitchell, S. A., Oslin, J. L., & Griffin, L. L. (2006). *Teaching sport concepts and skills.* A tactical games approach. Human Kinetics.

Méndez-Giménez, A. (2011). Modelos de enseñanza y JOGOs deportivos de cancha dividi- da: aclaración conceptual. In A. Méndez-Giménez (Coord.), *Modelos actuales de ini- ciación deportiva:* unidades didácticas sobre JOGOs y deportes de cancha dividida (pp. 17-27). Wanceulen.

Siedentop, D., Hastie, P. A., & Van Der Mars, H. (2020). *Complete guide to Sport Education* (3rd ed.). Human Kinetics.

Thorpe, R., & Bunker, D. (2008). Teaching Games for Understanding – *Do current develop- ments reflect original intentions?* Artículo presentado en la cuarta conferência del Teaching Games for Understanding, Vancouver, BC, Canada, 14-17 May.

Whitehead, M. (2010). *Physical literacy throughout the lifecourse*. Routledge.

# 4

# UTILIZAÇÃO DO MODELO DESENVOLVIMENTO DOS JOGOS POR ETAPAS (*DEVELOPMENTAL GAMES STAGE*), PARA ESPORTES DE CAMPO E TACO

## 4.1 Esportes de campo e taco: definição e princípios

Essa categoria esportiva também é conhecida como campo e corrida (Werner e Amêndoas, 1990) ou rebater e correr (Hopper e Bell, 2001). Portanto, essa categoria inclui os esportes, cujo principal objetivo ofensivo é marcar pontos acertando uma bola móvel, geralmente bastante sólida, e correndo para áreas específicas antes que seja interceptada pela ação do time adversário; e cujo principal objetivo defensivo é evitar que o time ofensivo pontue, recuperando a bola móvel e levando-a para a área/pessoa apropriada (Webb, Pearson e Forrest, 2006). Os jogos mais conhecidos nessa categoria são o beisebol, softball, kickball e cricket.

A participação nos esportes de campo e taco alterna entre duas equipes que compartilham um espaço comum. As equipes fazem a rotação dos papéis dos rebatedores ou daqueles que batem na bola (time ofensivo) e dos jogadores de campo que tentam obter a bola uma vez atingida (time defensivo), dependendo do fluxo do jogo. Segundo Werner (1989) há três estratégias básicas para marcar pontos (objetivo ofensivo) e evitar a marcação do time rebatedor (objetivo defensivo). A Tabela 4.1 resume as ações gerais e os princípios técnico-táticos para essa categoria esportiva.

Os princípios técnico-tático básicos, mostrados na Tabela 4.1, devem ser complementados com outros princípios, estratégias e gestos técnicos específicos, de acordo com o esporte de que estamos falando. Por exemplo, no beisebol e no softball, um novo princípio deve ser acrescentado na situação ofensiva: passar ou jogar a bola (pelo arremessador) ao batedor. Cada princípio técnico-tático tem um componente tático e técnico associado.

Continuando com o exemplo anterior, o componente tático ou decisório será a direção da bola e o componente técnico será a maneira como ela é batida (o arremessador pode arremessar de diferentes maneiras, entre elas:

Rápida ou reta — quatro tipos: bola rápida de quatro costuras, bola rápida de duas costuras, sinker e cutter —, curva — o movimento de giro da bola vai de cima para baixo dificultando a batida —, ou slider — a bola é arremessada com giro que causa um movimento de quebra ou flexão no ar até chegar o batedor).

No caso de vários esportes de diferentes categorias estejam incluídos no programa, recomenda-se apresentá-los de acordo com sua complexidade tática. Assim, seguindo as diretrizes de Méndez-Giménez et al. (2012), os esportes de campo e taco estão em uma posição central em termos de complexidade técnico-táticas. Por um lado, eles apresentam uma maior complexidade do que os esportes de quadra dividida e de alvo (que oferecem a menor complexidade). Por outro lado, eles são menos complexos que os esportes de parede e de invasão (que são os mais complexos).

| Ações gerais dos esportes de campo e taco (Hopper, 1998) | 1 | O atacante ou batedor tenta acertar a bola dentro da área de jogo, longe dos jogadores de campo. |
| | 2 | O batedor tenta marcar pontos correndo ao redor das áreas definidas depois de atingir a bola. |
| | 3 | Os jogadores de campo tentam impedir que os corredores pontuem pegando a bola no ar (sem que ela toque o chão) ou devolvendo a bola em uma área definida antes que o corredor chegue ao final do percurso. |

| Princípios técnico-tático básicos (Werner, 1989) | |
| --- | --- |
| **Situação ofensiva** (Batedores e corredores) | **Situação defensiva** (Jogadores de campo) |
| **Contato com a bola.** lançar ou bater com força na bola com um implemento ou um membro do corpo. | **Posição.** Posicionar ao longo de todo o comprimento do campo para interceptar a bola. |
| **Direção da bola.** Lançar ou bater a bola em um espaço vazio, aprendendo a direcionar de acordo com a posição dos jogadores de fora de campo. | **Prevenir o avanço dos corre- dores.** Coordenar a interceptação e recepção da bola, fazendo movimentos rápidos. |
| **Correr e circular.** Correr rápido para completar o percurso ou alcançar uma determinada área (base) antes que a bola seja devolvida. | **Retorno da bola.** Atirar ou passar a bola para uma determinada área (base) para parar de jogar e eliminar corredores que não estão em uma base. |

**Tabela 4.1.** Ações gerais e princípios técnico-táticos dos esportes de campo e taco.
**Fonte:** os autores.

## 4.2 Modificações nos esportes de campo e taco

Todas as adaptações feitas nessa categoria esportiva devem ter como objetivo criar um maior número de oportunidades de prática (Mitchell et al., 2003). Para atingir esse objetivo, os treinadores/formadores e, por extensão, os professores devem considerar o uso de materiais e/ou restrições adaptadas (por exemplo, limitações de regra(s)) para enfatizar soluções técnica-táticas eficazes e significativas para a aprendizagem, adaptando o jogo às habilidades motoras dos participantes.

### 4.2.1 Como os esportes de campo e taco podem ser modificados?

Como mencionado no Capítulo 1, recomenda-se modificar os diferentes jogos nessa categoria, de acordo com as características contextuais baseadas em três princípios básicos:

1. Princípio da representação. Esse princípio induz à adaptação do jogo às características dos jogadores, mantendo os objetivos principais do esporte que ele representa. Os jogos de campo e de rebatidas que são adaptados sob esse princípio são geralmente lentos e implicam que os jogadores participantes devem estar esperando sua vez de jogar, ou seja, eles são muito passivos. Para aumentar o tempo de engajamento motor e a participação dos jogadores, recomenda-se reduzir a área e o número de participantes em cada jogo. Por exemplo, o esporte do beisebol pode ser modificado sob este princípio para o minibeisebol. Entretanto, em vez de haver nove jogadores por equipe, será reduzido para cinco ou até quatro para aumentar o tempo de engajamento motor e de prática de cada jogador. Então, haverá vários jogos distribuídos por todo o espaço com um número reduzido de jogadores. Dessa forma, os jogadores têm mais oportunidades de praticar determinadas táticas ou técnicas e assim melhorar significativamente sua competência esportiva e, provavelmente, sua motivação em relação a este tipo de esporte.

2. Princípio do exagero. O exagero envolve o foco em um aspecto ou objetivo chave do esporte selecionado. Por exemplo, no kickball, tradicionalmente conhecido como futbeisebol, em que a ênfase pode ser colocada no chute da bola desenhando um jogo no qual uma bola de determinada cor é retirada de uma urna e o jogador deve bater a bola na área delimitada por esta cor. Novamente, variáveis tais como o número de jogadores ou a área do jogo podem ser modificadas para o desenvolvimento ideal do esporte e para maximizar a participação. Por exemplo, no kickball, o número de jogadores chutando pode ser aumentado para enfatizar a batida da bola e a corrida sobre as ações defensivas dos jogadores do campo. Assim, nesse tipo de modificações, é mais importante que elas completem uma corrida do que fiquem sobre uma base, a fim de tornar o jogo mais dinâmico.

3. Princípio da adaptação. Esse terceiro princípio enfatiza a necessidade de adaptar qualquer aspecto-chave ou complementar do esporte às características e necessidades dos praticantes. Certos elementos como materiais ou tempo de jogo devem ser adaptados, de acordo com critérios pedagógicos ou de segurança. Por exemplo, em um jogo modificado de beisebol 4 contra 3, os batedores podem escolher a bola que querem bater (por exemplo, pequenas bolas de espuma, bolas de tênis ou bolas de beisebol oficiais), de acordo com a forma como se sentem mais confortáveis, como gostam ou por estratégia no jogo. Ao mesmo tempo, existem bases ou suportes de plástico com um tubo circular vertical e flexível na extremidade superior do qual a bola é colocada (suporte de bola), o que é muito útil para a iniciação ao batedor, que é uma habilidade motora específica muito complexa, quando é o lançador que lança a bola (mesmo de forma cooperativa), porém, com essa plataforma estática a dificuldade da tarefa é limitada e torna-se um movimento mais simples a nível de coordenação e muito mais controlado pelo aluno. Uma vez superada esta primeira fase, essa ajuda pode ser removida e a batida pode ser a partir do lançamento realizado por outro jogador. Nesse ponto, o taco do batedor torna-se importante, pois a superfície de contato com a bola deve ser grande para facilitar o sucesso da batida (por exemplo, uma raquete de squash, um taco plano etc.).

### 4.2.2 Quais elementos do jogo podem ser modificados?

Considerando os princípios técnico-táticos dos esportes de campo e taco que foram observados na Tabela 4.1, os treinadores devem projetar uma progressão de ensino apropriada, adaptando certos elementos do jogo, tais como o número de jogadores, a área do jogo ou as rotações das equipes.

A seguir, tem-se uma tentativa de responder à pergunta desta seção, fornecendo exemplos de adaptação nos cinco elementos-chave de qualquer jogo esportivo.

1. **Regras básicas**. As regras são essenciais para regular qualquer esporte ou atividade. Todas as regras oficiais devem ser adaptadas às características e às necessidades dos alunos. Por exemplo, em um jogo de softball, a regra das três tacadas pode ser modificada para dar mais oportunidades ao batedor. Dessa forma, o jogo e as regras estão a serviço do aprendizado dos jogadores.

2. **Número de jogadores** (situações de aprendizagem). De acordo com Mitchell et al. (2003), o número de jogadores é uma das primeiras modificações que os treinadores devem considerar. O fato é que a porcentagem de jogadores nas equipes é determinada pelo objetivo principal da sessão. Por exemplo, pode ser uma decisão inadequada introduzir um jogo de softball com um alto número de jogadores por equipe nas primeiras sessões, porque os jogadores podem não ser capazes de bater a bola, resultando em uma redução do engajamento motor e possivelmente em uma prática mais desmotivante. Em contraste, formatos menores de jogo com um número menor de jogadores por equipe são recomendados para neutralizar o problema da fluência do jogo.

3. **Área de jogo**. A área do jogo é um elemento intimamente relacionado com o número de jogadores e as regras básicas. Essa categoria esportiva inclui aspectos como a eliminação de áreas de falta, o número total de bases ou a distância das bases. Esses fatores dependerão principalmente do objetivo da sessão e das características dos participantes. Na iniciação dos jogos de campo e taco, os jogos reduzidos espacialmente devem ser usados como ponto de partida. Uma variante que pode enriquecer a aplicação da inteligência tática dos jogadores é variar a forma do espaço de jogo (por exemplo, losango, circular) ou das zonas específicas de jogo (zona de rebatida, zona de recuperação da bola, sem o uso do jogador, por exemplo, uma caixa de papelão ou um aro). Dependendo do nível alcançado pelos participantes, o professor ou treinador pode jogar com a adição ou remoção de bases para permanecer durante a corrida ou aumentando ou diminuindo a distância entre as bases.

4. **Materiais.** A segurança deve ser prioridade sobre qualquer outro objetivo estipulado e deve ser a máxima ao planejar os jogos. Assim, o equipamento a ser utilizado deve ser apropriado às características dos participantes. Por exemplo, não seria lógico nem seguro realizar um jogo de beisebol com um taco oficial em jogadores de 7 a 9 anos de idade. Nesse caso, o implemento deve ser leve e, além disso, deve-se considerar como deixá-lo no chão depois de bater (por exemplo, no início pode ser colocado um aro ou uma área pintada, onde ele deve ser deixado sem perigo para o resto dos jogadores esperando para bater). Por outro lado, também é

recomendado que os jogadores experimentem com diferentes bolas e escolham aquelas com as quais se sintam mais confiantes e confortáveis. Assim, os jogadores podem chegar à conclusão de que bolas maiores são mais fáceis de golpear, mas chegam a uma distância menor; e que bolas menores são mais difíceis de golpear, mas vão mais longe. Da mesma forma, os jogadores devem ser levados a entender o que acontece com o maior ou menor peso das bolas. Há agora uma variedade de marcas que oferecem materiais relativamente baratos e apropriados para a idade. Finalmente, deve-se observar que o contexto em que os processos de ensino-aprendizagem ocorrerão determinará em grande parte o tipo de material a ser utilizado. Por exemplo, se for decidido realizar uma unidade didática de beisebol em uma escola que não tenha luvas, uma bola macia deve ser selecionada para que os jogadores de fora tenham confiança e segurança suficientes para apanhá-la no ar. Nesse sentido, é especialmente importante manter a segurança do jogador que lança a bola (papel do arremessador), pois pode ser recomendado que uma vez lançada a bola, ele se vire de costas e se agache, de modo que seja menos provável que seja acertado pela bola em um campo, e que, se o fizer, deve bater nele em uma área do corpo que não cause problemas de lesão.

5. **Objetivo(s) final(is)**. Assim como as regras básicas, a(s) meta(s) final(is) deve(m) ser ajustada(s) às características e às necessidades contextuais dos participantes. A modificação das metas será basicamente determinada pelo objetivo didático e pelo princípio técnico-tático que está sendo trabalhado na sessão. Por exemplo, no beisebol, se o objetivo é trabalhar a velocidade de corrida, pode ser criado um jogo no qual o batedor deve correr por todas as bases, mas sem parar antes que a outra equipe o toque com a bola. Por exemplo, se além da aprendizagem de esportes de campo e taco, o objetivo é que os participantes desenvolvam sua condição física em nível transversal, algum tipo de tarefa de resistência ou força pode ser incluída entre as bases, e/ou enquanto em cada base. Obviamente, as cargas físicas e fisiológicas terão que ser levadas em consideração, intercalando bases, onde a tarefa é de um nível mais vigoroso com outras bases, onde as tarefas são de nível moderado ou baixo.

## 4.3 Questionamento e reflexão sobre esportes de campo e taco

O questionamento é uma estratégia pedagógica de investigação que permite a consolidação dos diferentes aspectos e princípios-chave de um esporte (ver Capítulo 1).

Antes de mais nada, o treinador deve conhecer e dominar as ações gerais e os princípios técnicos e táticos do esporte. Em seguida, dependendo dos objetivos da sessão, diferentes tipos de perguntas podem ser feitas. A Tabela 4.2 a seguir mostra um exemplo de diferentes perguntas que podem ser feitas aos jogadores para consolidar conceitos, táticas e/ou técnicas importantes.

| Foco | Exemplo de questionamento | |
|---|---|---|
| | Pergunta | Possível resposta |
| Consciência tática | *O que você precisa fazer para chegar à primeira base?* | *Bater a bola na área de jogo longe de qualquer jogador de campo, soltar o taco e correr na direção da primeira base.* |
| Execução da habilidade | *Como você pode impedir que a outra equipe marque uma "corrida"?* | *Eliminando os batedores com uma boa técnica de arremesso pelo arremessador e tentando correr para a zona de rebatida da bola batida antes que ela atinja o chão.* |
| Tempo | *Quando você deve correr para a próxima base?* | *Justo quando o batedor bateu a bola corretamente na área de campo permitida e longe dos jogadores de campo.* |
| Espaço | *Como vocês devem se posicionar para interceptar a bola batida o mais rápido possível?* | *Em todo o espaço tentando cobrir todos os setores do campo e tentando se ajustar ao possível acerto do batedor.* |
| Risco | *Que opções você tem se não houver corredores na primeira base e você estiver prestes a bater?* | *Tentar acertar a bola o mais longe possível para atrasar seu retorno e conseguir uma corrida.* |
| Raciocínio lógico | *Por que você acha que, como jogador de campo, é melhor passar a bola para um companheiro de equipe perto de uma base do que correr?* | *Porque leva menos tempo para passar a bola e colocá-la no ar, desde que haja uma boa recepção, do que correr com ela até uma base, não importa a velocidade que você tenha.* |

**Tabela 4.2.** Exemplos de perguntas que podem ser feitas no ensino de esportes de campo e taco (neste caso, aplicadas ao beisebol ou softball).

**Fonte:** os autores.

## 4.4 Considerações sobre o ensino de esportes de campo e taco

Além das possíveis modificações dos jogos que podem ser feitas e que foram observadas na segunda seção deste capítulo, os treinadores devem levar em conta o nível de complexidade técnico-tática que seus jogadores enfrentarão. De fato, o nível de complexidade é muito importante ao ajustar e adaptar a sessão às necessidades individuais de cada jogador.

Não há dúvida de que a maioria dos grupos são heterogêneos. Isso significa que os jogadores partem de diferentes níveis de competência motora, habilidades e conhecimentos. Dividir o conteúdo em níveis de complexidade técnico-tática ajudará o treinador a saber onde estão seus jogadores e qual é o próximo nível ao qual eles aspiram. Assim, na Tabela 4.3, os principais elementos ofensivos e defensivos técnico-táticos dessa categoria esportiva estão divididos em três níveis de complexidade. Todos os leitores são encorajados a distribuir os objetivos e conteúdos de sua programação em diferentes níveis de complexidade tática, como fazem na publicação de Mitchell et al. (2013).

Nos estágios iniciais da aprendizagem esportiva, todos os jogadores devem ter a oportunidade de experimentar todas as funções ou posições no esporte. Por exemplo, no beisebol, todos os praticantes devem passar pela posição de arremessador ou batedor e dominar as técnicas básicas do beisebol. Também seria aconselhável que todos os participantes passassem pelo papel de árbitro em algum momento, para entender e aplicar as principais regras desse esporte, sempre com a ajuda do professor/treinador e, ao mesmo tempo, para experimentar como às vezes é difícil decidir se um jogador chegou ou não a uma base ou fez uma corrida antes, ao invés de quando a bola é devolvida ao arremessador. Sem dúvida, esse tipo de experiência ajuda a conscientizar todos os participantes da necessidade de maior respeito pelo papel do árbitro e de como se comunicar educadamente com ele, encorajando, assim, o jogo limpo. A especialização deve vir em estágios posteriores de desenvolvimento. De fato, segundo Ginsburg et al. (2014), uma especialização de posições e papéis não deve ocorrer antes do final da adolescência.

| Equipe | Nível | Problema tático | Solução técnico-tática |
|--------|-------|-----------------|------------------------|
| Ofensiva | Baixo | *Atingir as bolas corretamente dentro da área de jogo* | Uso adequado dos gestos técnicos e mecânicos de batidas incluindo aspectos essenciais como força e direção da bola. |
| Ofensiva | Médio | *Evitar ser eliminado* | Orientar o ataque da bola em direção ao solo e correr rapidamente para áreas seguras (bases). |
| | Médio | *Anotar corridas* | Empregar diferentes técnicas de batidas para ajudar os colegas de equipe a se aproximarem da zona final ou correr (ou seja, roubar bases). |
| | Alto | *Orientar a bola para longe dos jogadores de campo.* | Bater na bola para áreas abertas e longe dos jogadores de campo, atrasando o retorno o máximo possível. |
| Defensiva | Baixo | *Cobrir o máximo de espaço possível* | Trabalhar em equipe para cobrir o máximo de espaço possível, ajustando-se às características pessoais do batedor. |
| | Médio | *Impedir o avanço dos corredores e o acúmulo de corridas* | Passar a bola para um colega de equipe que possa tirar os corredores das bases. |
| | Alto | *O arremessador deve lançar a bola para tornar a batida o mais complexo possível.* | Alterar a rotação, velocidade e direção da bola sem realizar uma falta. |

**Tabela 4.3.** Elementos técnico-táticos comuns dos esportes de campo e taco distribuídos por níveis de complexidade.

**Fonte:** os autores.

## 4.5 Ensinando esportes de campo e taco com o Developmental Games Stage Model: o caso do Softball

O Modelo Pedagógico Developmental Games Stage (tradução literal: Desenvolvimento dos jogos por etapas) visa desenvolver uma sequência de aprendizagem tática progressiva com foco especial na satisfação do jogador (Rink, 1993; Belka, 2004). Como já vimos no Capítulo 1, esse modelo implica estruturar o conteúdo esportivo em quatro etapas progressivas e imutáveis. Assim, a Tabela 4.4 mostra a evolução dos elementos técnico-táticos de qualquer esporte desde a primeira etapa, na qual são desenvolvidas as habilidades básicas, até a quarta etapa, na qual o formato oficial do esporte é praticado.

A implementação do Modelo Developmental Games Stage implica que o treinador passa para a etapa seguinte somente quando todos os atletas tiverem consolidado as etapas anteriores (Rink, 1993). Dessa forma, a avaliação contínua e formativa também se torna um componente indispensável do processo de ensino e aprendizagem (González-Víllora et al., 2021). Por outro lado, o uso de estratégias didáticas, como o questionamento ou a estratégia de congelamento do jogo (ou seja, "Todos congelam para pensar na jogada") também é recomendado para promover a análise e a reflexão da melhor solução técnico-tática de qualquer situação específica do jogo.

### 4.5.1 Aplicação do modelo Developmental Games Stage no softball

O softball é um esporte semelhante ao beisebol. Ambos compartilham elementos comuns, tais como o objetivo final: completar mais corridas do que a outra equipe. Além disso, esses esportes são regulamentados pelo mesmo organismo internacional: a Confederação Mundial de Beisebol e Softball (WBSC). Entretanto, o softball e o beisebol diferem no material utilizado (por exemplo, a bola do softball é maior), nas técnicas (por exemplo, os arremessadores de softball geralmente jogam a bola sobre a cabeça, enquanto os arremessadores de beisebol geralmente a jogam muito mais perto da altura da cintura), nas regras (por exemplo, o softball tem sete entradas enquanto o beisebol tem nove entradas) e nos locais (ou seja, diferentes tamanhos de campo).

Como consequência das características do softball, é um esporte adequado para desenvolver os princípios técnico-táticos dessa categoria esportiva em escolas primárias ou em jovens atletas (Mitchell et al., 2006). Com base no nível de complexidade tática, Mitchell et al. (2006) dividem as técnicas de softball em quatro níveis de dificuldade, de acordo com três problemas táticos; estes são (I) pontuar, (II) impedir/evitar a pontuação do outro time e (III) comunicação e trabalho em equipe. Como mencionado anteriormente, estruturar o conteúdo esportivo por níveis de complexidade temática-técnica permitirá ajustar ao ponto de partida e às necessidades dos jogadores, aumentando suas habilidades e execuções técnicas em diferentes jogos modificados ou situações jogadas.

Segundo Veroni e Brazier (2006), há dois papéis ou funções importantes na equipe ofensiva: o batedor e o corredor de base. Com relação à equipe defensiva, sete funções podem ser distinguidas, de acordo com a posição no campo em que se encontram: o lançador (encarregado de lançar a bola para o batedor com a premissa de dificultar sua batida), o apanhador (encarregado de receber a bola que não pôde ser batida e observar o jogo de outra perspectiva para selecionar a melhor estratégia para a equipe), o primeira-base (localizado próximo à primeira base, já que muitas eliminações do corredor podem ocorrer precisamente naquela base), o segunda-base (localizado perto da segunda base para apoiar os jogadores de campo ou jogar perto do losango), o interbases (cobre a segunda ou terceira base dependendo da trajetória da bola batida e da estratégia do time), o terceira-base e os campistas (responsáveis por cobrir batidas altas e afastadas do losango para tentar eliminar o batedor pegando a bola no ar).

| Etapa | | Foco | Definição |
|---|---|---|---|
| 1 | Habilidades básicas | Desenvolvimento técnico | Os jogadores trabalham sozinhos ou com um parceiro para aprender, desenvolver e consolidar as habilidades básicas necessárias para o esporte. |
| 2 | Habilidades combinadas | | Os jogadores integram habilidades básicas isoladas em pequenos grupos colaborativos. |
| 3 | Jogadas ofensivas e defensivas | Elementos técnico-táticos do esporte | União entre técnica e tática. Para este fim, componentes táticos e estratégias de equipe são introduzidos em situações de jogo modificadas. Desta forma, os jogadores aprendem a aplicar habilidades técnicas específicas em situações que podem ocorrer no jogo formal. |
| 4 | Jogo formal | | O desenvolvimento de estratégias avançadas, a introdução de regras complexas, a especialização de funções e o refinamento de gestos técnicos são introduzidos em situações semelhantes a um jogo formal. |
| | | | Como esta última etapa envolve a realização de versões oficiais do esporte (Belka, 2004), Rovengo e Bandhauer (2013) propuseram a retirada desta parte da Educação Física ou em ambientes extracurriculares onde os participantes são novatos. |

**Tabela 4.4.** Progressão dos elementos tático-técnicos segundo os quatro estágios do modelo Developmental Games Stage.

**Fonte:** os autores.

A proposta a seguir visa orientar o professor ou treinador na elaboração de um programa completo de softball utilizando o modelo Developmental Games Stage. Devido ao espaço limitado do livro, quatro sessões genéricas serão propostas com base nos princípios técnico-táticos dessa categoria esportiva (Werner, 1989) e com base nas quatro etapas do modelo Developmental Games Stage que foram observadas anteriormente na Tabela 4.4. Assim, cada uma das quatro sessões genéricas se concentrará em cada etapa do modelo, começando com as habilidades básicas que os jogadores devem dominar antes de poderem jogar softball. Cada sessão terá a duração aproximada de 45 minutos. Os leitores são encorajados a complementar e enriquecer esta proposta com o objetivo de ajustá-la às características particulares de cada ambiente esportivo. A fim de contextualizar essa proposta, o ponto de partida é um grupo de 16 jogadores novatos sem experiência prévia em softball ou beisebol. Um dos jogadores tem paralisia cerebral e se move utilizando uma cadeira de rodas. Ele pode mover a cabeça e os braços, mas não pode andar. Esse caso pretende ilustrar a premissa de que todas as pessoas têm o direito de jogar e, portanto, de melhorar suas competências físicas, mentais e esportivas independentemente de suas características físicas ou cognitivas (Whitehead, 2010). Por sua vez, esse exemplo mostra nossa plena consciência da inclusão plena. Algumas estratégias didáticas particulares e adaptações para esse jogador serão incluídas na seção "Adaptando o ensino da educação física e do esporte de campo e taco".

As sessões genéricas dessa proposta serão realizadas em um campo de futebol ao ar livre de sete lados (50 x 30 metros). O jogo utilizará bases antiderrapantes de borracha, linhas de marcação plástica e cones antiderrapantes para delimitar cada área do jogo e organizar o campo em forma de losango.

## PRIMEIRA SESSÃO GENÉRICA. ETAPA 1: HABILIDADES BÁSICAS (CORRIDA)

Nesta primeira sessão genérica, será apresentado um exemplo da primeira etapa do modelo Developmental Games Stage. Para esse fim, foi decidido trabalhar a habilidade básica de correr. Como Zamarripa et al. (2016) apontam, os jogadores devem perceber que as habilidades esportivas são o produto do aprendizado, da prática e do esforço, ao contrário da crença errônea de que as habilidades são estáveis e inatas. Portanto, diferentes jogos modificados e/ou reduzidos devem ser projetados para enfatizar o desenvolvimento dessa habilidade. Lembre-se que esta sessão genérica é um exemplo que deve ser complementado com o desenvolvimento de outras habilidades básicas necessárias para jogar softball (por exemplo, arremessar e pegar).

Tanto correr para as bases (fase ofensiva do jogo), quanto correr para pegar a bola batida (fase defensiva) são a primeira habilidade básica que os jogadores precisam consolidar antes de passar para outras habilidades ou técnicas. Em relação aos corredores de base, eles devem estar cientes de que devem se aproximar de cada base mantendo o ritmo (quantidade de movimento) e minimizando corridas com mudanças abruptas de direção para otimizar o tempo de corrida (Babe Ruth League, 2020). Em relação aos jogadores, eles devem estar cientes de que a corrida é baseada na velocidade de reação e aceleração para tentar interceptar a bola no ar ou reduzir o tempo que leva para devolvê-la. Dessa forma, os jogos modificados da sessão devem ser projetados para desenvolver uma técnica de corrida rápida e eficiente que lhes permita perceber ao mesmo tempo os aspectos-chave que estão ocorrendo no jogo. Os participantes serão divididos em quatro grupos de quatro jogadores cada. Os materiais que serão necessários para desenvolver essa sessão genérica são: dois tacos, duas grandes caixas de papelão, duas bolas macias, duas pequenas bolas de espuma de borracha ou bolas de tênis e dois conjuntos de bases de borracha antiderrapantes para delimitar o campo de jogo (em forma de losango).

- O **primeiro jogo modificado** desta sessão chama-se "bolas na caixa" (adaptação do JOGO proposto por Devís Devís e Peiró Velert, 1992; García López, 2006) e tem como objetivo trabalhar a técnica de corrida dos jogadores ofensivos. Todos os jogadores do time ofensivo estão posicionados perto da base de rebatedores. Cada jogador do time ofensivo tem uma pequena bola de borracha em sua mão. Eles devem jogá-la o mais longe possível e correr ao redor das bases sem parar quando chegarem em sua base. Os jogadores do time defensivo ficarão na terceira base. Eles devem sair e pegar as bolas que foram arremessadas no menor tempo possível. As corridas são interrompidas quando o time defensivo recolhe todas as bolas e as coloca dentro de uma caixa ou área delimitada (ao lado de onde o arremessador ficaria, embora nesse jogo não haja nenhum jogador nessa função). As funções são então trocadas: o time defensivo se torna o time ofensivo e vice-versa.

A equipe que tiver acumulado o maior número de corridas ganha após cada equipe ter atacado o mesmo número de vezes (três ou quatro ataques, dependendo do tempo disponível).

- **Variações.** Coloque a caixa perto de cada uma das bases ou mesmo fora do losango. Uma segunda variante pode ser que cada jogador de campo deve ter uma bola em sua mão para que o jogo termine. Para que seja bem visualizada, a bola deve ser segurada com um braço no ar.

- **Adaptação do jogo para participantes com cadeiras de rodas.** Quando ele é um jogador de campo, ele pode decidir o lugar que quer ocupar para começar, e quando ele toca com a roda, ele será equivalente a uma bola na caixa. Quando ele é um corredor, cada duas bases será uma corrida, mas ele não pode ser empurrado por nenhum colega de equipe.

- O que o professor deve **analisar neste jogo?** O objetivo desse jogo é a prática da técnica de corrida dos corredores de base. Portanto, o treinador deve avaliar a corrida de cada jogador durante o decorrer do jogo, dando um feedback positivo e sugerindo correções quando necessário. Durante a corrida entre as bases, os corredores devem, entre outras coisas, manter os olhos em frente; o tronco deve estar ligeiramente inclinado a frente; os braços devem balançar para frente e para trás; há um movimento de elevação do joelho (anteversão); a coxa e a perna devem descrever um ângulo obtuso. Quando o corredor se aproxima de qualquer base, ele deve estimular a técnica de corrida curva, inclinando o corpo na área do jogo, balançando os braços com amplitude diferente (o braço interno realiza um movimento mais rítmico e dinâmico do que o braço externo).

- Uma vez trabalhado o conceito de correr ao redor das bases e, em paralelo, o arremesso de bolas para lugares não cobertos, um elemento essencial do softball deve ser introduzido: a batida da bola e o início da corrida. Então, o **segundo jogo modificado,** chamado "bolas para a caixa", é uma evolução do primeiro jogo. O objetivo é semelhante ao anterior: acumular o máximo de corridas possíveis, completando uma corrida antes que todas as bolas batidas terminem na caixa. Como pode ser visto na Figura 4.1, a caixa estará localizada no meio do campo. Cada jogador da equipe ofensiva golpeará a bola que será colocada em um suporte de rebater e correr em torno de todas as bases até chegar à base final, marcando, assim, uma corrida. Assim que o batedor começar a correr, o próximo batedor colocará outra bola no suporte de bater, baterá e correrá para fora e assim por diante com os quatro jogadores do time ofensivo. Os jogadores de campo recuperarão todas as bolas batidas e as depositarão na caixa central.

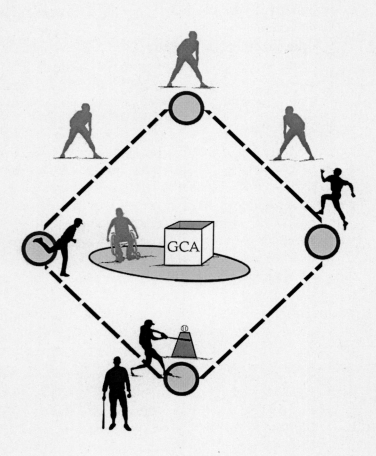

**Figura 4.1.** Jogo "Bolas na caixa".
**Fonte:** Ramón Freire Santa Cruz.

No momento em que a última bola for depositada na caixa, os corredores que não tiverem alcançado a base final (casa) serão eliminados. Da mesma forma, o batedor cuja bola batida tenha sido apanhada no ar será eliminado. O jogo é então repetido com os batedores que não tenham sido eliminados e assim sucessivamente, até que não haja batedores disponíveis. Nesse caso, o time ofensivo se torna o time defensivo e vice-versa. O time que tiver marcado mais corridas após três ou quatro ataques, ganha.

– **Corrigindo erros de execução**. O treinador deve verificar se o início da corrida é feito corretamente (uma vez que a bola é batida, a perna dianteira será dobrada e o primeiro passo será dado com a perna traseira). No caso de uma partida inadequada, o treinador deverá avisar o corredor e este deverá voltar para a primeira base saltando com os dois pés juntos.

– **Variações**. Não é permitida a passagem de outros corredores à frente. Outra variação sugere que o próximo corredor não irá bater e correr até que o corredor anterior não tenha tocado a primeira base.

– **Adaptação do jogo** para participantes com cadeiras de rodas. Quando sua equipe é uma equipe defensiva, eles ficarão perto da caixa e serão encarregados de colocá-los na caixa. Assim, sua equipe deve passar-lhe todas as bolas para colocá-las dentro da caixa. Veja a Figura 4.1. Quando seu time é ofensivo, cada duas bases contam como uma corrida (em vez de quatro bases). Como uma exceção, os corredores podem ultrapassá-lo durante a corrida.

– **Ajuste de segurança**. Para evitar que um batedor acerte um colega de equipe em seu próprio time ao passar a última base ou zona onde a corrida é pontuada, a corrida deve ser colocada mais longe do batedor. Além disso, um aro deve ser colocado ao lado do batedor para direcionar o local, onde ele deve colocar o taco uma vez que ele tenha sido utilizado para que ele não bata acidentalmente em ninguém.

• O **terceiro jogo modificado** é uma versão do jogo túnel e bolas (Graf, 2016). Com esse jogo modificado, o objetivo é trabalhar e consolidar a técnica de corrida individual. O objetivo do jogo é alcançar o maior número possível de corridas. O arremessador jogará a bola para um batedor. Note que nesse caso falamos de "jogar" ao invés de "lançar" a bola para enfatizar a função de colaboração entre o arremessador e o batedor. Nesse caso, o lançador tentará ajudar o batedor a bater a bola, por exemplo, fazendo movimentos previsíveis e descrevendo as parábolas. Uma vez que o batedor acerte a bola, ele correrá por todas as bases e continuará, mesmo que tenha completado a primeira corrida, até ouvir o grito "Pare!". Enquanto o batedor estiver correndo ao redor das bases, os jogadores de campo tentarão recuperar a bola batida no menor tempo possível. Eles devem formar uma fila atrás do lançador. Quando o lançador tiver a bola na mão e todos os jogadores de campo estiverem em uma fila atrás dele, ele poderá gritar "Pare!" para impedir que o corredor marque mais corridas. Quando todos os jogadores do time ofensivo tiverem batido e corrido, as corridas são somadas e eles mudam para os jogadores de campo. O time que tiver marcado mais corridas ganha.

– **Variações**. Todos os jogadores de dentro do campo devem tocar a bola batida antes que o lançador possa gritar "Pare!".

– **Adaptações**. O número de tacadas é aumentado de três para oito, pois o objetivo principal é trabalhar a técnica de corrida.

– **Orientações metodológicas**. A decisão de introduzir a função de lançador dependerá das características dos jogadores. Assim, é possível que as primeiras sessões de softball tenham de ser feitas com o apoio do batedor ou que o lançador utiliza bolas maiores que sejam mais fáceis de bater.

Durante a implementação dos jogos modificados, é aconselhável empregar estratégias pedagógicas específicas para Modelos Baseados em Jogos, tais como congelar o jogo (ou seja, parar o jogo, mas ter todos mantendo a posição em que se encontravam) para ajudar os jogadores a verem elementos técnicos e táticos importantes dentro de uma situação de jogo real. Por exemplo, no terceiro jogo modificado discutido anteriormente, essa estratégia pode ser usada para ajudar os jogadores a ver como evitar mudanças de direções bruscas ao passar nas bases para maximizar o tempo. Finalmente, deve-se notar que, embora essa primeira etapa seja baseada no desenvolvimento de habilidades básicas, elas são feitas dentro do jogo evitando atividades ou tarefas mais tradicionalistas e descontextualizadas de repetição mecânica.

## SEGUNDA SESSÃO GENÉRICA. ETAPA 2: HABILIDADES COMBINADAS (JOGADORES DE CAMPO)

Quando habilidades isoladas (por exemplo, correr, arremessar, pegar ou bater) tiverem sido corretamente integradas em jogos modificados e/ou reduzidos na etapa 1, o próximo passo é integrá-las em contextos mais próximos ao esporte formal quanto possível. A etapa 2 desse modelo pedagógico enfatiza a necessidade de integrar progressivamente as habilidades básicas, a fim de descobrir a ligação entre estas habilidades e os problemas táticos do esporte (Belka, 2004). De fato, essa progressão é essencial para criar uma sequência adequada e lógica de aprendizagem desde a prática de habilidades mais básicas até a combinação de habilidades técnicas e gestos avançados.

Para essa segunda sessão genérica, o objetivo é trabalhar a técnica dos jogadores de campo. Dessa forma, um exemplo de como combinar a corrida com habilidades manipulativas como pegar, arremessar ou passar a bola será apresentado por meio de jogos modificados que devem ser concebidos para enfatizar esta união (Belka, 2004). A esse respeito, é importante trabalhar para antecipar a trajetória da bola (direção e velocidade) e se mover rapidamente, mantendo sempre contato visual com a bola. Como vimos na sessão anterior, os jogadores serão distribuídos em jogos de 4 contra 4. Os materiais a serem utilizados nessa sessão são: dois tacos e duas bolas macias, dois conjuntos de linhas de marcação plásticas e oito cones (para delimitar as áreas). Nessa sessão, decidimos utilizar materiais básicos que provavelmente estarão disponíveis nas lojas do clube ou da escola para demonstrar que as sessões podem ser realizadas, sem a necessidade de materiais específicos como bases antiderrapantes de beisebol (exceto, é claro, para os tacos, que devem ser apropriados à idade e às características físicas dos jogadores).

- O **primeiro jogo modificado** para essa segunda sessão é chamado de bola na base. O objetivo principal é que a bola batida toque as quatro bases antes que o corredor complete a corrida. Os batedores/ corredores não podem ficar sobre as bases intermediárias, que nesse caso específico são marcadas com discos. Assim, cada jogador de campo ficará de pé perto de cada base, com exceção do lançador que estará na zona de lançamento da bola, em frente à base de batedores e no final da corrida. Uma vez que um jogador de campo tenha recuperado a bola batida, ele a passará para o companheiro de equipe mais próximo da primeira base, que tocará a base com a bola e a passará para o companheiro de equipe mais próximo da segunda base e assim por diante até que a bola chegue à base final. Se o corredor for capaz de chegar à base final antes da bola, uma corrida é adicionada à equipe. Se, por outro lado, a bola chegar antes do corredor, uma corrida será descontada da equipe ofensiva. Se a bola for interceptada no ar, os papéis das equipes são invertidos: a equipe de campo vai para o taco e a equipe de rebatedores vai para o campo. Por outro lado, uma mudança de papéis ocorrerá quando a equipe ofensiva não tiver ninguém que possa bater.

- **Variações**. Ao jogo é acrescentada a premissa de que o corredor pode ser tocado com a bola (sem jogá-la para ele) para eliminá-lo.

- **Adaptações**. A fim de enfatizar o trabalho de passar a bola para os jogadores de fora, é proposto que uma vez que o jogador de fora tenha recuperado a bola batida (e esteja prestes a passá-la para a primeira base), o corredor de base deve se mover pulando com os pés juntos. O treinador pode dizer ao corredor quando ele deve mudar de corrida para salto.

- O **segundo jogo modificado** dessa sessão é uma progressão da anterior e se chama tocar a base. O objetivo principal é eliminar os corredores tocando a bola para a próxima base pela qual o corredor deve passar. O batedor/corredor não pode parar em bases intermediárias, ou seja, ele deve continuar correndo até que a corrida seja concluída. Se um jogador de dentro do campo conseguir tocar uma base com a bola antes da chegada do corredor, este é eliminado. Se a bola for interceptada no ar, as funções das equipes são alteradas e duas corridas são adicionadas à equipe que interceptou a bola. Por outro lado, as funções da equipe serão alteradas quando nenhum batedor estiver disponível.

- **Variações**. A única base sobre a qual a bola pode ser tocada é a segunda. Se o corredor já tiver passado em segundo lugar, ele não poderá ser removido e uma corrida será marcada.

Outra adaptação pode ser que o jogador que toca as bases com a bola é o lançador.

- **O terceiro jogo modificado** dessa sessão é chamado "passar a batata quente". O objetivo principal será parar a progressão dos corredores tocando e passando a bola batida entre todos os jogadores do campo.

  Assim, quando a bola batida tiver sido recuperada, os jogadores de fora devem passar a bola uns para os outros pelo menos uma vez para parar o jogo. O último a receber a bola é o arremessador (uma vez que o resto dos jogadores de campo tenham tocado a bola). Se houver um jogador de campo que não tenha recebido e passado a bola, o jogo não para e o corredor pode continuar sua trajetória até a base final da corrida. Nesse jogo, os corredores podem parar em qualquer base. Entretanto, se um corredor optar por parar em uma base, ele não poderá passar para a próxima base até a próxima batida. Se a bola for interceptada no ar, os papéis da equipe ofensiva e defensiva são invertidos. Por outro lado, uma mudança de equipes ocorrerá quando não houver batedor porque eles estão fora.

- **Variações**. O corredor pode ser eliminado tocando-lhe com a bola sem a necessidade de que todos os jogadores de fora de campo a tenham passado.

Os jogos apresentados nessa segunda sessão genérica devem ser progressivamente modificados para integrar as habilidades praticadas na primeira etapa de aprendizagem do modelo Developmental Games Stage e introduzir habilidades mais complexas, como a comunicação (Belka, 2004). Assim, por exemplo, cada jogo pode começar perguntando aos jogadores de fora de campo para onde eles pensam que a bola vai. Por outro lado, o treinador deve incentivar a comunicação da equipe. Ele deve encorajar os jogadores a falar e se comunicar fisicamente para trabalhar em equipe. Por exemplo, o terceiro jogo que tem sido observado encoraja os colegas de equipe a conversar entre si para descobrir quem está mais próximo da bola batida e pedir que a bola seja passada para eles. Em resumo, essa segunda etapa pretende ser um ponto de união das técnicas e habilidades praticadas isoladamente na primeira etapa e melhorar a integração dos elementos técnico-táticos básicos de forma contextualizada.

## TERCEIRA SESSÃO GENÉRICA. ETAPA 3: JOGADAS OFENSIVAS E DEFENSIVAS

A terceira etapa do modelo Developmental Games Stage integra as habilidades combinadas vistas na etapa anterior em situações e problemas de jogo reais, mas em um formato reduzido (Mitchell et al., 2013). De acordo com Rink (1993), a implementação de jogos similares ao esporte original só deve ser realizada quando o treinador tiver verificado que a combinação de habilidades motoras está corretamente integrada no desenvolvimento esportivo do jogador.

A principal característica dessa terceira etapa é que os participantes experimentam situações diferentes em jogos modificados que podem ser apresentados nos formatos oficiais, em resumo, nessa etapa, são realizadas diferentes condições para trabalhar elementos técnico-táticos particulares. De fato, segundo Rink (1993), essas situações são um contexto ideal para integrar conhecimentos táticos com habilidades técnicas.

Para essa etapa, recomenda-se a criação e o uso de cartões plastificados contendo um problema tático a ser resolvido em diferentes situações de jogo. Por exemplo, a Figura 4.2 é um exemplo de um cartão com uma situação tática a ser resolvida colocando em prática as habilidades treinadas nas etapas anteriores. Nesse caso, o jogo começa com o batedor com uma cobrança e um corredor na segunda base. Assim, antes do início do jogo, os jogadores de fora devem decidir juntos onde serão posicionados no espaço do jogo e os corredores devem praticar as técnicas de corrida que foram praticadas nas sessões anteriores, de acordo com o tempo que têm disponível.

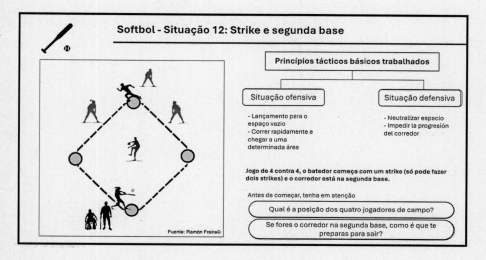

**Figura 4.2.** Exemplo de um cartão mostrando uma situação de jogo a ser resolvida colocando em prática o que foi aprendido nas etapas anteriores.
**Fonte:** Ramón Freire Santa Cruz.

- Outro exemplo que pode ser realizado nesse estágio, porque ele integra tanto princípios ofensivos, quanto defensivos é o jogo chamado "pegue o corredor". O objetivo desse jogo é excluir corredores do jogo, tocando-os com a bola batida antes que a corrida seja concluída. O corredor pode parar em qualquer base para evitar ser tocado, mas se ele decidir deixar uma base, ele pode não voltar atrás. Com relação à equipe ofensiva, o jogo reforça a ideia de otimizar a corrida, evitando atrasos devido a mudanças bruscas de direção (consolidadas na primeira etapa). Por outro lado, com relação ao time defensivo, é enfatizada a ideia de cobrir o máximo de espaço possível para devolver a bola a um companheiro de equipe que esteja próximo ao corredor.

    – **Variações**. Modificar o número de jogadores de campo, ou seja, superioridade ofensiva para melhorar o trabalho de rebatimento e corrida.

Como pode ser visto na Figura 4.3, essa circunstância pode ser usada para introduzir a figura do receptor ou apanhador.

- A função do **receptor ou apanhador**. O apanhador fica atrás do batedor, usando um capacete e uma luva de proteção se disponível, para pegar a bola no caso de um erro. Nesse caso, o apanhador terá uma função de árbitro para indicar se a bola foi sacada corretamente pelo lançador (sob o peito na direção de uma parte de um retângulo imaginário entre as axilas e joelhos do batedor). Como observado anteriormente, o papel do apanhador deve ser rotativo, assim como o do jogador no papel de lançador, pois isso pode melhorar a observação, a análise e o aprendizado de gestos técnicos.

**Figura 4.3.** Jogo "pegue o corredor".
**Fonte:** Ramón Freire Santa Cruz.

Por exemplo, se um lançador já foi um apanhador e visualizou mentalmente o retângulo onde deve lançar a bola, será mais fácil para ele lançar a bola sem erros do que se ele não a tivesse internalizado externamente. Além disso, é necessário percorrer todos os papéis e posições para compreender mais profundamente a lógica e dinâmica interna do esporte.

- **A função do lançador.** Durante as primeiras etapas, como discutido anteriormente, o lançador terá um papel mais cooperativo com o batedor. O lançador jogará a bola em um simples percurso parabólico para ajudar o batedor a bater a bola na frente do corpo à altura da cabeça. Na terceira etapa, o lançador adquirirá um modo oposto, ou seja, começará a lançar a bola tentando dificultar ao máximo a batida do batedor com bolas rápidas, lentas ou giratórias. Dessa forma, dependendo da situação a ser desenvolvida nas sessões dessa etapa, o batedor terá que enfrentar diferentes situações e comportamentos da bola.

Durante o desenvolvimento dessa etapa é recomendado orientar ou aproximar os jogos esportivos modificados às regras oficiais ou à peculiaridade do esporte. Por exemplo, agora, ao invés de mudar a função das equipes se a bola for interceptada no ar, o batedor será eliminado e a troca de ataque-defesa ocorrerá quando não houver mais batedores disponíveis. Como outro exemplo, o lançador deve dificultar ao máximo a tacada da bola. Entretanto, deve-se ter em mente que, como dito anteriormente, o aprendizado deve ser priorizado sobre a reprodução de formatos e/ou regras oficiais.

## QUARTA SESSÃO GENÉRICA. ETAPA 4: JOGO, O ESPORTE FORMAL

De acordo com o que foi indicado na Tabela 4.2, a última etapa desse modelo pedagógico só deve ocorrer quando os jogadores tiverem se tornado ou vierem a se tornar especialistas no esporte. Ou seja, quando eles só vão praticar, treinar e melhorar em um esporte específico, por exemplo, em um clube esportivo de competição (nesse caso, softball). Como Rovengo et al. (2013) nos lembram, essa etapa deve ser evitada na Educação Física (seja na educação primária ou secundária) e em ambientes poliesportivos extracurriculares, onde os participantes são novatos ou não têm interesse em treinar exclusivamente neste esporte.

O Developmental Games Stage deve ser utilizado quando o treinador ou professor tiver observado uma competência suficientemente avançada em seus jogadores em termos de elementos táticos e gestos técnicos para introduzir a especialização de diferentes funções na equipe.

Por outro lado, é recomendado que durante essa etapa os diferentes jogos sejam praticados em um ambiente o mais próximo possível do esporte oficial. A esse respeito, seria interessante ter um verdadeiro campo de softball disponível para esse processo, algo que não é muito comum no Brasil, embora um campo de futebol ou o interior de uma pista de atletismo possa ser adaptado.

De fato, a quarta etapa envolve a introdução progressiva das regras mais complicadas do esporte, estratégias complexas de equipe e especialização de funções ou papéis dentro da equipe, tais como o lançador. Dessa forma, aspectos específicos, avançados e às vezes individuais são trabalhados, de acordo com os papéis ou funções atribuídas. Por exemplo, o batedor terá que desenvolver habilidades técnicas complexas, como bater atrás do corredor ou executar diferentes formas de batidas (por exemplo, a tacada de sacrifício). O lançador, por outro lado, deve se especializar no desenvolvimento de técnicas avançadas para arremessar a bola e dificultar a tacada, como uma bola rápida, por exemplo.

- Uma boa maneira de começar as primeiras sessões dessa etapa em softball é adaptar o jogo matball ao softball. O matball surgiu como uma alternativa ao kickball para ambientes internos, como salas ou ginásios. O objetivo é muito semelhante ao kickball: chutar uma bola (maior e mais suave que uma bola de futebol) e correr ao redor das bases para marcar corridas. A principal diferença do kickball ou mesmo softball é que pode haver mais de um corredor sobre as bases. Na verdade, um tapete fino é frequentemente usado como base (daí o nome, pois *mat* em inglês significa tapete ou carpete). Os materiais para cada um destes jogos serão: um taco, uma bola de softball (caso você queira adaptá-lo ao softball), quatro tapetes dispostos em forma de losango e um aro para delimitar a zona de arremesso. A fim de aproximar o formato oficial do softball, as dimensões do losango serão similares e, levando em conta o contexto mencionado no início desta sessão, os jogadores serão divididos em equipes de oito jogadores que irão jogar e se especializar em diferentes papéis.

  - O objetivo do jogo nesse exemplo é completar o maior número possível de corridas. Em vez de chutar uma bola, será utilizado o taco e o softball. Quando um batedor tiver atingido a bola lançada pelo lançador, ele tentará completar uma corrida correndo ao redor das bases antes que o lançador recupere a bola. Se ele a recupera quando o(s) corredor(es) está(ão) fora das bases (nesse caso, o tapete), elas são automaticamente eliminadas.

– Nesse formato de jogo, seria interessante introduzir e praticar várias técnicas avançadas. Por exemplo, o treinador pode dizer ao lançador e bater diferentes tipos de arremessos (por exemplo, bola de base ou toque com bola rodando). Pode-se também fazer uso de cartões plastificados ou usar tabletes digitais com informações armazenadas, como o mostrado na Figura 4.2, para trabalhar em diferentes problemas técnico-táticos e praticar habilidades específicas.

– Como regra, não há mais rotação dentro da mesma equipe nesta fase. Em outras palavras, há uma especialização do papel com as funções essenciais e específicas do esporte, levando em conta os elementos técnicos e táticos. Portanto, cada jogador treina em uma ou duas posições específicas. Assim, por exemplo, no caso dos apanhadores de longa distância localizados no lado direito do campo, eles devem treinar a força de seus braços para poder arremessar para a terceira base, enquanto os apanhadores localizados no centro e no lado esquerdo do campo devem treinar sua velocidade de reação, pois são responsáveis por auxiliar o resto de seus companheiros de equipe.

O principal objetivo dessa etapa é colocar em prática todos os elementos avançados do esporte oficial. De certa forma, essa última etapa deve ser orientada para o desenvolvimento de jogadores ou equipes competidoras. Os leitores não devem cometer o erro de pensar que essa última etapa é uma reprodução de uma partida real, mais ou menos regulamentada; trata-se antes de modificações e adaptações que visam representar diferentes aspectos-chave do jogo, tais como o número de jogadores, seus papéis e funções ou as dimensões do jogo, para mencionar alguns. Então, nessa fase, seria necessário introduzir problemas táticos que podem surgir na competição — como, por exemplo, que tipo de tacada é mais apropriada se houver apenas você e outro companheiro de equipe na segunda base e você tiver que completar uma corrida para empatar com o outro time?

Finalmente, deve-se observar que essa última fase implica que o treinador, por um lado, tenha um conhecimento profundo tanto das regras oficiais quanto de outras considerações importantes da competição (por exemplo, espírito esportivo) e, por outro lado, domina táticas e técnicas avançadas do esporte a ser desenvolvido.

## 4.6 Adaptando o ensino dos esportes de campo e taco

Na sessão anterior e especialmente na primeira sessão genérica, diferentes modificações foram propostas para levar em conta o jogador de cadeira de rodas. Mais uma vez, é enfatizado que nesses casos não se trata de jogadores deficientes ou com limitações, mas de jogadores com diferentes habilidades (Rodríguez-Garrido, 2011).

Mas que medidas devemos tomar em tais circunstâncias? Basicamente, todas aquelas que garantam um desenvolvimento equilibrado de todos os participantes, sem exceções. A segunda sessão deste capítulo inclui certos elementos e variáveis do jogo que podem ser modificados de acordo com as características gerais do ambiente e as características particulares dos participantes. No caso de jogadores de cadeira de rodas, várias adaptações adicionais podem ser propostas, tais como as seguintes:

- O jogador de cadeira de rodas pode ser o arremessador quando sua equipe está em situação defensiva. Além disso, o jogo pode ser adaptado para permitir que o arremessador receba a bola batida de seus colegas de equipe para eliminar corredores se eles estiverem no momento fora das bases.

  - A fim de evitar a "especialização" e para que o resto de seus companheiros de equipe também tenham a oportunidade de arremessar, ele pode ocupar uma posição de campo como o resto de seus companheiros de equipe. Entretanto, uma regra pode ser adaptada para que, ao invés de passar a bola batida para qualquer base, ela deve ser passada para este jogador em uma cadeira de rodas, a fim de parar as corridas. Por outro lado, pode ser considerado restringir certas áreas do campo para dirigir a bola batida, já que um espaço protegido sem dúvida não é igualmente coberto pelo jogador em cadeira de rodas.

- O jogador de cadeira de rodas pode atuar como coordenador de equipe ou capitão de equipe. Dependendo de como ele observa (dentro do jogo como um dos membros da equipe) seus companheiros de equipe, ele deve colocá-los em campo na situação defensiva e ordenar o giro dos rebatedores na situação ofensiva. Dessa forma, um componente tático tão importante está sendo trabalhado, que deve até ser considerado para implementação no resto dos grupos e jogos.

- Modificar a distância entre as bases, dependendo de onde o jogo está ocorrendo.

- Utilização de suportes de lançamento que podem facilitar a batida ou aumentar o número de vezes que ele pode bater para fora antes de ser removido.

- Adaptar certas regras básicas ou limitações para garantir a imparcialidade esportiva. Por exemplo, se um jogador em uma cadeira de rodas estiver se movendo entre bases, pode haver uma regra de que duas bases devem ser tocadas com a bola batida em vez de uma e que esse jogador não pode ser tocado com a bola, a fim de golpeá-lo para fora. Por outro lado, uma regra pode ser implementada: quando a bola toca em uma base, cinco segundos são contados antes que qualquer corredor (incluindo o corredor em cadeira de rodas) seja removido se ele estiver fora de uma base.

Deve ser enfatizado que tais adaptações não devem implicar uma vantagem automática para atletas com necessidades especiais, mas um sistema mais justo de jogo. Pelo contrário, ele deve ser um sistema equitativo para todos os jogadores. Além disso, deve-se lembrar que no ensino de qualquer esporte e talvez com exceção da quarta etapa mencionada neste capítulo, o objetivo principal não é ganhar um jogo adaptado, mas aprender e desenvolver aspectos táticos e técnicos que são chave do esporte. Em outras palavras, para as etapas iniciais do aprendizado, o objetivo não é preparar os jogadores para vencer uma competição ou partida, mas, sim, torná-los motora e esportivamente competentes (González-Víllora et al., 2009).

## 4.7 Avaliação do processo de ensino-aprendizagem

O processo de ensino e aprendizagem não deve permanecer exclusivamente no desenvolvimento das sessões e treinamentos propriamente ditos. Deve haver um processo de avaliação contínua e formativa que permita precisamente ao treinador decidir se deve passar para uma nova etapa, no caso do modelo visto neste capítulo, ou para um novo nível de complexidade técnico-tática. Precisamente um dos elementos essenciais, mas não exclusivos, a ser avaliado é a dimensão tática e técnica.

### 4.7.1 Dimensão tática e técnica

Rink (1993, 2012, 2020) sublinhou a importância de realizar processos específicos de observação e análise durante a prática, a fim de ajustar os conteúdos esportivos (isto é, conhecimento declarativo, processual e de tomada de decisão) às características e às necessidades dos jogadores.

Por um lado, formadores, treinadores e, por extensão, professores podem selecionar e adaptar um instrumento de avaliação específico e validado, por exemplo, a ferramenta de Avaliação e Rendimento do Jogo (GPET, García-López et al., 2013) ou o Game Performance Assessment Instrument (GPAI, Oslin et al., 1998) para analisar e avaliar certos componentes do jogo. Por exemplo, com o GPET é possível avaliar, entre outros elementos do jogo, a posição de base e ajuste dos jogadores de campo ou a tomada de decisão e técnica do batedor.

Por outro lado, também é possível criar sistemas particulares (*ad hoc*) de avaliação, como planilhas ou escalas de observação para registrar e estudar o desenvolvimento motor e esportivo de cada jogador.

De acordo com Bookhart (2018), uma planilha ad hoc deve incluir os seguintes componentes:

- Descrição da tarefa ou jogo.
- Dimensões específicas da tarefa ou jogo a ser observada e avaliada.
- Uma escala, geralmente numérica, incluindo o nível de desempenho e/ou uma pontuação especificada.
- Uma variável de desempenho para cada nível de desempenho jogo.

Assim, as planilhas esportivas *ad hoc* devem incluir os componentes técnico-táticos mais importantes de ambas as equipes (ou seja, situação ofensiva e defensiva). De fato, para citar Mitchell et al. (2013), é recomendado projetar planilhas que incluam habilidades com a bola (por exemplo, lançar, bater, pegar ou passar a bola) e habilidades sem a bola (por exemplo, correr enquanto percebe o resto do jogo). Por outro lado, o design do jogo deve ser orientado para o propósito da avaliação, oferecendo diferentes momentos, nos quais os componentes avaliados podem ser colocados em prática de uma forma natural. A Tabela 4.5 mostra um exemplo de uma planilha *ad hoc* para um jogo 4x4 reduzido de softball.

Atualmente, existem várias mídias digitais que ajudam a manter um registro atualizado e diário de todos os jogadores. Por exemplo, pode ser criada uma planilha com aspectos importantes a serem avaliados de todos os jogadores (por exemplo, Excel®, Google Spreadsheet®, ou Numbers®). Entretanto, também é possível utilizar aplicações educacionais específicas como Additio® (baseado em assinatura e multi-plataforma), iDoceo® (baseado em assinatura para sistemas MacOS ou iOS), Chalk® (freemium e multi-plataforma) ou ClassGen® (completamente gratuito e online) para analisar a evolução de cada jogador e detectar, entre outras coisas, possíveis limitações a serem melhoradas antes de passar para estágios mais complexos em nível tático e técnico.

Por outro lado, a gravação de jogos tornou-se uma ferramenta de ensino muito eficaz que ajuda os treinadores a avaliar os jogadores de forma mais objetivam e justa (Lund e Kirk, 2019). Esse método permite que o treinador forneça feedback positivo e incentivo a todos os seus jogadores no momento do jogo, em vez de se concentrar na planilha e avaliar cada jogador no local. Além disso, Gabbett et al. (2007) mostraram que quando um grupo de jogadores de softball visualizou e analisou jogadas e estratégias em uma tela, eles melhoraram significativamente sua tomada de decisão e velocidade de resposta em comparação com o grupo de jogadores que não fizeram esse treinamento baseado em análise de vídeo.

| Nome | | | Data | |
|---|---|---|---|---|
| Jogo | Jogo reduzido 4x4 com quatro bases e quatro entradas. Cada troca de função de equipes ocorre quando não tem batedores disponíveis ou quando a bola for interceptada no ar | | | |
| | **Necessita melhorar** | **Atuação adequada** | **Progressão adequada** | **Desempenho excepcional** |
| | 1 ponto | 2 pontos | 3 pontos | 4 pontos |
| Arremesso para sacar a bola (*arremessador*) | - Pés alinhados<br>- Corpo em posição incorreta<br>- Menos de 40% das jogadas no retângulo imaginário | - Pés voltados para o alvo, com o pé oposto à mão de arremesso à frente.<br>- Lançar como o braço abaixo da cintura antes de arremessar e a cintura não gira<br>- 50% das jogadas no retângulo imaginário | - Pés voltados para o alvo com o pé oposto à mão de arremesso para frente<br>- Braço de arremesso abaixo da cintura antes do arremesso e a cintura gira<br>- 70% das jogadas no retângulo imaginário | - Pés voltados para o alvo como o pé oposto à mão de arremesso para frente<br>- 90% das jogadas no retângulo imaginário<br>- 90% das jogadas no retângulo imaginário |
| Recepção (jogadores em campo) | - Não se move até que a bola toque o chão<br>- 40% das recepções adequadas, otimizando o tempo de retorno | - Avança em direção à zona de impacto da bola, mas não enfrenta a bola.<br>- 50% de recepções adequadas, otimizando o tempo de retorno | - Move-se rapidamente em direção à zona de impacto da bola antes mesmo que ela atinja o solo.<br>- Posição adequada do corpo e contato visual com a bola<br>- 70% das recepções adequadas | - Avança rapidamente em direção à zona de impacto da bola mesmo antes de cair no chão, com técnica adequada de corrida.<br>- Posição corporal adequada e contato visual com a bola<br>- 90% das recepções adequadas |
| Corrida por volta da base | - Passa da base<br>- Técnica de corrida ineficaz e ângulos abruptos<br>- Lento para deixar a base | - Corridas exatas sem ultrapassar a base desejada<br>- Fica na base quando o batedor acerta a bola, mas não há roubo de base | - Funciona rapidamente sem fazer ângulos acentuados e tocando todas as bases<br>- Decide incorretamente quando roubar a base | - Técnica de corrida correta e eficaz (arco plano) sem traçar ângulos abruptos<br>- Decide com sucesso quando roubar a base |

**Tabela 4.5.** Exemplo de planilha ad hoc para um jogo de modificado de softbol orientado por dois elementos defensivos e um ofensivo.

**Fonte:** os autores.

### 4.7.1 Dimensão social

De acordo com López-Pastor et al. (2013), a avaliação deve ser autêntica e integrada. Isso significa que o processo de avaliação deve utilizar ferramentas e situações reais, integradas dentro do processo de ensino-aprendizagem. Entretanto, a avaliação não deve ser baseada apenas nos componentes esportivos mencionados anteriormente, pois outros aspectos importantes, como a componente social, estão presentes na vida real.

Não há dúvida de que a dimensão social é trabalhada transversalmente nos esportes, especialmente nos esportes coletivos. A verdade é que o esporte é um contexto ideal para desenvolver os aspectos sociais e o trabalho em equipe. Além disso, de acordo com Koc (2017), o esporte ajuda a reduzir o comportamento violento em crianças e adolescentes e aumenta sua capacidade de empatia, entre outros fatores positivos. Todos eles estão presentes no processo educacional, independentemente de ser realizado na educação formal ou fora do horário escolar, e devem, portanto, ser refletidos na avaliação.

Mais uma vez, a literatura científica reflete um grande número de instrumentos e escalas para medir essa importante dimensão. Exemplos são a Escala de Capacidade Empática para Crianças ou o Índice de Empatia para Crianças e Adolescentes de Bryant (1982). Em relação às escalas cientificamente validadas no contexto espanhol, destacam-se o Sistema de Avaliação da Conduta em Crianças e Adolescentes (González et al., 2004) ou a Escala de Clima Social (Seisdedos et al., 1989). Por outro lado, caso um problema social tenha sido detectado durante o processo de ensino-aprendizagem ou, simplesmente, para aprofundar os comportamentos sociais dentro da família, pode-se utilizar o Teste Multifatorial de Autoavaliação da Adaptação da Criança (Hernández-Guanir, 2009).

Em resumo, a análise de aspectos importantes no desenvolvimento de um jogador, tais como aspectos socioafetivos, é muito importante. De fato, o treinador é também uma figura importante para sua consolidação. Caso essas dimensões devam ser avaliadas, é recomendável recorrer à literatura científica para adaptar uma ferramenta que possa fornecer informações confiáveis e precisas sobre todos os jogadores. Embora também seja verdade que certos aspectos da ferramenta selecionada podem ser modificados para atender às necessidades contextuais (instrumentos *ad hoc*), é sempre recomendável começar a partir de evidências empíricas comprovadas.

## Resumo e conclusões

O modelo pedagógico Developmental Games Stage faz parte das abordagens ou Modelos Baseados no Jogo, pois é demonstrado que o jogo adaptado é a característica ou eixo fundamental. Entretanto, como já foi observado e será visto ao longo deste livro, nem todos os Modelos Baseados no Jogo partem do mesmo lugar ou contexto. No caso do modelo Developmental Games Stage, os primeiros estágios são dedicados à prática de habilidades (técnicas) e progressivamente são introduzidos os componentes táticos (Rink, 1993). O leitor não pode assumir que todos os Modelos Baseados em Jogos são baseados nessa progressão pedagógica, começando primeiro pela técnica e depois introduzindo a tática, semelhantes às abordagens tradicionalistas.

A programação das sessões práticas utilizando o modelo Developmental Games Stage é estruturada de acordo com três ou quatro etapas, dependendo das características e do nível inicial dos participantes. As duas primeiras etapas do modelo se concentram no desenvolvimento técnico das habilidades básicas e específicas do esporte. Em seguida, as duas últimas etapas enfocam o desenvolvimento dos elementos técnicos e táticos do esporte. Deve-se lembrar que a prática das habilidades técnicas na primeira e segunda etapas é desenvolvida dentro dos jogos, ao contrário das abordagens tradicionalistas que desenvolvem a técnica em exercícios descontextualizados. Portanto, esse é um modelo pedagógico recomendado com esportes que exigem para seu funcionamento inicial o aprendizado de habilidades motoras específicas desconhecidas dos participantes; esse pode ser o caso do softball no ambiente de nosso país (Brasil), onde normalmente não é um esporte popular em sua prática.

Ao implementar o planejamento deste modelo, é aconselhável analisar primeiro os princípios técnico-táticos básicos da categoria esportiva a ser praticada, nesse caso, os esportes de campo e taco (ver Tabela 4.1). Em seguida, recomenda-se dividir o conteúdo esportivo em diferentes níveis de complexidade (ver Tabela 4.3, como exemplo) para se ajustar às características individuais de cada jogador. Com relação ao planejamento das sessões práticas, sugere-se que as primeiras sessões devem focar no desenvolvimento de uma (ou várias) habilidades básicas/específicas (primeira etapa) que serão combinadas em sessões intermediárias com elementos específicos do esporte (segunda etapa). Finalmente, os componentes técnicos desenvolvidos serão combinados com o conhecimento tático na última parte do programa (terceira etapa). Além disso, um desenvolvimento e análise mais complexos do esporte podem ser realizados, incluindo a especialização de funções e papéis dentro da equipe (quarta etapa).

# Referências

Babe Ruth League. (2020). *Coaching youth softball*. Human Kinetics.

Belka, D. E. (2004). Combining and sequencing games skills. *Journal of Physical Education, Recreation e Dance, 75*(4), 23-27. https://doi.org/10.1080/07303084.2004.10609263

Brookhart, S. M. (2018). Learning is the primary source of coherence in assessment. *Educational Measurement: Issues and Practice, 37*(1), 35-38. https://doi.org/10.1111/emip.12190

Bryant, B. K. (1982). An index of empathy for children and adolescents. *Child Development, 53*(2), 413-425. https://doi.org/10.2307/1128984

Devís-Devís, J., & Peiró Velert, C. (1992). Orientaciones para el desarrollo de una propues-ta de cambio en la enseñanza de los JOGOs deportivos. In J. Devís, & C., Peiró Velert. (Eds.), *Nuevas perspectivas curriculares en educación física: La salud y los JOGOs modificados*. Inde.

Gabbett, T., Rubinoff, M., Thorburn, L., & Farrow, D. (2007). Testing and training anticipa- tion skills in softball fielders. *International Journal of Sport Sciences e Coaching, 2*(1), 15-24. https://doi.org/10.1260/174795407780367159

García-López, L. M. (2006). Las implicaciones cognitivas de la práctica deportiva: construc- tivismo y enseñanza comprensiva de los deportes. In P. Gil-Madrona y A. López-Corre-Dor (Eds.), *JOGO y deporte en el ámbito escolar. Apectos curriculares y actuaciones prácticas* (pp. 207-230). Ministerio de Educación y Ciencia.

García-López, L. M., González-Víllora, S., Gutiérrez-Díaz, D., & Serra-Olivares, J. (2013). Desarrollo y validación de la Herramienta de Evaluación del Rendimiento de JOGO (HERJ) en fútbol. *Sport TK, 2*(1), 89-99.

Ginsburg, R. D., Smith, S. R., Danforth, N., Ceranoglu, T. A., Durant, S. A., Kamin, H., Babcock, R., Robin, L., & Masek, B. (2014). Patterns of specialization in profession- al baseball players. *Journal of Clinical Sport Psychology, 8*(3), 261-275. https://doi.org/10.1123/jcsp.2014-0032

González, J., Fernández, S., Pérez, E., & Santamaría, P. (2004). *Adaptación Española de Sistema de Evaluación de la Conducta en Niños y Adolescentes*: BASC. TEA Ediciones.

González-Víllora, S., Fernández-Río, J., Guijarro, E., & Sierra-Díaz, M. J. (2021). *The Game-Centred Approach to sport literacy*. Routledge Focus on Sport Pedagogy.

González-Víllora, S., García-López, L. M., Contreras-Jordán, O. R., & Sánchez-Mora, D. (2009). El concepto de Iniciación Deportiva en la actualidad. *Retos: Nuevas tendencias en Educación Física, Deportes y Recreación, 15*(1), 14-20.

Graf, J. (2016). *Practice perfect softball*. Human Kinetics.

Hernández-Guanir, P. (2009). *TAMAI.* Test Autoevaluativo Multifactorial de Adaptación Infantil. TEA Ediciones S.A.

Hopper, T. (1998). Teaching Games for Understanding using progressive principles of play. *CAHPER, 27*(1), 1-15.

Hopper, T., & Bell, R. (2001). Games classification system: teaching strategic understand- ing and tactical awareness. *The California Association for Health, Physical Education, Recreation and Dance, 66*(4), 14-19.

Koc, Y. (2017). Relationships between the Physical Education course sportsmanship behaviors with tendency to violence and empathetic ability. *Journal of Education and Learning, 6*(3), 169-180. https://doi.org/10.5539/jel.v6n3p169

López-Pastor, V. M., Kirk, D., Lorente-Catalán, E., Macphail, A., & Macdonald, D. (2013). Alternative assessment in Physical Education: a review of international literature. *Sport, Education and Society, 18*(1), 57-76. https://doi.org/10.1080/13573 322.2012.713860

Lund, J. L., & Kirk, M. F. (2019). *Performance-based assessment for middle and high school physical education* (3rd ed.). Human Kinetics.

Méndez-Giménez, A., Fernández-Río, J., & Casey, A. (2012). El uso de la jerarquía táctica de TGfU para mejorar la comprensión del JOGO de los estudiantes. Ampliando la categoría de JOGOs de diana. *Cultura, Ciencia y Deporte, 7*(20), 135-141. https://doi. org/10.12800/ccd.v7i20.59

Mitchell, S. A., Oslin, J. L., & Griffin, L. L. (2003). *Sport foundations for elementary Physical Education: a tactical games approach*. Human Kinetics.

Mitchell, S. A., Oslin, J. L., & Griffin, L. L. (2006). *Teaching sport concepts and skills. A tactical games approach*. Human Kinetics.

Mitchell, S. A., Oslin, J. L., & Griffin, L. L. (2013). *Teaching sport concepts and skills: A Tactical Games Approach for ages 7 to 18*. Human Kinetics.

Oslin, J. L., Mitchell, S. A., & Griffin, L. L. (1998). The Game Performance Assessment Instrument (GPAI): development and preliminary validation. *Journal of Teaching in Physical Education, 17*(2), 231-243. https://doi.org/10.1123/jtpe.17.2.231

Rink, J. E. (1993). *Teaching Physical Education for learning*. Mosby.

Rink, J. E. (2012). *Teaching Physical Education for learning* (7th ed.). McGraw-Hill Education.

Rink, J. E. (2020). *Teaching Physical Education for learning* (8th ed.). McGraw-Hill Education.

Rodríguez-Garrido, C. (2011). 1.1 Deportistas con otras capacidades. In Consejo Supe- rior de Deportes e Real Patronato sobre Discapacidad (Eds.), *Deportistas sin adjetivos* (pp. 33-43). Cromagraf Press c.o.

Rovegno, I., & Bandhauer, D. (2013). *Elementary physical education: Curriculum and instruction*. Jones e Bartlett Learning.

Seisdedos, N., Victoria De La Cruz, N., & Cordero, A. (1989). *Escalas de clima social (FES)*. TEA Ediciones S.A.

Veroni, K. J., & Brazier, R. (2006). *Coaching fastpitch softball successfully*. Human Kinetics.

Webb, P. I., Pearson, P. J., & Forrest, G. (2006, Octubre). Teaching Games for Understanding *(TGfU) in primary and secondary physical education*. Conferencia presentada en el ICHPER-SD International Council for Health, Physical Education, Recreation, Sport and Dance, Wellington, Nueva Zelanda.

Werner, E. E. (1989). Teaching games: A tactical perspective. *Journal of Physical Education, Recreation e Dance, 60*(3), 97-101.

Werner, P. Y., & Almond, L. (1990). Models of games education. *Journal of Physical Education, Recreation e Dance, 61*(4), 23-30. https://doi.org/10.1080/07303084.1990.10606501

Whitehead, M. (2010). *Physical literacy throughout the lifecourse*. Routledge.

Zamarripa, J., Cruz-Ortega, M. F., Álvarez, O., & Castillo, I. (2016). Creencias implícitas y orientaciones de meta de jugadoras mexicanas de sóftbol élite. *Retos: Nuevas Tendencias en Educación Física, Deporte y Recreación, 30*(1), 184-188.

# 5

# UTILIZAÇÃO DO MODELO DE ENSINO DOS JOGOS PARA COMPREENSÃO (TEACHING GAMES FOR UNDERSTANDING) NOS ESPORTES DE PRECISÃO

## 5.1 Esportes de precisão

O objetivo dos esportes tradicionais de precisão é colocar um objeto (projétil) em uma área específica de um alvo, a fim de obter a melhor pontuação possível (Webb et al., 2006). Para isso, existem regras específicas que determinam o tipo de ações que são permitidas dependendo do esporte ou da modalidade. Por exemplo, em certos jogos de boliche a bola deve rolar no chão, enquanto em outras modalidades ela só pode tocar o chão em certas áreas mais distantes do lançador.

De acordo com Hastie (2010), os esportes de alvo são considerados como os menos complexos técnica e taticamente. Por essa mesma razão, Werner, Thorpe e Bunker (1996) propõem que essa categoria esportiva seja a primeira a ser introduzida na iniciação esportiva devido a sua simplicidade tática e técnica. Além disso, Méndez-Giménez et al. (2012) destacaram a necessidade não apenas de considerar com que categoria esportiva começar, mas também qual a progressão técnico-tática a ser realizada.

A progressão dos esportes de precisão deve proporcionar um desenvolvimento completo e abrangente de todos os recursos técnicos dessa categoria, dependendo do nível inicial dos participantes, influenciados pela idade e/ou nível de experiência anterior, e sua motivação (Peráček e Peráčková, 2018).

Historicamente, essa categoria desportiva se dividiu em dois subgrupos principais (Ellis, 1983; Mitchell et al., 2003):

- **Esporte de precisão sem oposição**. Essa subcategoria apresenta os elementos técnico-táticos mais simples possíveis. Os jogadores agem e jogam independentemente das ações uns dos outros, mesmo quando compartilham o mesmo espaço de jogo. Em outras palavras, as ações de um jogador não afetam a estratégia e o jogo de outro jogador. Esportes como o boliche fazem parte deste subgrupo.

- **Esporte de precisão com oposição**. Essa subcategoria envolve um aumento da complexidade técnica e tática em comparação com a anterior. Aqui, os jogadores podem contrariar as ações dos adversários, seja movendo seu projétil (por exemplo, no curling, eles podem acertar uma pedra do outro time para afastá-la do alvo), ou protegendo o alvo (por exemplo, na bocha, eles podem colocar uma bocha — o nome dado às bolas — na frente de outra para protegê-la quando estiver próxima ao alvo). Outros esportes como bocha e corquet também fazem parte deste subgrupo. Os esportes dessa subcategoria podem ser praticados entre dois jogadores ou duas equipes que se enfrentam, dependendo da regulamentação em vigor ou das modificações a serem realizadas.

Méndez-Giménez (2010) e Méndez-Giménez et al. (2012) expandiram a classificação tradicional de esportes de precisão, propondo uma nova subcategoria:

- **Esporte de alvo móvel**. A principal característica desta nova subcategoria é que o alvo é um objeto em movimento (por exemplo, um alvo rotativo) ou o corpo dos participantes. Geralmente, nessa subcategoria de jogos, os participantes são divididos em duas equipes. O objetivo principal é que uma equipe jogue o projétil (geralmente uma bola macia) no corpo de qualquer adversário (levando em conta as regras básicas de segurança), enquanto a outra equipe tenta evitar ser atingida por esquivar-se ou interceptar o projétil jogado no ar. Embora haja um debate contínuo sobre a conveniência de incluir essa categoria no programa de Educação Física e programas e currículos esportivos extracurriculares (Williams, 1992; 1994; Bulter et al., 2020), certos jogos tradicionais enquadrados nessa categoria são populares nas escolas e no tempo de lazer de crianças e adolescentes ao redor do mundo por meio de diferentes jogos, tais como a queimada no Brasil, Abki (Índia), *Bulldogs britânicos* *(Estados Unidos)*, *Cheia (Moçambique)*, *Datchball (Espanha)*, *Matangululu (Namíbia)*, *Filling the bottle (Zimbábue)*, *Deweke (Botsuana)*, ou *Dodgeball (Canada ou Estados Unidos)*. De acordo com Belka (2006), habilidades como arremessar, esquivar-se, pular, desviar, correr, parar, pegar, fugir, perseguir e se afastar da bola ou em direção à bola são constantemente desenvolvidas nessa categoria esportiva. Por outro lado, a prática desses jogos também envolve operações cognitivas, perceptivas e psicossociais, porque inclui os componentes técnico-táticos mais complexos dos jogos de alvo (Méndez-Giménez et al., 2012). Além disso, deve-se observar que os componentes ofensivos e defensivos que podem ser transferidos para outras categorias esportivas são mobilizados. Finalmente, essa subcategoria representa o passo natural dos esportes de alvo para os esportes de campo e taco.

Os instrutores ou treinadores e, por extensão, os professores devem estruturar o planejamento levando em conta os princípios técnico-táticos dessa categoria, a fim de desenvolver uma progressão apropriada e eficaz. Para ajudar o leitor a dar este primeiro passo, a Tabela 5.1 apresenta os princípios técnico-táticos fundamentais dos esportes de alvo, divididos nas subcategorias descritas anteriormente.

Como conclusão dessa primeira sessão, observa-se que certos esportes fora dessa categoria muitas vezes têm um componente importante destinado a tentar marcar pontos acertando o projétil em um determinado alvo. Por exemplo, no basquete, para marcar, é preciso atirar a bola no arco ou no futebol americano, uma das formas de marcar pontos é por meio de um gol de campo (chutar a bola para dentro do gol). Portanto, a prática desse tipo de esporte de alvo pode ser relevante para a introdução posterior de outros esportes de forma mais satisfatória, ou seja, pode haver uma transferência positiva, especialmente quanto mais semelhantes forem os jogos esportivos ou as distâncias dos arremessos.

| Identificação | Princípios táticos | Descrição | Autor(es) |
|---|---|---|---|
| Esportes de precisão sem oposição | Orientação e posição | Adotar e manter uma posição corporal e orientação apropriadas paralelas ao alvo. | Méndez- Giménez (2006) |
| | Trajetória e força | Escolher o curso e a trajetória mais eficaz para que o projétil atinja o alvo. | |
| | Seleção de lançamento e tiro | Escolher o melhor lançamento de acordo com o esporte, acertando o alvo na hora certa. | |
| | Lançamento e posicionamento do projétil | Colocar o projétil o mais próximo possível do alvo ou dentro da zona de pontuação. | |
| Esportes de precisão com oposição | Os quatro alvos anteriores sem oposição estão incluídos. | | Méndez- Giménez (2006) |
| | Localização | Ajudar um colega de equipe a empurrar seu projétil para perto do alvo. | |
| | Proteção | Colocar o projétil com força apropriada perto de outro projétil de seu parceiro que esteja próximo ao alvo. | |
| | Oposição | Atirar o projétil com força em direção a outro projétil do adversário para afastá-lo do alvo. | |

**Tabela 5.1.** Síntese dos princípios técnicos e táticos desta categoria esportiva.
**Fonte:** elaboração própria.

## 5.2 Modificações nos esportes de precisão

Como visto nos capítulos anteriores, as modificações implementadas nos jogos devem ser orientadas para melhorar o desenvolvimento motor e esportivo dos participantes (Mitchell et al., 2003). Não se deve confundir que esses esportes não necessitam de modificações ou adaptações, porque são os mais simples em nível tático e técnico. Pelo contrário, eles devem ser ajustados às exigências contextuais e às necessidades pessoais de cada jogador.

### 5.2.1 Como os esportes de precisão podem ser modificados?

De acordo com o que já foi indicado no Capítulo 1, os jogos precisam ser modificados, de acordo com as necessidades físico-cognitivas dos jogadores (Griffin et al., 2018). Para isso, recomenda-se que as sessões contenham jogos modificados, de acordo com os seguintes princípios:

1. **Princípio de representação.** A representação envolve o desenvolvimento de jogos modificados que mantêm a essência do esporte que eles representam. De modo geral, esse princípio envolve a manutenção do objetivo principal do esporte, enquanto manipula certas regras e elementos para facilitar o aprendizado e a prática de certos recursos táticos e técnicos. No caso do golfe, por exemplo, um campo muito menor pode ser projetado sem obstáculos, mas também aumentando o tamanho dos buracos. Note que a essência do esporte oficial é mantida (ou seja, colocar a bola nos buracos com o menor número possível de tacadas). Entretanto, certos aspectos do jogo são modificados para melhorar o aprendizado das técnicas essenciais e, porque não dizê-lo, para aumentar a motivação dos participantes (Ryan e Deci, 2020). Na verdade, esse princípio de representação foi aplicado ao esporte que acaba de ser exemplificado, o que levou ao surgimento do minigolfe.

2. **Princípio de exagero.** O exagero, ao contrário da representação, envolve selecionar e extrair um aspecto do esporte oficial, a fim de praticá-lo em profundidade. Por exemplo, para praticar os quatro passos antes de jogar a bola de boliche, é realizado um jogo no qual o objetivo é colocar a bola em uma caixa localizada a quatro metros do lançador, fazendo os passos correspondentes (Strickland, 2004). Observe que nesse exemplo os pinos de boliche não foram utilizados por duas razões principais: porque queremos enfatizar um gesto técnico antes do lançamento e porque não queremos enfatizar o lançamento para derrubar o maior número possível de pinos.

3. **Princípio de adaptação.** A adaptação, como o nome indica, sugere a necessidade de ajustar todos os elementos do jogo às características dos participantes. Como já foi observado nos capítulos anteriores, a segurança dos participantes é a máxima no desenvolvimento das atividades de ensino esportivo. Portanto, sob esse princípio, não seria apropriado, por exemplo, introduzir uma criança de 7 ou 8 anos de idade (equivalente ao segundo ano da escola primária) ao tiro com arco e flecha do esporte olímpico, pois o arco é muito grande, o cordão é muito esticado e as flechas podem colocar em risco a integridade dos participantes. Entretanto, esse princípio deve não apenas sugerir a ideia de ambientes de ensino-aprendizagem completamente seguros, mas também ambientes de aprendizagem

favoráveis que aumentem as formas mais autodeterminadas de motivação e aumentem a satisfação das necessidades psicológicas básicas: autonomia, competência e relacionamento com os outros (Ryan e Deci, 2020) necessárias para melhorar a prática esportiva, mesmo fora do horário escolar ou da prática esportiva formal. De fato, como sugere Whitehead (2010), o treinador deve ser flexível na adaptação dos jogos para aumentar o prazer de aprender e praticar esportes, contribuindo para o efeito de transferência (Cavill, Biddle e Sallis, 2001) que implica que as atividades físico-esportivas são praticadas ao longo da vida, devido às experiências positivas com o esporte. Para esse fim, sugere-se uma progressão adequada de jogos esportivos mais fáceis para mais complexos, levando em conta que se os jogos forem muito fáceis ou extremamente difíceis, os participantes podem ficar entediados e, portanto, perder o interesse em continuar a praticar.

### 5.2.2 Que elementos dos jogos podem ser modificados?

Seguindo a proposta de Griffin et al. (2018) e levando em conta os princípios técnico-táticos elementares dos esportes de precisão (ver Tabela 5.1), existem basicamente cinco elementos do jogo que podem ser modificados, de acordo com o objetivo didático e o princípio escolhido:

1. **Regras básicas**. Nessa categoria esportiva, dois tipos de regras devem ser distinguidas. Por um lado, há as regras que regem o jogo. Por exemplo, em certos tipos de bilhar (ou sinuca) não é permitido inserir a bola preta com o número 8 em qualquer caçapa antes do resto das bolas. Recomenda-se que certas regras sejam modificadas para os jogos nessa categoria esportiva, a fim de torná-las mais atraentes para os participantes. Por exemplo, nos jogos de dardos, ter a oportunidade de lançar três dardos adicionais se o ponto central da prancha de dardos tiver sido alcançado. Por outro lado, e não menos importante que o anteriormente mencionado, existem as regras de segurança. As regras de segurança devem ter precedência sobre qualquer outra regra do jogo e/ou modificação e devem ser lembradas e aplicadas em todo o treino. Por exemplo, ficar atrás do atirador e nunca atrás do alvo, em tiro com arco; ou não apontar para a cabeça em jogos em movimento (por exemplo,

queimada). De fato, recomenda-se projetar e afixar placas com informações que chamem a atenção em cada jogo sobre como praticar e o que não fazer.

2. **Número de jogadores (Situações de aprendizagem).** É verdade que os esportes de alvo podem implicar em baixo envolvimento motor (ou seja, limites de atividade física envolvendo a ativação de todo o corpo). Na verdade, a peculiaridade da maioria dos jogos de alvo (especialmente nas subcategorias sem oposição e com oposições) é esperar a vez de arremessar e/ou participar. Os treinadores devem estar cientes de que as longas esperas pela participação devem ser evitadas. Então, como sugerido nos capítulos anteriores, recomenda-se aumentar o número de jogos, reduzindo o número de participantes em cada jogo. Por outro lado, em fases mais avançadas de aprendizagem (por volta dos 12 ou 13 anos de idade), a variável tempo para arremesso pode ser introduzida (por exemplo, você tem dez segundos para se posicionar na área de arremesso e arremessar seu projétil, escolhendo o tiro e a força mais apropriados). Finalmente, deve-se observar que dependendo do jogo será mais aconselhável aumentar o número de jogadores por equipe, como no caso dos esportes de alvo de movimento humano.

3. **Área de jogo.** Muito semelhante ao anteriormente mencionado, a área de jogo deve ser modificada, de acordo com as capacidades e o nível de motivação dos participantes. Nos estágios iniciais de aprendizagem, geralmente são recomendadas distâncias mais curtas até o alvo. Entretanto, recomenda-se que as distâncias sejam ajustadas, de acordo com as necessidades de cada jogador, de acordo com as características do jogo. Assim, por exemplo, em um jogo de derrubar latas com uma bola rolando, pode haver participantes que preferem atirar de longe e, no jogo ao lado, participantes que preferem atirar mais perto. E o que acontece se dentro de um jogo um participante preferir atirar de mais longe e outro de mais perto? É recomendado encontrar um equilíbrio que beneficie ambos os jogadores.

4. **Materiais.** Os equipamentos e materiais necessários para entrar nessa categoria esportiva podem ser encontrados em qualquer loja de esportes, pois ela se resume principalmente a um alvo (que pode

ser um objeto que não seja um alvo) e um objeto para arremessar, lançar, rolar ou deslizar (Mitchell et al., 2003). O fato é que os materiais necessários são facilmente modificados. Por exemplo, se você não tiver um tapete com um alvo desenhado nele, você pode pintar no chão com giz ou corda ou pode usar um adesivo para criar um. Sem dúvida, esses são jogos esportivos que se prestam à autoconstrução de materiais ou à reutilização de materiais que podem ser reciclados. Também são muito fáceis de se adaptar às características do jogo a ser implementado. Por exemplo, aumentando ou reduzindo o tamanho da meta ou a posição das metas. Nesse ponto, a progressão do ensino desses esportes, dependendo dos materiais, é novamente destacada. Em uma idade precoce, os esportes devem ser introduzidos nos quais o projétil deve ser lançado com a mão (por exemplo, bocha ou bola de golfe), para depois jogá-lo com o pé (por exemplo, pode arremessar), já que a coordenação mão-olho é consolidada antes da coordenação pé-olho (López-Chicharro et al., 2002). Posteriormente e levando em conta o desenvolvimento físico e cognitivo dos participantes, podem ser introduzidos lançamentos com implementos (por exemplo, golfe ou sinuca).

5. **Objetivo(s) final(is).** O objetivo final nos esportes de alvo é, precisamente, acertar o alvo. Esse elemento está intimamente relacionado com os materiais, a área do jogo e até mesmo as regras básicas. As metas devem ser apropriadas à idade e ao nível de habilidade dos participantes. Assim como não seria lógico usar um alvo pequeno com participantes de 6 ou 7 anos de idade (equivalente ao primeiro ano da escola primária), não é aconselhável usar um jogo no qual é muito difícil errar o alvo. Mas não apenas o tamanho é uma variável a ser levada em conta, mas também a possibilidade de introduzir metas diferentes (número), com valores diferentes (pontuação), em áreas diferentes (distâncias) do mesmo jogo. Finalmente, deve-se observar que qualquer objeto pode ser suscetível de ser um alvo (por exemplo, caixas, arcos no chão, arcos suspensos no ar ou segurados por um poste, um alçapão e um suporte). Na verdade, já foi demonstrado que, com as devidas precauções de segurança, o próprio tronco ou pernas do jogador pode ser um alvo.

## 5.3 Questionamento e reflexão sobre esportes de precisão

O questionamento é um recurso metodológico que consiste em colocar perguntas abertas, a fim de consolidar conceitos e aspectos-chave do esporte que está sendo trabalhado (ver Capítulo 1). Na verdade, é um complemento ao processo de aprendizagem que geralmente é realizado antes ou depois da prática.

É importante que os alunos estejam cientes do potencial de pensar fora do jogo e que aprender qualquer esporte não se restringe apenas a jogar ou praticar determinadas técnicas ou estratégias. O modelo pedagógico que será mostrado mais adiante neste capítulo estabelece os momentos em que essa estratégia orientada ao conhecimento tático e/ou técnico deve ser implementada. De fato, existem diferentes maneiras de criar questões para promover diferentes tipos de aprendizagem (ver Capítulo 1).

Especificamente, antes de fazer a pergunta, é recomendável considerar o foco (por exemplo, se você quer perguntar sobre um problema tático ou se você quer enfatizar um gesto técnico). Em seguida, um elemento concreto será selecionado (por exemplo, dentro do foco da execução técnica você decide refletir sobre as etapas antes de lançar uma bola de boliche). Uma vez especificado o tópico, a pergunta deve ser formulada usando uma estrutura o mais simples possível e de acordo com o que foi pensado (por exemplo, o pronome interrogativo "o que" é normalmente usado para perguntas táticas: o que você deve fazer se quiser derrubar dois pinos separados com uma tacada, enquanto o pronome "como" é usado para perguntas técnicas:

| Foco | Exemplo de questionamento | |
| --- | --- | --- |
| | Pergunta | Possível resposta |
| Consciência tática | *O que fazer se o alvo estiver muito longe de você?* | *Ajuste a força e a direção do projétil. Não passar da força em excesso, mas também não devo lançar fraco.* |
| Execução técnica | *Como você se posiciona para lançar a bola e aproximá-la do alvo?* | *Com o pé da mão de arremesso atrás e trazendo a mão de arremesso ao nível da cintura e atrás do corpo.* |
| Tempo | *Quando você tenta arremessar para o campo do seu oponente?* | *Quando o adversário conseguir colocar uma bola perto do alvo para afastá-la do alvo.* |
| Espaço | *Se você for o primeiro a jogar, para onde você direciona a bola?* | *Apontar para o alvo para tentar chegar o mais perto que puder. Se houver outras bolas já em jogo, eu consideraria se devo afastar a bola do adversário ou trazer a nossa para mais perto. Nesse caso, eu apontaria para o alvo.* |
| Risco | *Quais são suas opções se a bola de seu colega de equipe estiver em uma boa posição em relação ao alvo, mas a última bola ainda estiver para ser jogada pelo outro time?* | *Eu tentaria protegê-la ou mesmo aproximá-lo o máximo possível do alvo. Se eu colocar minha bola nas costas da bola do meu parceiro, será muito difícil para uma bola empurrar nossas bolas para longe.* |
| Raciocínio lógico | *Se seu alvo está a uma longa distância, que tipo de lançamento é melhor? Por quê?* | *O lançamento mais forte possível, lançando abaixo da cintura com o braço o mais para trás possível, pois desta forma você alcança a maior distância possível.* |

**Tabela 5.2.** Exemplos de perguntas que podem ser feitas para os esportes de alvo como complemento à prática de jogos modificados.

**Fonte:** os autores.

Como você se posiciona para arremessar a bola? Finalmente, também é recomendável apresentar uma possível solução para o problema ou pergunta (solução genérica), a fim de orientar os alunos com mais perguntas ou dicas para chegar a uma das respostas desejadas por conta própria. A Tabela 5.2 mostra um exemplo de diferentes perguntas que podem ser colocadas nos jogos de precisão, dependendo do foco a ser trabalhado.

## 5.4 Considerações sobre o ensino de esportes de precisão

Essa categoria esportiva é a mais apropriada para os alunos mais jovens de iniciação ao esporte (6 a 8 anos de idade; equivalente aos primeiros anos da escola primária), pois envolve o desenvolvimento das habilidades mais básicas (Mitchell et al., 2003). Embora sejam as mais simples, a complexidade tática deve ser ajustada às características e às necessidades contextuais de cada aprendiz. De fato, como sugere Navin (2016), treinadores/professores devem estar conscientes de que os jogadores não devem se adaptar ao jogo, mas que o jogo que se adaptar às características dos jogadores, a fim de promover um aprendizado significativo e abrangente de todos os componentes do esporte.

Com essa importante premissa em mente, Sheppard e Mandigo (2003), com base na ideia original de Mitchell et al. (2003), propuseram distribuir a complexidade tática dos jogos esportivos de precisão em três níveis de complexidade: básico (primeiro nível), intermediário (segundo nível) e avançado (terceiro nível).

Esses níveis de complexidade integram as componentes táticas e técnicas de acordo com o objetivo principal de pontuar (função ofensiva) ou evitar que o outro jogador ou equipe pontue (função defensiva). A Tabela 5.3 mostra a relação dos problemas táticos, com base nos princípios táticos vistos anteriormente (ver Tabela 5.1), que surgem nessa categoria esportiva e as possíveis soluções distribuídas nos três níveis de complexidade tática.

Além de tudo isso, a proposta de Mitchell et al. (2003) sugere uma progressão apropriada dentro dessa categoria esportiva:

1. A partir de jogos cooperativos para situações ofensivas. Primeiramente, recomenda-se aplicar jogos nos quais o objetivo é melhorar as melhores pontuações pessoais. Depois, podem ser estabelecidos desafios dentro da equipe para favorecer a função cooperativa de todos os participantes, propondo que eles devem tentar alcançar a maior pontuação por equipe (ou seja, competição indireta). E finalmente, os jogos de oposição podem ser introduzidos, primeiro individualmente e depois como um grupo, para introduzir gradualmente funções defensivas.

2. A Partir de jogos simples para jogos complexos (levando em conta o nível motivacional e o desenvolvimento dos componentes técnico-

-táticos). Essa é uma das tarefas mais complicadas, pois o treinador não só deve pensar numa progressão do simples para o complexo, mas também saber interpretar a situação, a fim de proceder a uma mudança de complexidade. A esse respeito, vale notar que tanto simples (por exemplo, jogar uma bola a uma distância de 2 metros), quanto muito complexos os jogos (por exemplo, jogar uma bola a uma distância de 20 metros) podem comprometer a satisfação das necessidades psicológicas básicas (ou seja, autonomia, competência e inter-relação) e, consequentemente, diminuir a motivação mais autodeterminada dos participantes (Ryan e Deci, 2020). Em última análise, encontrar um equilíbrio de complexidade nos jogos é um desafio contínuo que pode ser alcançado por meio da modificação de certos aspectos dos jogos (ver sessão: Que elementos dos jogos podem ser modificados?)

3. A partir dos jogos sem oposição aos jogos com oposição. Esse processo sintetiza os dois anteriores, uma vez que os jogos sem oposição são os mais simples em termos técnicos e táticos. Pelo contrário, os jogos com oposição são os mais complexos da categoria porque, como mostrado anteriormente, eles exigem o desenvolvimento de habilidades e gestos técnicos específicos.

Em resumo, sempre que pretendemos elaborar um programa para qualquer esporte ou grupo de esportes, devemos levar em conta, em primeiro lugar, os princípios técnicos e táticos do esporte. Em segundo lugar, a progressão do conteúdo esportivo de acordo com o nível de complexidade. E, finalmente, as possíveis modificações dos jogos de acordo com as características dos jogadores. Infelizmente, ou felizmente, não existe uma regra matemática ou mágica para desenhar sessões eficazes que consigam motivar os estudantes, garantindo uma progressão adequada e completa de todos os conteúdos tratados.

MODELOS DE ENSINO BASEADOS NO JOGO PARA A INICIAÇÃO COMPREENSIVA DO ESPORTE

| Problema tático | Princípio tático | Nivel de complexidade tática | | |
|---|---|---|---|---|
| | | Básic Primeiro nível | Intermediário Segundo nível | Avançado Terceiro nível |
| **Marcar, pontuar ou acertar** | | | | |
| Para mover e deslocar o projétil próximo ao alvo | Orientação e posição, trajetória e força, seleção de lançamento | *Apontar o projétil com precisão para o alvo* | *Colocar o projétil o mais próximo possível do alvo* | *Empurrar outro projétil para o alvo* |
| Evitar obstáculos | Trajetória e força, seleção de lançamentos adequados | — | Usar outro objeto ou elemento para evitar obstáculos | Efeitos como rotações ou giros |
| Criar uma reação | Colaboração e proteção | — | — | Ponto de contato |
| **Prevenir pontuação ou acertos (função defensiva)** | | | | |
| Defender o espaço, movendo projéteis lançados anteriormente | Proteção e oposição | — | *Afastar o projétil do alvo e evitar a pontuação do outro jogador ou da equipe* | *Função guardiã (proteger área ou projétil)* |
| Conseguir o último ponto | — | — | — | Desistir de um ponto para obter a última jogada na próxima rodada. |

**Tabela 5.3.** Elementos técnico-táticos comuns dos esportes de precisão, distribuídos por níveis de complexidade.

**Fonte:** os autores.

É nesse ponto que a qualidade humana e profissional de cada professor é fundamental, pois aqueles professores que têm um melhor domínio dos métodos e características de ensino de cada esporte e, ao mesmo tempo, conhecem seus alunos ou jogadores em detalhes (como eles são física e emocionalmente, o que os motiva e o que os desmotiva etc.), certamente, terão maior sucesso durante o processo de ensino-aprendizagem. Nesse sentido, para uma sequência na dificuldade de aprendizagem, é sempre recomendável seguir as diretrizes anteriores para atingir os principais objetivos estabelecidos no programa de forma satisfatória.

## 5.5 Ensino dos esportes de precisão como modelo de Ensino dos Jogos para Compreensão (Teaching Games for Understanding)

O modelo pedagógico Teaching Games for Understanding (TGfU) surgiu como contrapartida ao ensino tradicionalista do esporte baseado na mecanização descontextualizada de elementos técnicos (Bunker e Thorpe, 1982). Na Espanha, ele foi introduzido por Devís-Devís, em 1990, e no Brasil, não se sabe precisamente a data de introdução desse modelo. O modelo de Ensino dos Jogos para Compreensão envolve a integração dos elementos técnicos do jogo logo após experimentar os elementos táticos dentro do jogo modificado (Graça e Mesquita, 2015). Ou seja, a aquisição de habilidades técnicas isoladas só ocorre quando os jogadores descobrem a necessidade de utilizá-lo (Webb e Thompson, 1998). Originalmente, como mostrado na Figura 5.1, o modelo integral é estruturado em seis fases principais (Thorpe e Bunker, 1986).

1. **Jogo**. Implementação de um jogo modificado de acordo com as características dos participantes e o objetivo técnico-tático estabelecido.

2. **Avaliação do jogo**. Durante a prática do jogo, o participante apreciará os elementos do esporte de forma contextualizada.

3. **Conscientização tática**. Reflexão por meio da técnica de questionamento.

4. **Escolha da decisão e da estratégia mais apropriada**. Da reflexão anterior e dos problemas técnico-táticos que surgem no jogo, surge a necessidade de desenvolver alguma habilidade técnica.

5. **Execução técnica**. Desenvolvimento dessa habilidade técnica por meio de formas de jogo ou tarefas corretivas.

6. **Desempenho final.** Retorno ao jogo (modificado) para colocar em prática tudo o que se refletiu na conscientização tática e praticada na execução técnica.

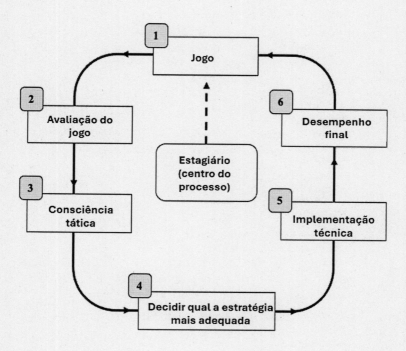

**Figura 5.1.** Estrutura original de uma sessão sob a abordagem do Ensino dos Jogos para Compreensão.
**Fonte:** Thorpe e Bunker, 1986.

Entretanto, Kirk e MacPhail (2002) propuseram o redesenho da estrutura original para enfatizar a estratégia de aprendizagem situacional. Essa perspectiva de aprendizagem sugere que a motivação aumenta quando exposta a contextos de aprendizagem autênticos e significativos (Gubacs-Collins, 2007). Assim, como mostrado na Figura 5.2, quatro elementos importantes são adicionados as seis partes originais do modelo que enfatizam a ideia de consolidar a competência esportiva em situações muito semelhantes àquelas apresentadas no esporte real:

- **Forma de jogo.** Jogo modificado de acordo com as características contextuais, necessidades e objetivos dos alunos. Os jogos são adaptados para melhorar a aprendizagem.
- **Compreensão emergente.** Dentro do jogo, surgem problemas táticos que farão o aluno entender a importância de ser competente motora e esportivamente para resolver os problemas e, por outro lado, recorrer ao que ele já sabe ou conhece sobre o jogo.

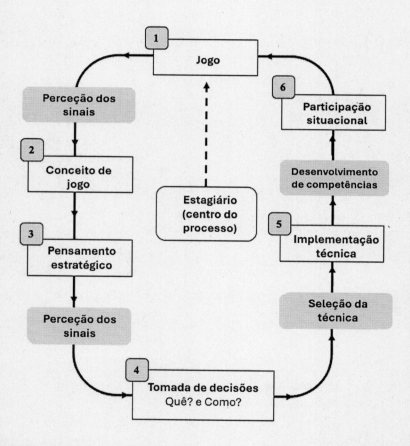

**Figura 5.2.** Kirk e MacPhail (2002) propuseram a estrutura de uma sessão de Ensino dos Jogos para Compreensão com o objetivo de melhorar o aprendizado situacional.
**Fonte:** adaptada de Kirk e MacPhail (2002).

1. **Conceito de jogo.** O jogo modificado deve partir do que os alunos já sabem e estar em conexão com experiências anteriores (ou seja, transferência de outros esportes) ou com as sessões anteriores.

2. **Pensamento estratégico.** Esse processo cognitivo deve ter como objetivo trabalhar aspectos do conhecimento declarativo (por exemplo, regras de aprendizagem) e conhecimento procedimental (por exemplo, passos para realizar um passe com o peito do pé), de acordo com os problemas táticos que surgem dentro do jogo.

   – **Percepção das sugestões.** A busca de sinais dentro do jogo ajudará o estudante a saber como interpretar a realidade e selecionar a melhor resposta técnica-tática, de acordo com o fluxo do jogo.

3. **Processo de reflexão** no qual são dadas respostas principalmente ao que fazer (tática) e como fazê-lo (técnica).

   – **Seleção da técnica.** Dependendo do problema tático do primeiro jogo, surgirá a necessidade de selecionar e praticar uma ou mais técnicas específicas.

4. **Execução técnica.** Desenvolvimento da habilidade específica em um ambiente o mais próximo possível do jogo real.

   – **Desenvolvimento das habilidades.** Incorporação da habilidade em termos de uma variedade de situações.

5. **Participação situacional no jogo.** Incorporação no jogo por meio da valorização do que foi aprendido anteriormente, juntamente com os aspectos mais complexos do jogo, como a peculiaridade ou seu valor social e cultural.

Por outro lado, como mencionado anteriormente, a evolução e adaptação desse modelo pedagógico a outros contextos culturais implicou na adaptação de certos elementos e fases da estrutura, embora seja verdade que a essência do modelo foi mantida (Sánchez-Gómez et al., 2014). Entretanto, certos elementos comuns e inalteráveis podem ser extraídos de todas as adaptações do modelo (Barrionuevo-Vallejo, 2019):

- Utilização de jogos modificados com uma estrutura tática seme-lhante ao esporte oficial que é representado com crescente complexidade técnico-tática.

- Colocando o desenvolvimento da inteligência tática e a tomada de decisões antes da execução de habilidades técnicas. O componente técnico é desenvolvido se surgir de uma necessidade tática.

- Avaliação contínua e formativa dos alunos, incluindo feedback positivo e favorável para a aprendizagem.

- Agrupamento dos esportes em categorias que compartilham princípios táticos similares e permitem uma transferência de conhecimento entre os esportes da mesma categoria.

Como é praticamente impossível falar sobre todas as adaptações culturais do TGfU, propõe-se desenvolver sessões sob essa metodologia em seis partes importantes que devem integrar cada sessão prática. Nomeadamente:

1. **Primeiro jogo** modificado ou jogo reduzido e condicionado. Dependendo do esporte selecionado e do princípio tático escolhido, um primeiro jogo será projetado, de acordo com o objetivo tático e didático da sessão, levando em conta as possibilidades de modificação dos jogos.

2. **Consciência tática**. No final do jogo, todos os participantes são reunidos para refletir e discutir (usando a técnica de questionamento) os elementos táticos que eles experimentaram durante o jogo. Em particular, o instrutor deve fazer perguntas abertas sobre o problema tático do jogo e possíveis soluções. Recomenda-se que essa parte termine com a necessidade de aprender e praticar uma habilidade técnica específica.

3. **Execução de habilidades técnicas**. O elemento técnico necessário que pode ter surgido no primeiro jogo modificado é praticado por meio de atividades, formas de jogo ou tarefas corretivas.

4. **Conscientização técnica**. Como na consciência tática, os participantes são reunidos para consolidar os pontos essenciais para executar adequadamente o gesto ou habilidades técnicas experimentadas na parte anterior (ou seja, conhecimento processual). Por meio de perguntas e exemplos, o conjunto de elementos técnicos a serem praticados é

trabalhado de forma teórica. Dessa forma, o treinador deve encorajar todos os participantes a internalizar tudo o que precisam saber para executar corretamente uma determinada habilidade técnica.

5. **Segundo ou último jogo modificado.** É apresentado um novo jogo (pode ser semelhante ao primeiro), no qual é dada ênfase aos componentes táticos e à execução da habilidade técnica analisada e praticada anteriormente.

6. **Conscientização global final.** Após o jogo, todos os participantes são reunidos novamente para recordar e consolidar os elementos técnicos e táticos mais importantes experimentados durante a sessão. O treinador deve convidar os participantes a resumir os elementos-chave do dia. Essa parte geralmente termina com uma saudação final de grupo.

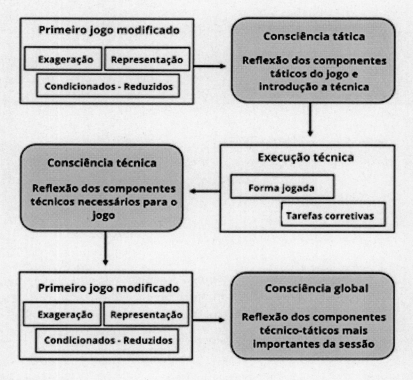

**Figura 5.3.** A estrutura da sessão é proposta pela aplicação do modelo de Educação Esportiva Integral com ênfase na conscientização tática e/ou técnica.
**Fonte:** os autores.

Dessa forma, como mostrado na Figura 5.3, cada parte prática (primeiro jogo modificado, execução técnica e segundo jogo modificado) é seguida por um período de reflexão para focar nos elementos mais importantes do que está sendo trabalhado. De acordo com Havey et al. (2016), a forma como as estratégias de investigação do conhecimento esportivo, como o questionamento, são empregadas é de vital importância para desenvolver uma sólida competência esportiva e inteligência tática em cada participante. Finalmente, deve ser enfatizado que a duração dessas partes não pode comprometer em demasia o tempo de engajamento motor.

A Figura 5.4 exemplifica uma sessão utilizando o modelo Teaching Games for Understanding sob esta abordagem. A ilustração mostra um exemplo de uma sessão utilizando um alvo adaptado e um jogo de precisão: bocha. De uma forma muito geral, procedemos para explicar cada uma das partes ou fases descritas anteriormente. Será explicado com mais detalhes na proposta prática.

1. O primeiro jogo modificado consiste em colocar as bolas de bocha — bocha — em diferentes arcos colocados em diferentes áreas do espaço. Cada arco e área tem uma pontuação diferente, dependendo da distância do lançador. Os lançadores devem estar sentados em uma cadeira (emulando o esporte oficial, que é jogado a partir de uma cadeira de rodas).

2. A continuação leva a uma consciência tática. Aqui, o treinador fará diferentes perguntas relacionadas com os componentes táticos do jogo anterior. Na parte final desse período, o componente técnico deverá ser enfatizado.

3. Em seguida, a execução técnica é implementada por meio de formas de jogo ou tarefas corretivas para praticar ou enfatizar um padrão de movimento ou habilidade técnica específica. Nesse caso, o objetivo é trabalhar a técnica de lançamento com ênfase na força de arremesso (tentando conseguir movimentar uma bola maior localizada no campo de jogo).

4. Em seguida, a consciência técnica é aumentada para recapitular o que deve ser levado em conta ao jogar a bola, quando se quer mover outra bola na área de jogo.

5. Após a conscientização, o segundo jogo modificado é jogado com o objetivo de colocar em prática os elementos técnicos e táticos

analisados anteriormente. Nesse caso, trata-se de um jogo de bocha o mais próximo possível do formato oficial.

6. Finalmente, a sessão conclui com uma conscientização global, resumindo os elementos táticos e técnicos mais importantes vistos e praticados na sessão. De forma prática e a fim de favorecer a coesão do grupo, a sessão termina com uma saudação de grupo.

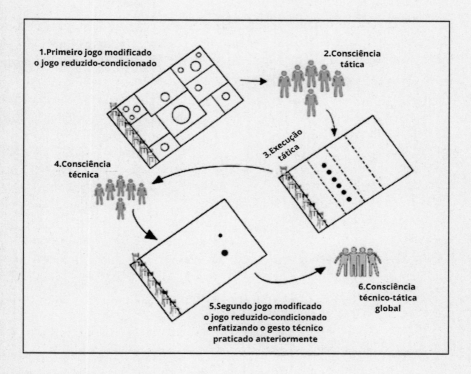

**Figura 5.4.** Estrutura de uma típica sessão de boccia utilizando o modelo Teaching Games for Understanding.
**Fonte:** Ramón Freire Santa Cruz.

## 1. PRIMEIRO JOGO MODIFICADO: AS ÁREAS

A área de jogo será dividida em zonas de cores diferentes, onde haverá arcos de tamanhos diferentes. Cada área tem pontuações diferentes e os arcos são pontuados duas vezes mais altos se forem médios e três vezes mais altos se forem pequenos, dependendo da área em que se encontram. O objetivo é que cada jogador lance seis bolas de bocha para uma zona específica previamente indicada pelo treinador. Cada equipe se reveza para lançar suas bolas.

*Variação:* Permitir que cada jogador em um jogo, lance para a zona de sua escolha. Jogar com o lado não preferido.

## 2. CONSCIENTIZAÇÃO TÁTICA

Deve ter como objetivo enfatizar, analisar e consolidar os elementos táticos do esporte de alvo com e sem oposição. Assim, perguntas como "O que é mais importante, bater uma bola do outro time fora da área de pontuação ou tentar jogar sua bola em um pequeno aro..." podem ser feitas.

## 3. EXECUÇÃO TÉCNICA: TIRAR AS BOLAS DA ÁREA DE PONTUAÇÃO

Nessa fase, um jogo modificado será projetado no qual haverá uma linha de várias bolas maiores que as de bocha (futebol, handebol, bola de basquete, de espuma e de borracha) dentro de uma área retangular. O objetivo é remover as bolas grandes com as bolas de bocha (função ofensiva). Uma alternativa a esse jogo pode ser o oposto, ao designar uma área específica, as bolas devem ser empurradas para esta área (função colaborativa).

## 4. CONSCIENTIZAÇÃO TÉCNICA

Deve ter como objetivo rever os elementos técnicos mobilizados na fase anterior. Nesse caso, as perguntas e discussões se concentrarão na técnica de arremesso e no comportamento de uma bola, quando ela bate em outra bola. Por exemplo, "como você segura a bola antes de lançá-la" ou "como você pretende lançar a bola para a área desejada?".

## 5. SEGUNDO JOGO MODIFICADO: BOCHA

Nessa parte, será realizada uma representação da bocha o mais preciso possível, adaptando-a às características do contexto e da classe. O objetivo principal será colocar as bolas de bocha o mais próximo possível do "Jack". O jogo é dividido em 3 partes de 12 arremessos (seis para cada equipe). Em cada parte, uma equipe começa lançando o "Jack" e lança as bolas de bocha em turnos alternados. O time com o maior número de bolas mais próximo do "Jack" vence.

## 6. CONSCIENTIZAÇÃO GLOBAL E SAUDAÇÃO FINAL

Na última parte da sessão, podem ser incluídas perguntas que abordam os elementos técnico-táticos praticados nessa sessão (e nas sessões anteriores). Por exemplo, "Quando é melhor tentar proteger a bola de seu parceiro?" ou "Você acha que é possível praticar esportes com uma cadeira de rodas?" (com o objetivo de analisar a conscientização neste tipo de prática).

O objetivo da seguinte proposta prática é integrar uma progressão adequada dos elementos técnico-táticos mais importantes do esporte de alvo por meio de diferentes esportes baseados na descrição de Méndez-Giménez et al. (2012).

A fim de mostrar uma maior riqueza pedagógica e propor diferentes exemplos de esportes, a seguinte proposta não se concentrará no desenvolvimento de um único esporte-alvo, como foi desenvolvido nos capítulos anteriores. Isso não significa que os programas não devam incluir um ou mais esportes nessa categoria. Essa decisão deve estar sujeita às características contextuais e ao calendário da programação. Por exemplo, no caso de crianças de 8 ou 9 anos (equivalente ao terceiro ano do ensino fundamental), pode-se considerar dividir a unidade de ensino de esportes de precisão em duas partes, começando com jogos sem oposição (por exemplo, boliche), e terminando com jogos com oposição (por exemplo, bocha). Por outro lado, uma unidade didática (talvez, de menor duração) pode ser planejada na qual diferentes jogos sem oposição são desenvolvidos (por exemplo, boliche, dardos ou jogos tradicionais de cada país, tais como bocha no sul do país).

A seguinte proposta consiste em quatro sessões genéricas organizadas de acordo com a estrutura Teaching Games for Undertanding. Na primeira, trataremos dos elementos técnicos e táticos dos jogos de alvo sem oposição por meio do boliche. Na segunda, serão introduzidos os principais elementos dos esportes de precisão com oposição. Nessa sessão, será usado o floorcurling-semelhante ao curling mas sem os varreadores, e as pedras são modificadas e têm rodas no fundo para poder jogar em superfícies planas. Na terceira sessão, é implementado um esporte específico adaptado para pessoas com necessidades especiais: a bocha. Foi decidido introduzir esse esporte de oposição como um exemplo de como um esporte paraolímpico pode ser introduzido sob o prisma do modelo Teaching Games for Understanding. Além disso, também enfatiza a ideia de que todas as pessoas, independentemente de sua natureza, competência motora, cultura ou necessidades podem participar de atividades esportivas (Whitehead, 2010), para que a incorporação deste tipo de esporte possa ser usada para promover uma maior conscientização e total inclusão. Finalmente, está planejado uma sessão utilizando a sinuca ou bilhar. Mais uma vez, todos os leitores são convidados a tomar estas sessões como exemplo, para enriquecê-las ou modificá-las de acordo com suas próprias necessidades. Como Kirk (2017) já assinalou, nem os modelos, nem as propostas devem ser considerados como um plano a ser "seguido à risca", mas, sim, como uma diretriz para ajudar os treinadores a adaptar o conteúdo ao seu contexto educacional.

Para contextualizar a presente proposta, foi tomada como referência uma classe de 18 jogadores. Um deles tem seu braço direito enfaixado e está usando uma cinta devido a uma queda na neve. Esse braço representa sua lateralidade dominante. A principal adaptação proposta é que todos os companheiros de seu grupo devem lançar com a mão do braço não preferido abaixo da cintura. As sessões ocorrerão na quadra central de futsal de um centro esportivo.

A duração de cada sessão é estimada em aproximadamente 45 minutos. Com relação aos materiais, utilizaremos principalmente elementos convencionais de lojas esportivas como bolas de bocha, bolas de boliche, bolas de espuma de borracha ou medicine balls. Embora itens específicos (por exemplo, bolas de floorcurling ou bolas oficiais de bocha) também serão utilizados, deve-se observar que esses podem ser substituídos por materiais mais comuns (por exemplo, medicine balls de 2 ou 3kg para floorcurling). A tudo isso, podemos acrescentar a opção de criar materiais autoconstruídos que não só podem ser criados com as características de cada indivíduo em mente, mas que também aumentarão a motivação para praticar o esporte (ou seja, altamente personalizáveis) (Méndez-Giménez et al., 2017). Por exemplo, se não houver bolas de bocha disponíveis, elas podem ser feitas com balões de ar e arroz. Em resumo, as sessões genéricas serão abordadas sob a estrutura do TGfU vista na Figura 5.3.

## PRIMEIRA SESSÃO GENÉRICA. ESPORTES DE ALVO SEM OPOSIÇÃO. O BOLICHE

Ao começar a desenvolver uma sessão com o modelo TGfU, o objetivo tático e/ou técnico a ser trabalhado deve primeiro ser considerado e, no caso do contexto escolar, o objetivo didático também deve ser considerado. Neste livro, os principais princípios táticos das diferentes categorias esportivas estão incluídos em cada capítulo prático. Isso será importante para que o planejamento dos jogos seja construído de acordo com o que deve ser alcançado.

Para esta primeira sessão, o objetivo é desenvolver o primeiro princípio tático dos esportes de alvo (isto é, orientação e posição; ver Tabela 4.1). Além disso, o objetivo é derrubar os pinos de diferentes setores espaciais (central ou lateral). Os materiais necessários para a sessão são: seis jogos ou conjuntos de boliche (geralmente, pinos de plástico ou madeira adaptados de dimensões menores que os pinos de boliche), 20 bolas de boliche adaptadas de diferentes pesos e dimensões, três conjuntos de linhas de marcação para delimitar os jogos, 24 cones e 12 bancos suecos.

Durante a sessão, os participantes serão divididos em seis grupos de três jogadores com base em suas habilidades motoras gerais, bem como na experiência anterior com o esporte e na competência motora de arremessar a bola. Cada grupo será colocado no jogo mais apropriado, de acordo com as características acima, pois cada jogo terá distâncias diferentes dos pinos. Dessa forma, é enfatizada a ideia de que os jogos devem ser adaptados aos jogadores e não o contrário. Para o desenvolvimento da sessão, dois dos participantes de cada grupo serão colocados na linha de lançamento, enquanto o terceiro será colocado atrás dos pinos. A missão deles será pegar a bola, devolvê-la à área de lançamento, por meio de um corredor montado para esse fim, e colocar os pinos caídos. Essas posições devem ser giradas a cada dois lançamentos.

Finalmente, vale a pena notar que nas primeiras sessões do TGfU antes de iniciar o primeiro jogo modificado, alguns minutos podem ser gastos para conhecer o material e experimentar diferentes possibilidades. Isso será útil quando os participantes não tiverem tido nenhum contato prévio com o esporte ou com o equipamento.

# PRIMEIRO JOGO MODIFICADO: DEMOLIÇÃO TOTAL

O objetivo do primeiro jogo será lançar duas bolas consecutivas para derrubar um conjunto de 10 pinos em um jogo de 10 arremessos. Cada jogador lançará então 20 bolas no total. Como já mencionado nas considerações de abertura, existem seis zonas de jogo ou "pistas de boliche" com distâncias diferentes que variam de 4 a 8 metros entre a linha de lançamento e o local dos pinos. Em cada "pista de boliche", haverá diferentes tipos de bolas (por exemplo, futebol, basquete, handebol ou mesmo bolas de boliche reais) para que os participantes experimentem tamanhos e texturas diferentes. Deve-se notar que esse jogo é colaborativo, o que significa que, dependendo da idade dos participantes, os resultados podem ser comparados com os outros grupos (por exemplo, no total, quem derrubou o maior número de pinos?), mas nunca comparados individualmente. Essa primeira fase geralmente dura entre 7 e 10 minutos.

- *Variação.* Uma área do corredor de lançamento é marcada (com cones nos lados ou linhas de marcação) perto da linha de lançamento. Quando a bola é jogada, ela deve atingir a área marcada. Se os pinos forem derrubados sem que a bola toque nesta zona, eles não serão contados.

- **Consciência tática**

  Todos os jogadores estão reunidos no centro da pista e, formando um semicírculo, são convidados a refletir sobre os elementos táticos mais importantes que eles experimentaram no primeiro jogo. Para esse fim, diferentes perguntas abertas e orientadas (questionamento) são planejadas. A Tabela 5.4 inclui exemplos de perguntas que o professor/treinador pode utilizar juntamente com um guia de resposta que permite a ele reformular a pergunta no caso de a resposta desejada não ter sido alcançada. Em última instância, se a pergunta não for respondida corretamente, a resposta não deve ser dada ou colocada na forma de uma pergunta (por exemplo: *não seria...?*). O que deve ser feito é esclarecer ideias usando outras expressões ou formulações interrogativas da pergunta original. Esse período geralmente dura 5 minutos.

- **Execução técnica**: o portão de boliche

Essa terceira parte da sessão é orientada para a prática da técnica de arremesso, que inclui a prática de elementos importantes, como direção e força. Aqui, uma forma de jogada chamada portão de boliche — Bowling Gate — será implementada.

| Perguntas guiadas do treinador | Possível resposta dos alunos |
| --- | --- |
| Qual é o pino mais fácil de derrubar? | *O mais próximo da linha de lançamento (pino número 1).* |
| Em que direção você deve jogar a bola para derrubar a maioria dos pinos? | *Eu deveria apontar para o centro porque é lá que há mais pinos de boliche.* |
| Em que direção você deve apontar se quiser derrubar o pino número 7 e 10? | *Ele deve apontar para o lado do pino número 7 para movê-lo lateralmente e depois bater e derrubar o outro pino.* |
| Para fazer a jogada que acabou de comentar, com qual força deve lançar a bola? | *Tenho que jogá-la com muita força para que ela atinja o pino de lado e se mova para a outra extremidade.* |

**Tabela 5.4.** Possíveis perguntas e respostas levantadas para conscientização tática (segundo período da sessão com o *TGfU*).
**Fonte:** os autores.

O objetivo será atirar a bola entre dois pinos colocados um na frente do outro como uma "porta". Após cada lançamento em que a bola passa através dos pinos sem derrubá-los, a distância entre os pinos é reduzida. Essa fase geralmente dura entre 5 e 7 minutos, dependendo do que está sendo trabalhado.

- *Variação*. Primeiramente, mudar a localização dos pinos, ou seja, eles não devem estar sempre no meio do corredor. Por outro lado, em vez de usar dois pinos, use um corredor formado por cinco pares de pinos, no qual a bola deve passar pelo meio sem derrubá-los. A esse corredor pode ser dada uma certa curva para trabalhar em diferentes orientações.

Outra variação é colocar um aro ou delimitar um espaço, atrás dos dois cones (ou corredores de cones), onde a bola deve parar. Com essa última variante, o conceito de força também será trabalhado.

- Adaptações metodológicas. Os bancos suecos podem ser colocados como um corredor entre a linha de lançamento e os cones para orientar a direção do lançamento, se o professor notar que alguns participantes têm dificuldades em derrubar os pinos.

Isso é seguido pelo problema tático da divisão, que é uma situação em que dois pinos não adjacentes colocados paralelamente um ao outro têm que ser derrubados. Nessa situação, o lado externo de um pino deve ser atingido com força para que ele se mova lateralmente e derrube o outro (ou seja, "lançamento mortal").

Para a sessão, serão criadas diferentes situações nas quais a distância entre os pinos irá variar, começando com uma distância mínima e, como ambos os pinos são derrubados com uma única bola, a distância entre os pinos irá aumentar.

- *Diretrizes curriculares*. Essa é a técnica mais complexa no boliche, pois envolve o direcionamento de uma área muito específica, selecionando a força apropriada para que um pino derrube outro. Esse jogo é recomendado para participantes altamente qualificados que podem achar a situação tática anterior monótona e entediante e que tenham demonstrado que a realizam de forma satisfatória.
- **Conscientização técnica**

Na quarta parte da sessão, os participantes são trazidos de volta ao centro para refletir cuidadosamente sobre as ações técnicas que acabam de praticar. Assim, as perguntas devem se concentrar nos aspectos técnicos de apontar e arremessar à altura da cintura. Além do questionamento, outras técnicas de perguntas podem ser muito interessantes na análise, como a prática de exemplos práticos que são propostos pelos participantes (por exemplo: "Mostre-me como você jogaria a bola, como você coloca seus pés?"). A Tabela 5.5 reflete uma série de perguntas que podem ser feitas nessa parte. Como a anterior, esse período não deve durar mais do que 5 minutos.

## SEGUNDO JOGO MODIFICADO: BOLICHE DUPLO

Nesse segundo jogo, a ênfase é colocada nas ações técnicas e táticas aprendidas na sessão. Como o jogo de boliche é relativamente simples, o primeiro jogo, chamado "Derrubada em cheio", será reimplementado, mas com algumas variações. Nesse jogo, (a) os pinos número 1, 2, 3, 5, 8 e 9 têm uma pontuação dupla, pois apontar para o espaço entre os pinos 1 e 3 aumenta a probabilidade de derrubar todos eles com uma única bola (strike). Por outro lado, (b) uma pontuação tripla é atribuída se o problema tático de divisão (dois pinos não adjacentes) ocorrer e for resolvido com uma única bola. Além disso, quatro pontos são concedidos se a divisão 7-10 (apenas os 7 e 10 pinos estão de pé; a situação mais complexa no esporte) for apresentada e derrubada com uma bola. Essa parte é geralmente semelhante em duração ao primeiro jogo modificado.

- **Diretrizes metodológicas.** Novamente, o conceito de "competição informal" pode ser abordado de duas maneiras. A primeira é desafiar cada participante a tentar bater sua própria pontuação do jogo anterior. A segunda é desafiar cada participante a alcançar a maior pontuação dentro do próprio jogo somando o número total de pinos derrubados (levando em conta o sistema de pontuação do jogo).

| Perguntas guiadas do treinador | Possível resposta dos estudantes |
|---|---|
| Onde você tem que mirar para que a bola passe entre os pinos e os derrubar? Como você mira? | *Eu tenho que mirar entre os pinos. Para mirar, eu olho para o alvo e coloco a bola entre meus olhos e o alvo.* |
| Onde você tem que se colocar para jogar a bola entre os pinos para que eles não sejam derrubados? Como você coloca seu pé? | *Devo ficar paralelo ao alvo, ou seja, em frente ao espaço entre os pinos. Ao atirar, colocarei meu pé no lado da mão que está atirando atrás, ou seja, se eu for destro, meu pé direito estará atrás.* |
| Então, onde você coloca seu pé no mesmo lado com o qual você vai lançador a bola? Por que você faz isso? | *O pé deve ficar para trás porque isto nos permite dar um melhor impulso ao lançamento.* |
| O que tenho que fazer para que a bola fique reta e não desvie? | *Durante o lançamento, mantenha o braço o mais reto possível paralelo ao corpo e sem dobrar o pulso.* |

| | |
|---|---|
| Finalmente, o que você tem que fazer para jogar a bola com força para que ela possa bater um pino contra outro? | *Bem, como já dissemos, devemos apontar para o lado da bola olhando para o alvo e colocando a bola entre os olhos e o alvo. Em seguida, podemos colocar o pé do lado que vai lançar para trás e vamos colocar a bola atrás do tronco para dar-lhe impulso, vamos trazer a mão para frente o mais rápido possível e quando ela estiver na altura da cintura, vamos lançar a bola. É importante não dobrar o pulso para que o lançamento não seja desviado.* |

**Tabela 5.5.** Possíveis perguntas e respostas levantadas para conscientização técnica (quarto período da sessão com o modelo TGfU).

Fonte: os autores.

## CONSCIENTIZAÇÃO GLOBAL

Na última parte da sessão, todos os participantes se reunirão novamente para discutir e refletir sobre os pontos mais importantes que foram aprendidos. Essa última parte da sessão já é uma volta à calma, embora dependendo da intensidade da sessão (geralmente para esportes extracurriculares) o alongamento será necessário. Nesse exemplo de sessão, o foco está na posição e orientação do corpo, como apontar para os pinos, como fazer um arremesso adequado e como resolver o problema tático-técnico da divisão (split).

A Tabela 5.6 mostra diferentes questões que podem ser levantadas nesse último período. Deve-se observar que o treinador deve garantir que todos os jogadores participem desses momentos de reflexão. Finalmente, a sessão geralmente termina com uma saudação de grupo. Essa última fase normalmente dura cinco minutos.

| Perguntas guiadas do treinador | Possível resposta dos estudantes |
|---|---|
| Qual é a primeira coisa que você deve fazer antes de jogar a bola? | Preparar para lançar à frente do alvo, ou seja, à frente dos pinos e de preferência na linha onde eu possa lançar o maior número possível de pinos. |
| Qual é o melhor setor para arremessar a bola se você arremessar com sua mão direita? Por quê? | O espaço entre os pinos 1 e 3 porque é onde há mais pinos e onde há a maior chance de conseguir um *strike*. |
| E, qual é o melhor setor para arremessar a bola se você arremessar com sua mão esquerda? Por que isso acontece? | O espaço entre os pinos 1 e 2 porque, como já dissemos, é aqui que existe a maior chance de derrubar o maior número de pinos com uma única bola. |

# MODELOS DE ENSINO BASEADOS NO JOGO PARA A INICIAÇÃO COMPREENSIVA DO ESPORTE

| | |
|---|---|
| Muito bom, mas como você aponta para o espaço entre os pinos 1 e 3 ou 1 e 2? | Olhando o espaço entre os pinos 1 e 3 e colocando a bola entre os olhos e o alvo antes de iniciar o movimento, tendo em mente que o braço deve ser o mais reto possível. |
| Quando você vai jogar a bola, você olha para a bola? | Não, você não deve olhar para a bola. Você deve sempre olhar para o alvo (os pinos que você quer derrubar). |
| Como você pode girar a bola em um lançamento? | Girando a cintura quando se joga na direção desejada. Você também pode girar o pulso para o efeito. |
| Fantástico, espero que tenham gostado da sessão, vamos todos para o centro para nos despedirmos. Até a próxima sessão. | |

**Tabela 5.6.** Possíveis perguntas e respostas levantadas para conscientização global (sexto período da sessão com o modelo *TGfU*).

**Fonte:** os autores.

Observe que esse exemplo é relativamente atípico, pois as sessões com o modelo Teaching Games for Understanding tendem a se concentrar em um ou dois aspectos técnico-táticos, especialmente em esportes mais complexos, como os esportes de invasão. O leitor deve avaliar o nível de especialização de seus jogadores e a complexidade dos elementos que eles selecionaram para a sessão com o objetivo de aumentar a prática de certos elementos técnico-táticos. Por exemplo, é muito provável que o problema da divisão (*split*) no boliche não se consolide em uma única sessão, portanto, seria interessante trabalhar sobre isso em mais sessões.

## SEGUNDA SESSÃO GENÉRICA. ESPORTES DE ALVO COM OPOSIÇÃO

### O FLOORCURLING

Devido às limitações de espaço do presente trabalho, as três sessões seguintes serão desenvolvidas sem entrar em detalhes. O leitor é então encaminhado a sessão anterior para tomar como exemplo caso deseje adaptar sua programação ou unidade didática sob o modelo Teaching Games for Understanding.

O Curling é um jogo de oposição que teve origem na Escócia no século XVI. Duas equipes de quatro jogadores deslizam oito pedras em um alvo composto de quatro círculos concêntricos no chão. Hoje em dia, existem esteiras adaptadas que permitem que o esporte seja praticado sem a necessidade de estar em uma pista de gelo (ou seja, conjuntos de floorcurling que incluem um alvo a ser colocado no chão e pedras com rodas). Como mencionado anteriormente, em vez de usar pedras do chão, podem ser usadas medicine balls e, claro, a função de vassouras pode ser eliminada. Como o leitor provavelmente já notou, os princípios técnicos e táticos são idênticos ao verdadeiro jogo (com exceção das funções específicas das vassouras, que devem ser aplicadas em uma quadra real).

O objetivo desta sessão será focar os princípios técnico-táticos dos esportes de alvo com oposição: colaboração, proteção e oposição. Os materiais necessários serão: 20 medicine balls, três alvos para o piso (que podem ser feitos de fita adesiva ou mesmo pintados com giz no piso), três grandes aros de plástico, um jogo de linhas de marcação para delimitar as zonas (ou giz) e, finalmente, 24 cones. Os participantes serão divididos em seis equipes de três jogadores e duas equipes para cada jogo. A área de cada jogo será de 8 metros entre o alvo e a linha de lançamento (embora a distância possa variar de acordo com as características dos participantes). Em cada jogo e formas jogadas, haverá duas equipes de três jogadores na linha de arremesso. Quando a rodada terminar, um jogador de cada equipe deverá apanhar as bolas. Cada equipe lançará seu projétil por sua vez.

## PRIMEIRO JOGO MODIFICADO: SEIS ÁREAS

O objetivo desse jogo é rolar a bola, impulsionada pela mão na área de lançamento, para a área de pontuação que é dividida em vários setores consecutivos com pontuações diferentes. O setor mais próximo da linha de lançamento vale um ponto, o segundo dois pontos, o terceiro três pontos, o quarto quatro pontos, o quinto três pontos e o sexto dois pontos.

Variação: Modificar a zona de pontuação e a distância de pontuação ou a distância para atirar.

- **Consciência tática**

    Terá como objetivo refletir sobre a força e a função da oposição. Por exemplo, você pode fazer perguntas como: "O que você tem que fazer para mover a pedra (ou bola) do outro time, para onde você deve tentar movê-la?".

MODELOS DE ENSINO BASEADOS NO JOGO PARA A INICIAÇÃO COMPREENSIVA DO ESPORTE

- **Execução técnica: seis áreas**

  Durante essa fase, a força e a direção serão praticadas com uma forma de jogo em que os participantes tentam colocar as bolas em diferentes círculos (arcos) no centro da quadra. Os bancos suecos podem ajudar os jogadores a orientar o lançamento em forma de corredor.

- **Consciência técnica**

  Essa consciência será orientada para os aspectos técnicos praticados anteriormente: o movimento da bola (ou o deslizamento da pedra no caso do material específico ser utilizado). Nessa parte, perguntas como "Como você se posiciona para rolar a bola?" ou "Qual mão é a última a tocar a bola antes de jogá-la?" podem ser feitas.

## SEGUNDO JOGO MODIFICADO: CHÃOCURLING

O segundo jogo modificado a ser implementado nessa sessão é chamado de chãocurling. Com esse jogo, uma representação do esporte oficial, o objetivo é integrar os aspectos táticos e os elementos técnicos aprendidos anteriormente (também levando em conta as sessões anteriores). O objetivo, como no esporte real, será rolar quatro bolas em direção a um alvo colocado na terceira parte da quadra. A fim de enfatizar a função de oposição (lembre-se da Tabela 5.1), se uma equipe conseguir mover a bola da outra para fora do alvo, dois pontos extras serão marcados.

- **Conscientização global e saudação final**

  Finalmente, haverá uma discussão e reflexão sobre os aspectos mais importantes que têm sido praticados durante a sessão, perguntas como "Se seu time ainda tem uma bola para lançar e há uma bola do outro time no alvo, o que você faz?". A sessão termina com uma saudação final.

  Deve-se notar que durante essas sessões não foi feita menção a recursos pedagógicos como o congelamento do jogo (ou seja, todos os jogadores ficam parados para analisar algum aspecto tático ou técnico) ou o replay do jogo (ou seja, repetição do jogo tantas vezes quanto necessário com as soluções técnico-táticas propostas pelos jogadores para ver se funcionam), pois estamos expondo esportes que já têm um baixo comprometimento motor. Mas tenha em mente esses recursos didáticos durante o desenvolvimento de sessões mais complexas com o modelo TGfU.

## TERCEIRA SESSÃO GENÉRICA. ESPORTE PARALÍMPICO. A BOCHA

*A Bocha é um esporte de alvo paraolímpico com oposição muito semelhante à bocha*, originalmente projetado para pessoas com deficiências. De acordo com a Federação Espanhola de Esportes para Pessoas com Paralisia Cerebral e Lesões Cerebral Adquiridas (2016), bocha é um esporte no qual todas as pessoas podem participar, independentemente de sua própria natureza ou deficiência funcional. O esporte pode ser praticado em equipe, em duplas ou individualmente. O objetivo é colocar as bolas de bocha o mais próximo possível de uma pequena bola branca chamada *"Jack"*. As bolas podem ser lançadas por meio de uma canaleta, chutadas com o pé ou lançadas com a mão, dependendo das características dos atletas.

Essa sessão tem dois objetivos: conscientizar o leitor de que qualquer esporte pode ser adaptado a qualquer modelo pedagógico e conscientizar outros esportistas de que todos têm o direito de praticar e desfrutar de jogos esportivos. Portanto, o principal objetivo dessa sessão será colocar os jogadores no lugar de pessoas com deficiência, a fim de aumentar seu nível de empatia com a diversidade funcional das pessoas, conscientizando-as para a inclusão. Além disso, em paralelo, o objetivo é também integrar os elementos técnico-táticos dos esportes de precisão sem oposição (orientação, posição, trajetória e força do arremesso) com os da oposição (colaboração, proteção e oposição).

Esta sessão é representada na Figura 5.4, que tem sido usada como exemplo da estrutura de uma sessão típica com o modelo da Educação Esportiva Integral. Os materiais necessários para o desenvolvimento da sessão serão três jogos de bocha ou bocha (alternativamente, bolas de vôlei ou de tênis e bolas de tênis de mesa podem ser usadas para o *"Jack"*), 18 cadeiras convencionais para os jogadores vivenciarem uma pessoa que não pode mover suas pernas, 20 aros de plástico médios e pequenos, 3 jogos de linha de marcação (ou cordas) para delimitar zonas e 12 cones. Os participantes serão divididos em grupos de seis equipes de três jogadores cada. Em cada

MODELOS DE ENSINO BASEADOS NO JOGO PARA A INICIAÇÃO COMPREENSIVA DO ESPORTE

jogo, haverá duas equipes. Note que a Figura 5.4 representa apenas duas equipes colocadas em um jogo e não todo o grupo de 18 participantes, como descrito no contexto da proposta.

De acordo com o anteriormente exposto, os jogadores devem jogar sentados em uma cadeira. As cadeiras devem ser colocadas atrás das linhas de marcação. Os jogadores poderão mudar a posição e orientação das cadeiras, mas não poderão jogar a bola se não estiverem sentados. No final dos jogos, os participantes podem se levantar para pegar as bolas. Deve-se notar mais uma vez que o engajamento motor nessa sessão é baixo, porém, de forma transversal, estão sendo trabalhados valores muito positivos e importantes de empatia, solidariedade e respeito. Se o professor considerar apropriado, atividades físicas com engajamento motor poderiam ser incluídas para compensar o jogo de bocha, por exemplo, entre jogos.

## QUARTA SESSÃO GENÉRICA. ESPORTE DE PRECISÃO DE MOVIMENTO HUMANO. O SHOOTBALL

No shootball, como na maioria dos esportes ou jogos tradicionais de lançamento com alvo móvel, o objetivo é atirar a bola no corpo de um jogador adversário, levando em conta as precauções de segurança, tais como mirar o corpo da cintura para baixo e nunca atirar no rosto do adversário ou em áreas onde o dano possa ser feito. O campo é dividido em duas áreas idênticas. Cada área é ainda dividida em três setores: um setor central maior, dois setores laterais retangulares e um setor traseiro localizado na linha traseira mais afastada da divisão central do campo. Como mostrado na Figura 5.5, cada equipe é composta por nove jogadores, seis dos quais são colocados no setor central, dois nos setores laterais próximos ao setor central de sua equipe e um no setor traseiro, atrás do setor central da outra equipe. Nenhum setor pode ser cruzado. Os jogadores do setor central devem driblar e jogar bolas em oposição aos jogadores do outro setor central. Se eles interceptarem uma bola no ar antes que ela atinja o chão, eles ganham uma vida. O papel dos jogadores nos setores laterais é recuperar as bolas que saem do campo do jogo ou fazer passes com os companheiros de equipe no setor central. Os jogadores nos setores laterais não podem jogar contra o outro time, mas dentro de seu setor podem interceptar uma bola no ar do outro time para ganhar uma vida.

Finalmente, o papel do(s) jogador(es) na zona de trás será o de recuperar bolas para seu time, desde que estejam em seu setor. Além disso, eles também podem jogá-las contra jogadores do outro lado do campo ou passá-las para seus companheiros de equipe no ar.

Nesse jogo, semelhante a queimada, duas bolas (de espuma ou macia) são jogadas ao mesmo tempo, com o objetivo de eliminar todos os jogadores do setor central. Quando um jogador do setor central é tocado por uma bola do arremesso do outro time, ele ou ela é eliminado do jogo até que o time tenha conseguido uma vida. Deve-se notar que, em certas adaptações, o jogador tocado continuará a jogar no setor de retaguarda atrás do campo do outro time, pois o objetivo é que ele participe o máximo possível. Se for obtida uma vida, o jogador poderá então retornar ao setor central. Quando todos os jogadores do outro time tiverem sido eliminados, os jogadores laterais se deslocarão para a área central. Se eles forem eliminados, o jogo termina e os campos são trocados.

Esse esporte ou um esporte de alvo similar de movimentação humana pode ser introduzido progressivamente em várias sessões, apresentando em cada uma delas os papéis específicos e suas principais funções ou gestos técnico-táticos associados.

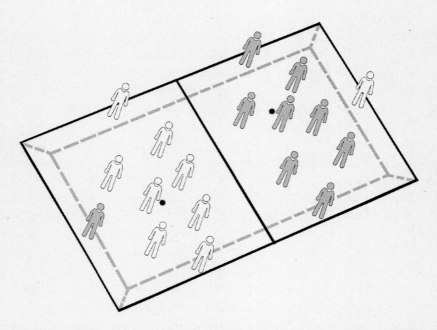

**Figura 5.5.** O *Shootball*, um esporte que lembra muito os vários jogos tradicionais de alvos móveis humanos.
**Fonte:** Ramón Freire Santa Cruz.

MODELOS DE ENSINO BASEADOS NO JOGO PARA A INICIAÇÃO COMPREENSIVA DO ESPORTE

Por exemplo, um dos primeiros jogos que podem ser introduzidos para começar com a unidade sobre esses esportes é "Varro minha casa".

Em cada jogo, há dois grupos localizados no setor central e dois no setor lateral (aqui, não há setor na linha traseira). O objetivo é lançar o maior número possível de bolas para o outro lado em um determinado período de tempo. A equipe com o menor número de bolas em sua metade ganha. Se houver bolas que saiam do campo de jogo, os jogadores laterais devem ir e pegá-las e passá-las para seus companheiros de equipe no setor central. Dessa forma, é possível ver como as funções dos jogadores laterais são introduzidas (acompanhadas da conscientização destas funções).

A seguir, um exemplo completo de uma sessão de alvos móveis humanos sob o prisma do TGfU. Para essa sessão, serão utilizadas dez pequenas bolas de espuma (para facilitar a pegada), dois jogos de linhas de marcação e 20 cones para delimitar os campos. A distribuição dos grupos variará de acordo com o jogo e a atividade.

## PRIMEIRO JOGO MODIFICADO: MATA PATOS

Os jogadores serão divididos em dois jogos, nos quais haverá uma equipe de 5 x 5 e uma equipe de 4 x 4. A área de cada jogo será dividida por um corredor central e duas áreas localizadas em ambos os lados do corredor. Uma das equipes (os caçadores) será distribuída em ambas as áreas e a outra equipe (os patos) no corredor central. Os jogadores nas áreas laterais terão três bolas à sua disposição. Como ilustrado na Figura 5.6, o objetivo do jogo é cruzar o corredor tentando evitar as bolas dos caçadores. O número de vezes que cada jogador conseguiu atravessar ou passar o corredor será contado. Quando todos os patos tiverem sido eliminados, os papéis serão trocados. A equipe com o maior número de passes ganha.

– Medida de segurança. Somente até tronco e extremidades (braços e pernas) permitidos sem força excessiva.

– Variação. Cada pato tem duas vidas, quando tocado pela primeira vez, ele deve continuar com uma perna só. Ao ser tocado na segunda vez, o pato é eliminado.

- **Consciência tática**

  Uma vez reunidos todos os jogadores, os principais aspectos táticos do jogo anterior (ou seja, passar a bola a um parceiro que esteja mais bem orientado ou posicionar a equipe para cercar os jogadores, ver Tabela 5.1) são discutidos e refletidos como um grupo. Perguntas como "quando você acha que deve lançar em um jogador e quando você deve passar a bola?"

- **Execução técnica: movimentos com a bola**

  Nessa terceira parte da sessão, em primeiro lugar, vamos introduzir diferentes maneiras de trabalhar a passagem da bola entre os membros de uma mesma equipe enquanto correm. Em pares, correremos por todo o espaço enquanto fazemos passes, ajustando a força e a direção de acordo com a posição do par, evitando os outros pares que também estão em movimento. Então, em uma área fixa do espaço, os pares trabalharão em diferentes lances e fintas para tocar seu parceiro, variando a distância entre eles.

MODELOS DE ENSINO BASEADOS NO JOGO PARA A INICIAÇÃO COMPREENSIVA DO ESPORTE

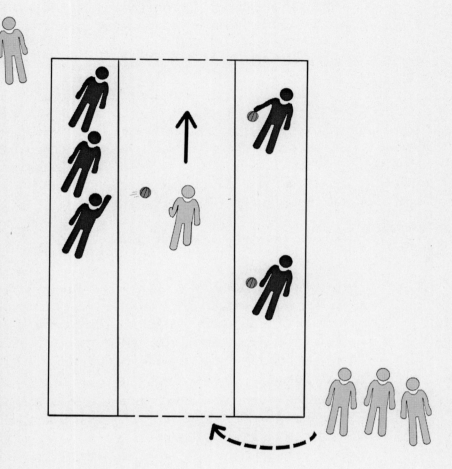

**Figura 5.6.** O jogo tradicional Mata patos. O nome pode ser trocado por Toca patos.
**Fonte:** Ramón Freire Santa Cruz.

- **Conscientização técnica**

    O foco será nos elementos técnicos trabalhados anteriormente (ou seja, passagem entre colegas de equipe e diferença entre os lançamentos). Assim, podem ser feitas perguntas para analisar os diferentes movimentos ou habilidades necessárias para realizar um passe ou um arremesso. Por exemplo, "Qual é a diferença entre um passe e um arremesso?" ou "Onde você coloca seus pés antes de arremessar a bola?".

## SEGUNDO JOGO MODIFICADO: SHOOTBALL

O último jogo desta sessão será o de implementar um jogo de Shootball com duas equipes de nove jogadores e seguindo as regras e configuração expostas na introdução desta sessão genérica (ver Figura 5.5). Paradoxalmente, destaca-se que, quando as equipes de alvos móveis são mais numerosas, é mais fácil atingir o objetivo do que se houvesse menos delas. Mas para o resto dos esportes, mesmo para o resto das subcategorias de esportes de alvo, um número reduzido de jogadores deve ser considerado.

- **Conscientização global e saudação final**

  Finalmente, será realizada uma pequena reunião para resumir os aspectos esportivos mais importantes praticados e aprendidos durante a sessão. Aqui, podem ser feitas perguntas sobre a posição do lançador em relação ao espaço disponível (por exemplo: "Onde você se posiciona para lançar a bola para a outra quadra?") ou sobre os gestos técnicos praticados anteriormente (por exemplo: "Como você lança a bola?").

  Com esses exemplos, o objetivo é ilustrar diferentes maneiras de se aproximar de um desempenho no esporte de precisão adequado. Para esse fim, foi selecionado o modelo TGfU com uma sequência de fases claramente definida. Portanto, os leitores são convidados a tomar essa proposta como um guia para suas sessões práticas, que eles devem enriquecer e adaptar às características de seus jogadores.

## 5.5 Adaptando o ensino dos esportes de precisão

Ao longo do capítulo e do resto do livro, foi explicada a necessidade de fazer certas adaptações das sessões práticas para pessoas com deficiências. Nessa proposta, foi introduzido um jogo paraolímpico adaptado, bocha, que é altamente recomendado para trabalhar a conscientização de pessoas com diferentes limitações sem comprometer o desenvolvimento da competição esportiva (Zuluaga-Cuevas, 2016).

O certo é que os esportes de precisão são muito convenientes para realizar todas as modificações e adaptações apropriadas. Por exemplo, na presente proposta, havia um jogador com um braço enfaixado que não podia usá-lo.

Assim, para ter chances iguais de sucesso, toda sua equipe tinha que lançar o objeto com a mão não preferida. De fato, as desvantagens na forma de desafios podem ajudar a aumentar a motivação dos estudantes mais habilidosos. Por exemplo, você também pode usar essas regras adaptadas para aqueles jogadores que arremessam com muita força ou que podem assustar outros participantes de praticar e incluir a restrição que eles têm que arremessar com as duas mãos juntas ou com o braço não preferido.

As estratégias a seguir são diferentes a serem implementadas, caso você precise adaptar suas sessões com pessoas com deficiência intelectual.

- Uso de linguagem clara, simples e concisa com exemplos práticos, ilustrações ou outros auxílios visuais (por exemplo, vídeos).

- Desenvolvimento de um clima que favoreça a satisfação de necessidades psicológicas básicas (autonomia, motivação e inter-relação) e, portanto, um clima favorável, novo e divertido para continuar com o esporte.

- Sistemas de pontuação fáceis e justos que aumentam as chances de sucesso de todos os participantes.

- Uso de projéteis ou objetos seguros, suaves e leves. Um tempo de familiarização com o equipamento pode ser necessário para aumentar sua percepção de segurança.

- Uso de alvos brilhantes, coloridos e grandes.

- Uso de demonstrações no local e feedback positivo para aumentar a motivação e o esforço dos participantes. Destacar o que eles alcançaram e encorajá-los a realizar as tarefas mais difíceis.

- Aumentar as oportunidades e os lançamentos de acordo com o objetivo do jogo.

- Uso de diferentes partes do corpo (por exemplo, pés ou mãos) para realizar os lançamentos ou uso de implementos e recursos de apoio (por exemplo, suportes).

## 5.6. Avaliação do processo de ensino-aprendizagem

De acordo com o que já foi apontado nos capítulos anteriores, a avaliação deve ser uma parte indispensável e indissolúvel do processo de ensino-aprendizagem (Chaviano-Herrera et al., 2016).

Assim, a avaliação deve se concentrar no processo e não no produto final e deve ser um recurso que favoreça o aprendizado, ou seja, deve ser formativa e não deve se concentrar exclusivamente em quantificar o aprendizado de cada indivíduo (López-Pastor et al., 2013).

### 5.6.1 Dimensão tática e técnica

O Game Performance Assessment Instrument (GPAI) traduzido para o português como Instrumento de Avaliação de Desempenho de jogo é uma ferramenta desenvolvida por Oslin, Mitchell e Griffin (1998). Nas palavras de Memmert e Harvey (2008), é um recurso muito eficaz para avaliar o comportamento e o desempenho dos jogadores em uma situação contextualizada, ou seja, durante o curso do jogo.

O GPAI é baseado em sete componentes do desempenho do jogo presentes na maioria dos esportes (Méndez-Giménez, 2009):

- **Tomada de decisão**: operação cognitiva que consiste em fazer uma escolha apropriada do tipo de movimento ou habilidade a ser executada de acordo com um problema tático no jogo.

- **Execução técnica** (da habilidade): gesto técnico que o jogador executa de acordo com a tomada de decisão que foi previamente selecionada. Isso deve ser eficiente (apropriado) para alcançar o resultado desejado.

- **Ajuste**: capacidade do jogador de se adaptar às exigências do fluxo do jogo fazendo movimentos de posicionamento e deslocamentos, tanto no ataque, quanto na defesa.

- **Cobertura**: principalmente aspecto defensivo do jogo que envolve fornecer apoio ou suporte aos colegas de equipe na equipe de defesa.

- **Apoio**: principalmente, o aspecto ofensivo onde os jogadores atacantes sem a bola apoiam o jogador atacante com a bola.

MODELOS DE ENSINO BASEADOS NO JOGO PARA A INICIAÇÃO COMPREENSIVA DO ESPORTE

- **Marcação**: um aspecto defensivo elementar que envolve jogadores defensores marcando seus adversários para evitar que eles recebam ou avancem com a bola.

- **Posição de base**: posição na qual os jogadores devem começar ou retornar entre a execução dos gestos técnicos do esporte a ser avaliado.

Nesse ponto, deve ser mencionado que nem todos os componentes de desempenho do jogo se aplicam a todas as categorias esportivas (Oslin et al., 1998). Por exemplo, nem a marcação, nem o apoio podem ser aplicados aos esportes de precisão. Por outro lado, recomenda-se fazer uma seleção dos componentes a serem avaliados, pois é muito difícil e complexo avaliar todos eles em um único jogo.

A ferramenta é composta principalmente de três partes principais. Na primeira parte, o jogo que será implementado para avaliar os jogadores é projetado e selecionado. Nessa mesma parte, os componentes descritos anteriormente são selecionados e definidos. Aqui, é recomendável elaborar uma tabela descrevendo os critérios apropriados e inadequados para os gestos técnicos e componentes a serem avaliados. Recomenda-se que a avaliação com o GPAI sempre contenha pelo menos a tomada de decisão e a execução técnica ou um gesto técnico específico (por exemplo, um lançamento específico no caso da bocha). Esses dois componentes muitas vezes andam de mãos dadas, pois a técnica é avaliada dentro de um contexto tático (isto é, o jogo). Deve-se observar que a tomada de decisão é medida indiretamente a partir do comportamento do jogador ao aplicar as diferentes habilidades técnico-táticas. Na segunda parte, uma folha de registro é preparada para registrar o desempenho de cada jogador de acordo com os critérios previamente estabelecidos na primeira tabela. Recomenda-se que a folha de critérios de avaliação e a folha de registro sejam documentos separados para facilitar a consulta e o registro de ambos. Esse sistema é chamado de registro do evento esportivo. Deve-se notar que existe outra possibilidade de registrar o desempenho dos jogadores por meio de uma escala de observação quantitativa (Méndez-Giménez, 2009). Mas, por razões de espaço, não será explicado neste capítulo do livro. Finalmente, a última parte do instrumento são as fórmulas matemáticas que nos permitem determinar o desempenho e o envolvimento do jogo através dos índices que foram avaliados.

Então, como você utiliza o GPAI? Recomendamos aos leitores que sigam os seguintes passos e dicas:

1. Selecione os gestos técnicos e/ou componentes do desempenho do jogo que você deseja avaliar. No caso de gestos técnicos (por exemplo, lançar e passar), é recomendado dividi-los em tomada de decisão e execução técnica (que, por sua vez, são dois componentes do jogo). Por exemplo, é decidido avaliar o lançamento e a posição de base em um jogo de bocha.

2. Apresentar em um documento, de preferência em uma tabela, os critérios para cada componente do desempenho do jogo. Caso tenham sido selecionados gestos técnicos, cada um deles deve incluir um espaço para a tomada de decisão e um espaço para a execução técnica. Em seguida, dividir cada critério em adequado e inadequado. Por exemplo, a Tabela 5.7 mostra os critérios adequados e inadequados selecionados anteriormente.

- Projete um jogo modificado no qual os componentes de desempenho e os gestos técnicos do jogo selecionado possam ser colocados em prática. Por exemplo, um jogo de bocha com três tempos e seis arremessos para cada jogador.

3. Produzir uma folha de registro contendo informações sobre o jogador avaliado e o avaliador, a data, os componentes de desempenho do jogo sendo analisados, um espaço para registrar quantas vezes o componente é executado adequadamente ou inadequadamente e um espaço para o total. A Tabela 5.8 mostra um exemplo de uma ficha de registro para esse jogo.

4. Finalmente, as fórmulas matemáticas devem ser aplicadas para obter os índices para cada componente que tenha sido avaliado.

MODELOS DE ENSINO BASEADOS NO JOGO PARA A INICIAÇÃO COMPREENSIVA DO ESPORTE

$$\text{Índice de Tomada de Decisão (lançamento)} = \frac{\sum \text{ações adequadas}}{\sum \text{adequadas} + \sum \text{inadequadas}} \cdot 100$$

$$\text{Índice Execução técnica (lançamento} = \frac{\sum \text{ações adequadas}}{\sum \text{adequadas} + \sum \text{inadequadas}} \cdot 100$$

$$\text{Índice Posição de base} = \frac{\sum \text{ações adequadas}}{\sum \text{adequadas} + \sum \text{inadequadas}} \cdot 100$$

Onde Sigma ($\sum$) é a soma de todas as ações de cada componente.

| FOLHA DE REGISTRO – GPAI | | | | | Bocha | |
|---|---|---|---|---|---|---|
| **Jogador/a** | *Ricardo* | | | **Data** | *27-01-2021* | |
| **Avaliador/a** | *Maria* | | | **Equipe** | *Colete azul* | |
| **Gesto técnico e componentes do desempenho do jogo** | **Lançamento** | | | | **Posição de base** | |
| | **Tomada de decisões** | | **Execução técnica** | | | |
| | *Adeq.* | *Inadeq.* | *Adeq.* | *Inadeq.* | *Adeq.* | *Inadeq.* |
| Marque com um X para cada ação observada a partir dos critérios no espaço fornecido. | *xxxxx* | *xxxxx* | *xxxxx* | *xxxxx* | *xxxxx* | *xxxxx* |
| | *xxxxx* | *xx* | *xxxxx* | *xxxxx* | *xxxxx* | *xxx* |
| | *x* | | | *xxx* | | |
| | | | | | | |
| | | | | | | |
| | | | | | | |
| **Total adequadas** | *11* | | *5* | | *10* | |
| **Total inadequadas** | | *7* | | *13* | | *8* |
| **Total** | *18* | | *18* | | *18* | |
| **Observações** | *No terceiro lançamento, ele cruza a linha de lançamento.* | | | | | |

**Tabela 5.8.** Exemplo de uma folha de registro com base na folha de critérios de avaliação projetada acima.

**Fonte:** os autores.

Com os resultados de cada índice, é calculada o envolvimento no jogo, que é a soma de todos os índices anteriores. Para esse exemplo, a soma de todos os índices (ou seja, $\Sigma$) é dividida por três, pois três componentes do jogo foram avaliados.

*Envolvimento no jogo = $\Sigma$ de todos os índices*

Finalmente, o índice de desempenho do jogo é a relação entre o desempenho do jogo e o número total de componentes.

$$Rendimento\ do\ jogo = \frac{\underline{Envolvimento\ no\ jogo}}{3}$$

### 5.6.2 Espírito esportivo e fair play

É importante notar que outras dimensões além dos componentes de desempenho do JOGO, como o desportivismo e o fair play, devem ser avaliadas. De fato, esse valor é muito importante nos esportes de alvo de movimento humano. O fair play é o conjunto de comportamentos morais que melhoram o desenvolvimento de um comportamento responsável e respeitoso não apenas durante o jogo, mas também fora do jogo.

É verdade que existem diferentes questionários que podem ser usados para analisar o fair play e o jogo limpo entre os jogadores, por exemplo:

- *Fair Play Scale in Physical Education and Sport* — tradução literal "Escala de Jogo Limpo para Educação Física e Esportes" — (Hassandra, Goudas, Hatzigeorgiadis y Theodorakis, 2002) para crianças e adolescentes de 6 a 10 anos de idade.

- *Attitudes to Moral Decision-Making in Youth Sport Questionnaire* — tradução literal "Questionário sobre a Tomada de Decisão Moral no Esporte Juvenil" — (Lee, Witehead y Ntoumanis, 2007).

- *Disposition to Cheating in Sports Questionnaire* — tradução literal "Questionário sobre a Disposição para Trapassear no Esporte" — (Ponseti-Verdaguer, Cantallops, Borrás-Rotger y García-Mas, 2017).

## Resumo e conclusões

Os jogos de precisão são os menos complexos técnica e taticamente. Entretanto, como foi apresentado neste capítulo, a progressão em dificuldade é um elemento essencial em seu ensino, pois os jogadores poderão transferir certos recursos técnico-táticos até mesmo para outras categorias esportivas.

Ao projetar sessões com jogos de precisão, neste caso, com o modelo TGfU, uma série de premissas deve ser garantida, tais como a adaptação dos jogos às características dos jogadores e a criação de ambientes de entretenimento para promover a prática de atividades físicas e esportivas ao longo da vida e para gradualmente atingir a competência esportiva ideal

Agora, resta dar o salto para a prática, uma prática que deve ser entendida como um complexo processo de ensino-aprendizagem, mas que, com a implementação de modelos pedagógicos, orientará o formador, treinador ou professor a tirar o máximo proveito de seus jogadores ou alunos. Incentivamos os leitores, caso ainda não o tenham feito, a começar a projetar sessões de iniciação ou melhoria do desempenho motor com o modelo que mudou a maneira de entender a aprendizagem de um esporte: o Teaching Games for Understanding. Para isso, tome como exemplo a estrutura descrita na primeira sessão genérica deste capítulo.

## Referências

Cavill, N., Biddle, S., & Sallis, J. F. (2001). Health Enhancing Physical Activity for Young People: Statement of the United Kingdom Expert Consensus Conference. *Pediatric Exercise Science, 13*(1), 12-25. https://doi.org/10.1123/pes.13.1.12

Barrionuevo-Vallejo, S. (2019). *La Enseñanza Comprensiva de los deportes alternativos a través del Aprendizaje Cooperativo.* Wanceulen Editorial.

Belka, D. E. (2006). What do tag games teach? *Teaching Elementary Physical Education, 17*(3), 35-36.

Bulter, J., Burns, D. P., & Robson, C. (2020). Dodgeball: Inadvertently teaching oppres- sion in physical and health education. *European Physical Education Review.* https://doi.org/10.1177/1356336X20915936

Bunker, D., & Thorpe, R. (1982). A model for the teaching of games in secondary schools. *Bulletin of Physical Education, 19,* 5-8.

Chaviano-Herrera, O., Baldomir-Mesa, T., Coca, O., & Gutiérrez-Maydata, A. (2016). La evaluación del aprendizaje: nuevas tendencias y retos para el profesor. *Edumecentro, 8*(4), 191-205.

Devís-Devís, J. (1990). Renovación pedagógica de la educación física: hacia dos alternati- vas de acción I. *Perspectivas de la Actividad Física y el Deporte, 4,* 5-7.

Ellis, M. (1983). *Similarities and differences in games: a system for classification. Conferencia presentada en el International Association for Physical Education in Higher Education (AIESEP) Conference*. Roma, Italia.

Graça, A. Y Mesquita, I. (2015). Modelos e conceções de ensino dos jogos desportivos. In F. Tavares (Ed.), *Jogos Desportivos Colectivos Ensinar a Jogar*. Editora FADEUP.

Griffin, L., Butler, J., & Sheppard, J. (2018). Athlete-centred coaching: extending the possibilities of a holistic and process-oriented model to athlete development. In S. Pill (Ed.), *Perspectives on athlete-centred coaching* (pp. 9-23). Routledge.

Gubacs-Collins, K. (2007). Implementing a tactical approach through action research. *Physical Education e Sport Pedagogy, 12*(2), 105-126. https://doi.org/10.1080/17408980701281987

Harvey, S., Cope, Jones, R. (2016). Developing questioning in Game-Centered Approaches. *Journal of Physical Education, Recreation e Dance, 87*(3), 28-35. https://doi.org/10.1080/07303084.2015.1131212

Hassandra, M., Goudas, M., Hatzigeorgiadis, A., & Theodorakis, Y. (2002). Development of a questionnaire assessing fair play in elementary school physical education. *Athlitiki Psychologia, 13,* 105-126.

Hastie, P. A. (2010). *Student-designed games*: strategies for promoting creativity, cooperation, and skill development. Human Kinetics.

Kirk, D. (2017). Teaching games in Physical Education: towards a pedagogical model. *Revista Portuguesa de Ciências do Desporto, 17,* 17-26. https://doi.org/10.5628/rpcd.17.S1A.17

Kirk, D., & Macphail, A. (2002). Teaching Games for Understanding and situated learning: rethinking the Bunker-Thorpe model. *Journal of teaching in Physical Education, 21*(2), https://doi.org/177-192.10.1123/jtpe.21.2.177

Lee, M. J., Whitehead, J., & Ntoumanis, N. (2007). Development of the Attitudes to Moral Decision-making in Youth Sport Questionnaire (AMDYSQ). *Psychology of Sport and Exercise, 8*(3), 369-392. https://doi.org/10.1016/j.psychsport.2006.12.002

López-Chicharro, J., Lucía-Mulas, A., Pérez-Ruiz, M., & López-Mojares, L. M. (2002). *El desarrollo y el rendimiento deportivo*. Editorial Gymnos.

López-Pastor, V. M., Kirk, D., Lorente-Catalán, E., Macphail, A., & Macdonald, D. (2013). Alternative assessment in physical education: a review of international literature. *Sport, Education and Society, 18*(1), 57-76. https://doi.org/10.1080/13573 322.2012.713860

Memmert, D., & Harvey, S. (2008). The Game Performance Assessment Instrument (GPAI): some concerns and solutions for further development. *Journal of Teaching in Physical Education, 27*(2), 220-240. https://doi.org/10.1123/jtpe.27.2.220

Méndez-Giménez, A. (2006). Los juegos de diana desde un modelo comprensivo-estructural basado en la auto-construcción de materiales: el boomerang en la Educación Física. Tándem. *Didáctica de la Educación Física, 20*, 101-111.

Méndez-Giménez, A. (2009). *Modelos actuales de iniciación deportiva: unidades didácticas sobre deportes de invasión.* Wanceulen Editorial.

Méndez-Giménez, A. (2010). Los JOGOs deportivos de blanco móvil: propuesta de categorización e imple- mentación desde un enfoque comprensivo, inclusivo y creativo. *Retos: Nuevas Ten- dencias en Educación Física, Deporte y Recreación, 18*(1), 41-46.

Méndez-Giménez, A., Cecchini, J. A., & Fernández-Río, J. (2017). Efecto del material autoconstruido en la acti- vidad física de los niños durante el recreo. *Revista de Saúde Publica, 51*, 58. 1-7. https://doi.org/10.1590/S1518-8787.2017051006659

Méndez-Giménez, A., Fernández-Río, J., & Casey, A. (2012). El uso de la jerarquía táctica de TGfU para mejorar la comprensión del JOGO de los estudiantes. Ampliando la categoría de JOGOs de dia- na. *Cultura, Ciencia y Deporte, 7*(20), 135-141. https://doi.org/10.12800/ccd.v7i20.59

Mitchell, S. A., Oslin, J. L., & Griffin, L. L. (2003). *Sport foundations for elementary physical education: a tactical games approach.* Human Kinetics.

Navin, A. (2016). *Coaching youth netball: an essential guide for coaches, parents and teachers.* Crowood.

Oslin, J. L., Mitchell, S. A., & Griffin, L. L. (1998). The Game Performance Assessment Instrument (GPAI): development and preliminary validation. *Journal of Teaching in Physical Education, 17*(2), 231-243. https://doi.org/10.1123/jtpe.17.2.231

Peráček, P., & Peráčková, J. (2018). Tactical preparation in sport games and motivational teaching of sport games tactics in physical education lessons and training units. In J. Serra-Olivares (Ed.), *Sport pedagogy: recent approach to technical-tactical alphabetization* (pp. 3-31). IntechOpen. https://doi.org/10.5772/intechopen.75204

Ponseti-Verdaguer, F. J., Cantallops, J., Borràs-Rotger, P. A., & Garcia-Mas, A. (2017). Does cheating and gamesmanship to be reconsidered regarding fair-play in grassroots sports? *Revista de Psicología del Deporte, 26*(3), 28-32.

Ryan, R. M., & Deci, E. L. (2020). Intrinsic and extrinsic motivation from a self-determination theory perspective: Definitions, theory, practices, and future directions. *Contemporary Educational Psychology, 1*, 1-11. https://doi.org/10.1016/j.cedpsych.2020.101860

Sánchez-Gómez, R., Devís-Devís, J., & Navarro-Adelantado, V. (2014). El modelo Teaching Games for Understanding en el contexto internacional y español: una perspectiva his- tórica. *Ágora para la Educación Física y el Deporte, 16*(3), 197-213.

Sheppard, J., & Mandigo, J. L. (2003, Diciembre). *Understanding games by playing games.* An illustrative example of Canada's playsport program. Conferencia presentada en el Second International Conference of Teaching Sport Physical Education and Understanding: Melbourne, Australia.

Strickland, R. H. (2004). *Manual de Bowling (Bolos).* Claves técnicas paso a paso. Tutor.

Thorpe, R. D., & Bunker, D. J. (1986). The curriculum model. In R. D. Thorpe D. J. Bunker, & L. Almond (Eds.), *Rethinking games teaching. Department of Physical Education and Sports Sciences.* University of Loughborough.

Webb, P. I., Pearson, P. J., & Forrest, G. (2006). Teaching Games for Understanding *(TGfU) in primary and secondary physical education.* Conferencia presentada en el ICHPER- SD International Council for Health, Physical Education, Recreation, Sport and Dance. Wellington, Nueva Zelanda.

Webb, P. I., & Thompson, C. (1998). *Developing thinking players: game sense in coaching and teaching.* Conferencia presentada en el 1998 National Coaching and Officiating Con- ference. Melbourne, Australia.

Werner, P. I, Thorpe, R. D., & Bunker, D. J. (1996). Teaching Games for Understanding: evolution of a model. *Journal of Physical Education, Recreation e Dance, 67*(1), 28-33. https://doi.org/10.1080/07303084.1996.10607176

Whitehead, M. (2010). *Physical literacy throughout the lifecourse.* Routledge.

Williams, N. F. (1992). The physical education hall of shame. *Journal of Physical Education, Recreation e Dance, 63*(6), 57-60. https://doi.org/10.1080/07303084.1992.10606620

Williams, N. F. (1994). The physical education hall of shame, part II. *Journal of Physical Education, Recreation e Dance, 65*(2), 17-20. https://doi.org/10.1080/0730 3084.1994.10606848

Zuluaga-Cuevas, D. N. (2016). Meta-análisis de los diferentes aportes e investigaciones al deporte de la bocha. *Revista digital*: Actividad Física y Deporte, *2*(2). 118-124.

# 6

# UTILIZAÇÃO DO MODELO JOGO E TREINO (*PLAY PRACTICE*) EM ESPORTES INDIVIDUAIS

## 6.1 Esportes individuais: definição e classificação

Existem diferentes critérios para classificar os esportes. Por exemplo, Bouet (1968) baseou sua classificação em critérios filosóficos, resultando em cinco categorias: esportes atléticos, esportes com bola, esportes de combate, esportes ao ar livre e esportes mecânicos. Entretanto, a classificação mais conhecida e aplicada na Pedagogia Esportiva foi originalmente proposta por Ellis (1983), posteriormente sintetizada por Almond (1986). Os critérios utilizados para essa classificação foram os componentes técnico-táticos comuns dos esportes. Por exemplo, o futebol, o rúgbi e o basquete se enquadram na categoria de esportes de invasão, porque, entre outras coisas, eles compartilham os mesmos princípios táticos ofensivos e defensivos. Entretanto, a classificação de Almond (1986) não incluía a categoria de esportes individuais, tais como atletismo, ciclismo ou natação.

Nas palavras de Famaey-Lamon et al. (1979), a principal característica dos esportes individuais é que os participantes estão concentrados exclusivamente em seu próprio desempenho no jogo e não tanto no comportamento da equipe. Por outro lado, os elementos técnicos (por exemplo, o nado de borboleta na natação) e físicos (por exemplo, aprendizagem motora) são mais importantes que os elementos táticos (Vigário et al., 2020).

De fato, a natureza desses esportes implica um desempenho e uma progressão focada em cada indivíduo. Entretanto, isso não implica que eles não possam ser ensinados a um grupo de participantes de uma forma comum. Além disso, outras variáveis, tais como comportamentos, controle ou feedback positivo do treinador ou formador e, por extensão, dos professores, são diferentes daquelas observadas em outras categorias esportivas, tais como esportes de invasão (por exemplo, futebol) (Baker et al., 2003).

Os esportes individuais podem ser classificados em diferentes tipos, de acordo com diferentes critérios. Há principalmente dois elementos comuns presentes em qualquer esporte nessa categoria. O primeiro é a participação. Essa pode ser alternada, como no lançamento de dardo e, simultaneamente, como no caso do sprint de 100m. O segundo elemento é o espaço. Os esportes individuais podem ocorrer em um espaço comum, como no caso do triatlo Ironman, ou em áreas separadas, como no caso da natação nado livre de 50 metros. Entretanto, Famaey-Lamon et al. (1979) decidiram classificar esses esportes de acordo com o componente cooperativo de seus jogadores. Assim, os esportes individuais podem ser divididos em dois grandes grupos:

- **Esportes individuais com cooperação**. Um grupo de jogadores (equipe) coopera para atingir um objetivo comum. Eles são subdivididos em:

  - **Esportes individuais ao ar livre**. Tais como escalada ou remo.

  - **Esportes individuais técnicos**. Tais como corridas de rali.

  - **Esportes com objetos**. Como tênis de mesa duplo.

- **Esportes individuais não cooperativos**. Os desempenhos e comportamentos dentro do jogo dependem apenas do próprio jogador. Eles são subdivididos em:

  - **Esportes ao ar livre**. Como, por exemplo, andar a cavalo ou esquiar.

  - **Esportes técnicos**. Como, por exemplo, ciclismo ou halterofilismo.

  - **Esportes com objetos**. Tais como o tênis de mesa individual.

  - **Esportes de luta**. Tais como aikido, boxe ou kung-fu.

De acordo com Famaey-Lamon et al. (1979), há uma diferença no desempenho de equipes em esportes individuais e coletivos. Nos esportes individuais, um desempenho inadequado de um membro da equipe tem um impacto negativo no resultado de toda a equipe, independentemente do desempenho de outro membro da mesma equipe. Por exemplo, um erro de um atleta em uma corrida de revezamento pode levar à derrota de toda a equipe, independentemente se o resto dos atletas da mesma equipe fizerem excelentes corridas. Por outro lado, deve-se observar que a competição em certas modalidades esportivas é feita com uma equipe.

É o caso, por exemplo, na Fórmula 1, ou em grandes eventos ciclísticos como o Tour da Espanha, o Tour de France e o Giro d'Italia. De modo geral, porém, o objetivo final é cruzar a linha de chegada primeiro, independentemente da posição do resto da equipe. Assim, nesse tipo de contexto, a vitória terá um efeito direto e positivo sobre o concorrente e um efeito indireto sobre a equipe (Famaey-Lamon et al., 1979).

Outro critério para classificar os esportes individuais é analisar os elementos técnicos, o contexto de jogo e/ou os materiais utilizados nos mesmos. Usando esse tipo de categorias, Batalla e Martínez (2002) indicaram que os esportes individuais poderiam ser divididos em:

- **Esportes individuais com ações técnicas similares**. Esse grupo estão todos os esportes que compartilham os mesmos gestos técnicos para alcançar o objetivo final. O atletismo estaria neste grupo já que, por exemplo, a técnica do sprint e da corrida de longa distância são praticamente semelhantes (Mansilla, 1994).

- **Esportes individuais com contextos e materiais semelhantes ao jogo**. Esse grupo destaca os elementos contextuais e materiais similares dos esportes. Por exemplo, esportes de inverno, como patinação artística ou patinação sincronizada; ginástica, como ginástica artística ou rítmica; ou esportes de aventura aquática, como canoagem ou rafting.

- **Esportes individuais com ações técnicas e contexto jogo similares**. Nesse grupo de esportes, a ênfase é colocada em elementos contextuais e gestos técnicos que são comuns. Por exemplo, os esportes aquáticos.

O que acontece com os esportes que podem estar em várias categorias ao mesmo tempo, como a natação? Além de tentar classificar qualquer esporte sob um critério ou outro, o esforço deve ter como objetivo proporcionar uma progressão abrangente dos elementos técnicos e táticos de cada esporte. Isso pode ser alcançado por meio dos chamados Modelos Baseados no Jogo. A seguir, estão algumas variáveis a serem levadas em consideração para adaptar esses esportes às características dos participantes e ao modelo pedagógico a ser utilizado.

## 6.2 Modificações nos esportes individuais

Como nas outras categorias esportivas discutidas neste livro, os esportes individuais podem e devem ser modificados de acordo com as necessidades dos participantes e as características do ambiente, especialmente quando são crianças.

### 6.2.1 Como os esportes individuais podem ser modificados?

Como já discutido para as outras categorias de esportes, os esportes individuais podem ser modificados, de acordo com três princípios básicos:

1. **Representação.** Como o nome sugere, esse princípio implica em adaptar o esporte às características dos participantes, mantendo a essência do esporte (ou seja, objetivos fundamentais). A principal regra a ser seguida ao representar qualquer esporte é a possibilidade de sucesso do participante em um ambiente seguro. Por exemplo, um sprint de 100 metros pode ser realizado reduzindo a distância para 25 metros para jovens inexperientes de 11 e 12 anos. Outro exemplo desse princípio seria utilizar a técnica da tesoura para o salto em altura com uma barra que é gradualmente levantada após cada salto bem-sucedido.

2. **Exagero.** Esse princípio envolve o foco em um aspecto específico do jogo. Assim, todos os outros elementos essenciais que fazem parte do jogo são suprimidos, a fim de focar em um objetivo técnico (ou tático) específico. Por exemplo, o gesto técnico de entregar o bastão de uma corrida de revezamento pode ser enfatizado com o jogo dos trens. O objetivo do jogo é passar o bastão enquanto se corre pelo espaço. Os participantes correm em uma linha em um ritmo semelhante, um após o outro. O último corredor carrega o bastão que deve ser passado para o corredor da frente e assim por diante até chegar ao primeiro corredor. Quando o bastão chega ao primeiro corredor, ele o deixa no chão e continua correndo até que o último corredor o pegue e a passagem do bastão comece novamente.

3. **Adaptação.** O princípio da adaptação enfatiza a necessidade de proporcionar oportunidades de sucesso durante a prática. Assim, os jogos devem ser adaptados às necessidades dos participantes, evitando ser demasiado simples ou altamente complexos. Cair em

qualquer um dos extremos pode levar à desmotivação e ao abandono do esporte (Ryan e Deci, 2020). O equilíbrio da complexidade da tarefa pode ser analisado utilizando diferentes estratégias ou instrumentos de avaliação, como a observação direta (Rekalde et al., 2014) ou o Questionário de Estratégias Cognitivas em Atletas (CECD; Mora et al., 2001).

### 6.2.2 Que elementos do esporte podem ser modificados?

Ao longo deste livro, foi argumentado que existem cinco elementos básicos do jogo que podem ser modificados: regras básicas, número de jogadores, área do jogo, materiais e objetivo final. De fato, esportes individuais também podem ser modificados adaptando um ou mais desses elementos:

1. **Regras básicas**: em um ambiente de iniciação ao esporte, é necessário modificar certas regras oficiais, a fim de facilitar o aprendizado da disciplina esportiva. Por exemplo, em saltos em altura, o objetivo principal de saltar o mais alto possível pode ser mantido. Entretanto, algumas regras, tais como a corrida curva ou a decolagem com um pé, podem ser modificadas para enfatizar outros aspectos técnicos, como o passo sobre a barra com a técnica da tesoura. Por outro lado, é importante enfatizar que a segurança dos participantes vem em primeiro lugar. Assim, certas regras devem ser direcionadas à percepção do participante sobre o ambiente mais seguro possível. Por exemplo, na modalidade de salto em altura proposta anteriormente, a barra rígida a ser superada pode ser modificada por um elástico de borracha, de modo que, se houver um erro por parte do saltador, a sensação é de total segurança e conforto. Por outro lado, nos esportes de combate, como o kung-fu, uma premissa básica deve ser a manutenção de uma distância de segurança, sem contato de meio metro, entre os participantes que estão lutando.

2. **Número de jogadores** (situações de aprendizagem): como já indicado na sessão anterior, os esportes individuais são geralmente ensinados em grupos. Assim, esse elemento destaca a necessidade de projetar situações de cooperação e assistência por meio de pequenas equipes dentro do grupo, em vez de desenvolver técnicas exclusivamente individuais. Por exemplo, projetar uma corrida de revezamento na natação, em vez de corridas individuais, pode

ajudar todos os participantes a se sentirem parte de uma equipe e, portanto, sentirem-se mais motivados.

3. **Área de jogo**: como discutido anteriormente, as áreas de jogo devem ser modificadas, de acordo com as características dos participantes. Assim, por exemplo, não é a mesma coisa planejar uma prova de média distância para jovens de 11 e 12 anos como para jovens de 16 e 17 anos. De fato, García-Grossocordón, Durán-Piqueras e Sainz-Beivide (2004) propõem no guia da Real Federação Espanhola de Atletismo que crianças e jovens aprendizes não devem correr as mesmas distâncias que um atleta profissional.

4. **Material**: um ambiente de aprendizagem seguro é a principal premissa que rege as sessões de iniciação esportiva.

Se a segurança pode ser comprometida no desenvolvimento de uma atividade esportiva, ela deve ser automaticamente removida.

A esse respeito, existe uma variedade de materiais adaptados ao ensino de esportes individuais, tais como pás de natação, cintos de flutuação ou esteiras flutuantes para se sentir seguro enquanto se ensina a nadar em uma piscina profunda. Em última análise, qualquer equipamento utilizado em esportes deve garantir a máxima segurança para os participantes. Por exemplo, em vez de usar uma folha de alumínio, com alto custo, adaptada para crianças, boias de polietileno com uma adaptação como punho podem ser usados para iniciação à esgrima.

1. **Objetivo(s) final(is)**: o objetivo do esporte pode ser modificado para alcançar diferentes resultados de aprendizagem. Um dos elementos que pode ser modificado em esportes individuais com relação ao objetivo é o sistema de pontuação. Isso deve ter como objetivo destacar as melhorias individuais de cada participante, em vez de oferecer comparações com o resto do grupo, assim como maximizar a participação de todos os participantes tanto quanto possível. Assim, é recomendável estabelecer diferentes desafios ou exigências pessoais para os participantes. Por exemplo, nos esportes de combate, diferentes pontos podem ser concedidos dependendo do tipo de golpe realizado. O desafio pessoal seria ser capaz de marcar o maior número de pontos (pessoais) após cada combate simulado.

## 6.3 Questionamento e reflexão em esportes individuais

O questionamento é uma estratégia didática de reflexão que permite a compreensão de diferentes aspectos e princípios do esporte (ver Capítulo 1). Se essa estratégia didática for aplicada em esportes individuais, ela reforçará a reflexão sobre os problemas táticos, gestos técnicos, aspectos físicos e elementos fisiológicos que surgem nestas categorias esportivas. A Tabela 6.1 mostra exemplos de diferentes tipos de questões que podem ser colocadas no ensino do atletismo sob o prisma dos Modelos Baseados no Jogo. O leitor ávido é convidado a pensar e elaborar outras questões para o ensino da natação ou do esporte a ser ensinado.

| Foco | Exemplo de questionamento | |
|------|------------|------------------|
| | **Pergunta** | **Possível resposta** |
| Consciência tática | *O que você deve fazer quando estiver correndo uma corrida de 800 metros de distância média?* | *Saber dosar o esforço para não "afogar" nos últimos metros.* |
| Execução técnica | *Como você segura o martelo para jogá-lo o mais longe possível?* | *Pela alça com ambas as mãos com as pernas abertas e levemente flexionadas.* |
| Tempo | *Quando você deve começar a correr em uma corrida de revezamento?* | *Quando o corredor com o bastão está se aproximando da zona de entrega.* |
| Espaço | *Onde você deve jogar o dardo de arremesso para vencer os outros atletas?* | *O mais longe possível, dentro da área permitida.* |
| Risco | *O que você acha que pode acontecer ao decidir as posições da equipe em uma corrida de revezamento?* | *Que a competência técnica deverá ser considerada e de acordo com as posições das outras equipes.* |
| Raciocínio lógico | *Por que você decidiu entregar o bastão usando a "Troca de Frankfurt"?* | *Porque podemos fazer melhor uso das curvas e evitar ter que mudar o controle de mãos.* |

**Tabela 6.1.** Exemplos de questões que podem ser colocadas em questionamento no ensino introdutório do atletismo.

**Fonte:** os autores.

## 6.4 Considerações sobre o ensino de esportes individuais

Como já sugerido por Launder e Piltz (2013), crianças e/ou adolescentes não gostam de falhar ou cometer erros durante o jogo e muito menos em competição. Para minimizar tal pressão, a ênfase deve ser colocada no desempenho e progresso individual, minimizando a comparação de resultados pessoais, especialmente nas etapas de educação e treinamento, nas quais não deve haver ansiedade competitiva, mas, sim, diversão.

Os métodos tradicionais de ensino nessa categoria esportiva foram baseados principalmente na comparação interpessoal e, como consequência, um efeito esportivo negativo desenvolvido nos atletas (Launder e Piltz, 2013).

Assim, seguindo as principais diretrizes metodológicas dos Modelos Baseados no Jogo, as diferentes ideias para promover a competência física e esportiva dos atletas, ao mesmo tempo em que promove um ambiente seguro e positivo para a prática desses esportes, são discutidas a seguir. Deve-se observar que as seguintes ideias estão intimamente relacionadas entre si e devem, portanto, ser consideradas em conjunto.

1. **Aprender a ganhar e perder (respeito ao esporte):** o principal objetivo dos processos de ensino e aprendizagem de qualquer esporte deve ser estabelecer determinadas situações nas quais todos os participantes possam alcançar a meta proposta. Nesse sentido, o papel do formador, treinador ou professor é muito importante, pois ele deve conhecer o estado de espírito de seus alunos para evitar situações de frustração e orientar a classe para climas positivos e motivadores (Deci e Ryan, 2020). Além disso, todas as sessões devem ter como objetivo desenvolver o desportivismo, o fair play, o respeito e a cooperação de todos os participantes.

2. **Reduzir as exigências técnicas e criar ambientes de prática seguros:** às vezes, é necessário adaptar certos gestos técnicos complexos, de acordo com o estágio de maturidade dos participantes. Por exemplo, no caso de uma corrida de revezamento para jovens de 7 e 8 anos (equivalente à 2ª série da escola primária), pode-se iniciar a aprendizagem da entrega do bastão utilizando três suportes (estáticos), em vez de uma entrega em movimento, o que seria feito em uma segunda fase, pois essa é uma habilidade motora específica que é difícil de coordenar entre os dois jovens atletas. Além disso, certos materiais exigirão adaptações (por exemplo, o uso de um protetor de isopor em vez de uma verdadeira folha de esgrima) ou diretrizes de segurança adicionais (por exemplo, a proteção do espaço de queda de um salto em distância com colchonetes).

3. **Desafios e condicionantes: os jovens aprendizes gostam de desafios e disputas.** Por outro lado, os desafios e condicionamentos das tarefas podem ajudar a homogeneizar o nível de habilidade do grupo (por exemplo, em uma corrida de natação, o nadador com maior velocidade pode ser solicitado a usar apenas a pernada do crawl para se locomover — condicionamento — enquanto outros com menor velocidade podem usar também o nado de peito — condicionante — e outros com velocidade mais lenta também podem usar o nado de costas). De acordo com os autores do Modelo de Educação Esportiva (Siedentop, Hastie e Van der Mars, 2020), o estabelecimento de desafios pode ser feito por meio do registro de dados e mesmo usando aplicativos (Apps) como o CoachMyVideo®, Endomondo® ou Lince Plus® como motivadores, já que os jovens são atraídos por tecnologias avançadas. Entretanto, como já mencionado na primeira diretriz anteriormente, o sistema de registro não deve ser abordado como um ranking de grupo. Ao invés disso, ele deve ser um aliado para melhorar e motivar as melhorias individuais de cada participante e progressivamente incutir competição consigo mesmo e cooperação com os outros.

4. **Processo antes do resultado**: dentro de um mesmo grupo, cada participante tem diferentes habilidades e ritmos de aprendizagem. Cada indivíduo, com a ajuda do treinador ou professor, deve estar ciente de suas próprias características que lhe permitem reforçar e consolidar as habilidades nas quais ele ou ela mais se destaca e fazer um esforço naquelas que precisam ser melhoradas. Dessa forma, cada atleta deve fazer um esforço máximo para atingir objetivos pessoais, bem como superar gradualmente suas fraquezas. Por essa razão, o esforço diário deve ser valorizado durante toda a fase de treinamento (processo), em vez de se concentrar exclusivamente no resultado final (produto). Em resumo, como proposto por Launder e Piltz (2013), o formador, treinador ou professor deve orientar suas sessões para a chamada competição indireta. Em outras palavras, cada participante deve competir contra si mesmo, com o objetivo de melhorar seu próprio desempenho pessoal, em vez de concentrar seus esforços na comparação com os outros. Deve-se notar também que esse tipo de competição é muito fácil de ser aplicada em esportes individuais devido à sua própria natureza.

## 6.5 Ensinar esportes individuais com o modelo *Play Practice*

O modelo pedagógico *Play Practice* (tradução literal: Prática e jogo) é uma estrutura metodológica para orientar o formador, treinador ou professor a planejar desafios ou exigências de qualquer esporte em ambientes de aprendizagem seguros (Launder, 2001). Esse modelo foi originalmente projetado para contextos esportivos extracurriculares. O modelo *Play Practice* está estruturado em três eixos principais: (I) componentes-chave, (II) princípios e (III) estruturas operacionais. A estrutura desse modelo permite, por um lado, maximizar o prazer de praticar esportes e, por outro lado, melhorar a compreensão significativa dos elementos técnicos e táticos do jogo. Em resumo, o principal objetivo do modelo *Play Practice* é desenvolver uma compreensão profunda das regras, táticas e estratégias, bem como dos gestos técnicos do jogo em um ambiente adequado e seguro para o aprendizado integral de cada participante.

As sessões do *Play Practice* devem sempre começar com um desafio ou jogo envolvendo uma técnica específica do esporte a ser praticado. Ao planejar esse primeiro desafio ou jogo, o ponto de partida de cada participante deve ser conhecido e a progressão técnico-tática mais apropriada para suas características deve ser considerada. Após esse primeiro desafio ou jogo, o treinador e os alunos devem refletir e decidir quais aspectos precisam ser refeitos e melhorados ou quais precisam ser aprendidos. Então, com base nessa reflexão, é desenvolvida uma prática específica para manipular e modificar conceitos-chave, variáveis e auxílios, a fim de compreender plenamente o elemento técnico-tático do jogo previamente decidido. Durante esse tempo de prática específica, o professor deve fornecer um feedback positivo ao mesmo tempo em que estabelece se é necessária uma prática adicional ou se é possível passar para a próxima fase do jogo. Finalmente, a sessão deve culminar com uma atividade ou jogo que reforce o elemento tático e/ou técnico do jogo aprendido na sessão (Launder e Piltz, 2013).

Entretanto, a estrutura original do modelo *Play Practice* proposto por Launder e Piltz (2013) precisa ser adaptada à natureza dos esportes individuais. Assim, ao ensinar um esporte individual usando esse modelo, a sessão deve começar com um desafio ou jogo que inclua um foco técnico específico ou um problema tático que seja resolvido tecnicamente. Durante a prática do desafio ou jogo, o treinador deve avaliar e registrar o desenvolvimento técnico de cada participante. Ao mesmo tempo, ele deve dar um feedback positivo a cada participante ou sugerir diferentes dicas para superar o desafio. Na parte final da sessão, será realizada uma reflexão em grupo, apresentando as melhorias observadas. A parte final da sessão também pode ser um bom momento para refletir sobre os elementos táticos que surgiram e foram praticados nos jogos e/ou competições reais.

## OS SEGREDOS DA APRENDIZAGEM DA NATAÇÃO

A natação é um dos esportes mais praticados em todo o mundo (Adnan et al., 2020; Dixon e Bixler, 2007; Lazar et al., 2013). De fato, de acordo com o Relatório Anual de Estatística Esportiva do Ministério da Cultura e Esporte Espanhol (2020), a natação continua a ser uma das atividades mais praticadas pelos espanhóis junto com o ciclismo e o futebol. A natação proporciona uma ampla gama de benefícios físicos (Oliveira et al., 2019) e psicológicos (Szabo et al., 2019). Tem características muito interessantes para a educação, pois é um dos esportes mais populares tanto para meninas, quanto para meninos, ou seja, é coeducativo. Além disso, a natação é um esporte que pode ser adaptado às diferentes habilidades dos indivíduos, já que é um esporte inclusivo.

| Habilidade (Natação) | Passos para dominar a habilidade | Ações para corrigir |
|---|---|---|
| *Respiração* | (1) Inspire profundamente, mas com normalidade. | • Levantamento excessivo da cabeça ou movimentos bruscos da cabeça para respirar. • Falha em seguir um padrão de respiração contínuo e uniforme. Segurar a respiração ao remover a face da água para fazer uma inalação. |
| | (2) Expire rapidamente debaixo d'água com seu nariz e boca. | |
| | (3) Levante ou vire a face ligeiramente acima da água. No caso do crawl, mantenha um lado da cabeça abaixo da água enquanto gira a cabeça para inalar através de um lado da boca. | |
| *Braçada* | (1) Mantenha as mãos relaxadas e abertas ao entrar na água (ou ao iniciar o movimento). | • Realizar a braçada com as mãos fechadas e os braços estendidos. • Flexão excessiva dos cotovelos. |
| | (2) Dobrar ligeiramente o cotovelo e puxar o braço firmemente para frente. | |
| *Pernada* | (1) Mantenha seus pés relaxados e bata na água com as pernas relaxadas em um movimento fluente. | • Mantee as pernas rígidas. |
| | (2) Manter a água "borbulhando" sem respingos excessivos. | • Flexão excessiva dos joelhos quando executa a pernada. |
| *Tempo e ritmo* | (1) Manter um ritmo constante, contínuo e controlado de acordo com o estilo. | • Concentrar-se apenas em um aspecto particular ou habilidade ao nadar. |

| Habilidade (Natação) | Passos para dominar a habilidade | Ações para corrigir |
|---|---|---|
| Posição da cabeça | (1) Olhar para o piso da piscina quando a face estiver abaixo da água. | • Mover a cabeça abruptamente quando não respira. |
| | (2) Realizar um movimento leve e suave da cabeça ao respirar. | |

**Tabela 6.2.** Guia de habilidades básicas para aprender a nadar.
**Fonte:** os autores.

Por exemplo, como mostram Mische-Lawson et al. (2019), a natação pode ser ideal para crianças com Distúrbio do Espectro do Autismo (ASD). Por outro lado, como apontam Lee e Kim (2019), saber nadar aumenta o desenvolvimento da capacidade de sobrevivência e resgate em atividades aquáticas, impedindo significativamente o afogamento e a morte por submersão.

Antes de dominar qualquer nado, há uma grande variedade de habilidades que devem ser aprendidas (Cruz Vermelha Americana, 2014). De acordo com Goldsmith (2015), essas habilidades são categorizadas em: respiração, braçadas, pernada, tempo e ritmo, posição da cabeça, posição do corpo e, finalmente, as viradas. A Tabela 6.2 resume os passos básicos para desenvolver cada uma das habilidades anteriormente, assim como as ações fundamentais que devem ser corrigidas, se forem observadas durante a aprendizagem.

Por outro lado, a Federação Internacional de Natação (FINA, 2020) sugere uma progressão e um tempo correto para o aprendizado das habilidades (ver Tabela 6.2, como exemplo) e técnicas de natação. Assim, dependendo das características dos nadadores, ele sugere começar com uma adaptação ao ambiente aquático. Na próxima etapa, ele recomenda a introdução de técnicas de natação alternada e, depois, passar para técnicas de natação simultânea. Finalmente, na última etapa, ele se propõe a desenvolver técnicas de iniciação a saída e viradas.

Em relação aos estilos de natação, existem diferentes padrões de movimento que podem ser usados para impulsionar e mover-se por meio da água (por exemplo, nado de costas, de peito ou "cachorrinho"). Entretanto, com base nas competições oficiais e olímpicas, podem ser distinguidos quatro estilos principais de natação: nado de peito, estilo livre ou crawl, nado de costas e borboleta. De acordo com Mason (2014), cada uma desses estilos é composto de cinco padrões básicos de movimento: cabeça, corpo, braços (ou braçada), pernas (ou pernada) e recuperação. A Tabela 6.3 descreve brevemente os cinco padrões de movimento para cada um dos quatro estilos de natação principais. Para informações mais detalhadas sobre a técnica de cada um dos estilos, os leitores são aconselhados a consultar o site http:// www.i-natacion.com.

Esses padrões de movimento devem ser ensinados progressivamente, dependendo das características e do nível inicial dos participantes. Portanto, o processo de ensino e aprendizagem de um novo estilo de natação deve começar com a posição da cabeça e do corpo, incluindo noções básicas como a respiração. Isso é seguido pela introdução do padrão de movimento dos braços e o esquema de reincorporação dos braços, de acordo com o estilo. Os padrões de movimento devem ser praticados isoladamente do resto dos movimentos por meio de boias de tração, que são colocados sobre as pernas. Uma vez introduzidos e praticados os padrões motores da cabeça, corpo e braço, é hora de introduzir o movimento das pernas (ou pernada), de acordo com o estilo. Assim como nos braços, isso deve ser praticado isoladamente usando materiais como pranchas ou boias, que são agarrados com as mãos. O último passo, como mencionado anteiormente, é integrar todos os padrões de movimento (introduzidos isoladamente) por meio de jogos e/ou desafios.

| Estilo de natação | Padrão básico de movimento | Breve descrição |
|---|---|---|
| Peito | Cabeça | A cabeça sempre voltada para frente, entrando na água quando os braços são estendidos. |
| | Corpo | Braços e pernas não saem da água. |
| | Braçada | *Remada subaquática.* As mãos estão juntas e as palmas estão voltadas para o exterior. Os braços são abertos empurrando a água para cima até a altura dos ombros. Os cotovelos são então dobrados e os braços são girados até que as palmas das mãos apontem para o peito. |
| | Pernada | *Chute de sapo.* Ambas as pernas são chutadas depois de ter trazido os calcanhares para perto das nádegas. Executado durante a expiração. |
| | Recuperação | As mãos são trazidas para frente sob o queixo (dentro d'água) e as palmas voltadas para dentro para iniciar uma nova braçada. Os pés são trazidos em direção aos quadris, dobrando os joelhos para iniciar uma nova pernada. |
| Livre ou Crawl | Cabeça | A cabeça deve estar voltada para baixo em uma posição neutra. |
| | Corpo | O tronco deve ser alinhado o mais horizontal possível à superfície da água, para não criar arrasto. O tronco gira através do eixo longitudinal para facilitar a tração e a parte aérea dos braços. |
| | Braçada | *Tração na água.* As mãos entram na água alternadamente na frente dos ombros. O cotovelo se dobra e a mão submersa se move em direção ao peito. Perto do peito, o braço se move lateralmente para a superfície. |
| | Pernada | *Batida para cima e para baixo.* Os pés permanecem soltos, relaxados e na água o tempo todo. Quando as pernas estão na separação máxima, uma perna está mais próxima do fundo e a outra mais próxima da superfície. O movimento da perna é desde o quadril. |
| | Recuperação | *Fase de braço aéreo.* O cotovelo, o antebraço e a mão emergem da água à altura do ombro. O braço é movimentado para frente com a mão estendida (fora da água e com o cotovelo mais alto). Quando o braço está próximo à superfície, a mão entra primeiro seguida pelo antebraço. |

**Tabela 6.3.** Guia de habilidades básicas para aprender a nadar.

**Fonte:** os autores.

## APRENDENDO A ENSINAR A NADAR COM O MODELO *Play Practice*

A proposta a seguir descreve o planejamento de uma unidade didática ou sessão de treinamento de natação por meio do modelo *Play Practice*. Devido à extensão deste capítulo, foi decidido incluir cinco sessões genéricas que incluem os momentos-chave de aprendizagem desse esporte:

- Adaptação na água. Primeira sessão genérica: "Patinhos na água".

- Habilidades básicas dentro da água. Segunda sessão genérica: "Braçada na água".

- Técnicas de respiração. Terceira sessão genérica: "Respirando na água".

- Aprendizagem de um estilo de natação. Quarta sessão genérica: "Aprendendo a nadar o crawl".

- Desafios e jogos para consolidar o estilo. Quinta sessão genérica: "Os jogos aquáticos".

Os leitores são convidados a complementar e enriquecer estas sessões genéricas com uma variedade de jogos e/ou desafios para enfatizar ou complementar habilidades isoladas (por exemplo, respiração), gestos técnicos específicos (por exemplo, pernada no nado de peito) e/ou elementos táticos (por exemplo, como posicionar nadadores em uma corrida de revezamento). Deve-se observar que, de acordo com a FINA (2016), o tempo de aprendizagem de um estilo dependerá exclusivamente das características dos nadadores (ou seja, idade, nível anterior, medo da água, desenvolvimento físico e desenvolvimento cognitivo). De fato, nas palavras de Laughlin (2019), aprender qualquer estilo ou técnica de natação é um processo longo que requer vários meses ou mesmo anos. Ao mesmo tempo, é importante ter o contexto de cada grupo de prática, pois não é a mesma coisa nadar em uma piscina aberta ou fechada, ou em lugares naturais (mar, rios, lagos etc.), também é diferente se for uma escola de natação para competição do que uma atividade extracurricular com objetivos mais recreativos.

A fim de contextualizar essa proposta, vamos definir as características dos nadadores e o local onde as sessões serão realizadas. Especificamente, vamos supor que temos um grupo de 10 alunos que nunca participaram da natação. Um deles é hidrofóbico por causa de uma má experiência no mar no ano passado. As sessões serão realizadas em uma pequena piscina (12 metros de comprimento com profundidade entre 0,30 e 0,90 metros) e uma piscina (25 metros de comprimento e 3,5 metros de profundidade), dependendo do conteúdo a ser ensinado. Cada sessão terá a duração de 45 minutos. Por fim, os nadadores devem usar um traje de natação, um boné e óculos de natação.

## PRIMEIRA SESSÃO GENÉRICA: PATINHOS NA ÁGUA

O professor deve conhecer o ponto de partida de seus nadadores e avaliar se é necessário um processo de adaptação antes de iniciar as técnicas de natação específicas. Quando o processo de aprendizagem é afetado pelo medo ou pavor da água, especialmente em jovens nadadores ou pessoas que sofrem de hidrofobia, é necessário dedicar as primeiras semanas a um processo de adaptação minucioso (FINA, 2016).

O objetivo do processo de adaptação em geral e desta sessão genérica em particular é familiarizar os futuros nadadores com a água por meio de desafios e jogos que lhes permitam tirar seu foco do medo da água e do medo de se afogarem. Esta sessão será realizada na pequena piscina, onde todos os participantes se levantam. Embora nossa proposta apresente apenas uma sessão desse processo de adaptação (devido a questões de espaço), os instrutores devem ter em mente que essa adaptação pode durar várias sessões, semanas ou mesmo meses, dependendo das necessidades e sentimentos dos alunos. Os materiais que utilizaremos para esta sessão serão: vários tapetes de diferentes espessuras, bolas, pranchas, bóias de puxar e pequenos aros pesados.

- Primeiro desafio proposto na sessão de adaptação é simplesmente caminhar ao redor da piscina evitando qualquer elemento flutuante (isto é, tapetes, bolas, bóias de puxar e pranchas). Se um participante tocar qualquer material, ele deve ir até a borda mais próxima da piscina para continuar a caminhada. O participante que tiver tocado a borda o menor número de vezes, ganha.

  - **Variações**. Use diferentes tipos de músicas ou ritmos para definir a velocidade da caminhada, começando com ritmos lentos e terminando com ritmos mais rápidos que induzem à corrida.

  - **Orientações metodológicas**: o treinador também estará na piscina para acalmar os participantes mais nervosos.

Para esse primeiro contato com a água, diferentes jogos ou desafios podem ser definidos. Por exemplo, um pode propor uma captura na água ou um jogo de carregar uma bola de um lado da piscina para o outro.

- O próximo desafio visa experimentar a flutuação de costas na piscina pequena. O grupo é dividido em pares em um lado da piscina. Um dos pares ficará deitado de costas (flutuação dorsal) e o outro o arrastará para o outro lado da piscina caminhando para trás, colocando suas mãos na parte de trás do pescoço de seu parceiro. É importante notar que o exercício não se trata de chegar lá primeiro, mas de tentar não colocar água no rosto do nadador deitado.

  – Adaptação. Para o participante com hidrofobia, o desafio será adaptado. Nesse caso, o participante se deitará primeiro sobre um tapete grosso.

- O parceiro tem que agarrar o tapete para arrastá-lo até a outra extremidade da piscina. Progressivamente, a espessura do tapete será reduzida até que você tenha finalmente a confiança para realizar a atividade sem ele.

  – Variações avançadas. Esse desafio também pode ser feito em uma piscina apropriada. Nesse caso, como mostrado na Figura 6.1, os estagiários devem arrastar o parceiro de um lado para o outro, que estará na posição dorsal sem se mover. O arrastador deve usar uma pernada do nado de peito invertido com as mãos na parte de trás do pescoço do parceiro. É claro que é recomendável implementar esta variação do primeiro desafio quando os nadadores estiverem familiarizados com piscinas onde os pés alcançam, souberem nadar e tiverem sido introduzidos previamente a técnicas de resgate e salvavidas.

- Com relação ao trabalho de flutuação ventral (de barriga para baixo), o seguinte desafio pode ser colocado: caminhar com as mãos na piscina pequena, enquanto o resto do corpo permanece paralelo ao chão da piscina pequena sem bater as pernas. O rosto sai da água para inalar ar. Dentro da piscina, os arcos serão distribuídos aleatoriamente no piso. Quando o treinador chamar uma cor, os estagiários devem se mover horizontalmente e usar suas mãos para colocar uma mão dentro do aro da mesma cor.

– Adaptação. Colocar um "espaguete/macarrão" nas pernas para evitar que elas afundem e toquem o chão.

– Variações. Pode-se remover os arcos até que haja tantos como participantes. Assim, o desafio vai mudar de procurar o aro da mesma cor anunciada para encontrar um aro libre.

- O último aspecto importante a ser experimentado nessa fase de adaptação é a transição da pequena piscina para a piscina de natação. É importante enfatizar que a transição de um ambiente para outro só deve ser feita quando todos os alunos estiverem suficientemente confiantes e seguros para fazer isso. Então, seguindo as recomendações do modelo *Play Practice*, um dos objetivos fundamentais do professor será que os alunos percebam ambientes onde não haverá perigo. Dessa forma, é proposto que, quando a mudança para uma piscina profunda for feita, ela deve ser feita progressivamente da borda para as raias centrais da piscina por meio de jogos ou desafios. Assim, o seguinte jogo propõe uma maneira dinâmica de familiarizar e associar a piscina profunda com experiências divertidas sem a necessidade de colocar todo o corpo, especialmente para nosso aluno com hidrofobia.

- Os alunos são divididos em grupos de três e quatro, a dois metros da piscina. Um membro de cada equipe caminha até a borda da piscina e enfia sua cabeça para ver uma foto no fundo da piscina. Ele ou ela deve então caminhar de volta ao seu grupo e descrever a foto. A equipe que adivinhar a foto primeiro ganha a rodada.

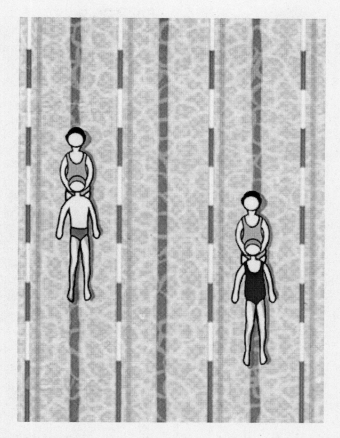

**Figura 6.1.** Um jogo de familiarização de flutuação dorsal em uma piscina profunda.
**Fonte:** Ramón Freire Santa Cruz.

Os desenhos serão colocados pelo professor em cada rodada e serão plastificados para evitar que sejam danificados. Ao descrever o desenho, nenhuma palavra direta que evoca o desenho pode ser usada.

O modelo *Play Practice* enfatiza a segurança e a diversão durante o processo de ensino-aprendizagem. Sob essas premissas, o treinador deve avaliar constantemente o comportamento, as emoções e as habilidades de cada aluno, a fim de determinar novos desafios ou adaptar os jogos. Não se trata apenas de executar os exercícios ou jogos propostos, mas também de compreender progressivamente alguns princípios básicos do ambiente aquático para se impulsionar, flutuar, inspirar, expirar etc.

## SEGUNDA SESSÃO GENÉRICA: BRAÇADA NA ÁGUA

De acordo com a FINA (2016), quando os alunos estão familiarizados com a água e são capazes de pular "de ponta" na piscina funda, é hora de introduzir a pernada como uma habilidade para manter a flutuabilidade dorsal e ventral.

Portanto, o principal objetivo desta segunda sessão genérica será introduzir o movimento das pernas (pernada) por meio de desafios e/ou jogos dinâmicos. Esta sessão será implementada em três raias consecutivas da piscina. Os materiais a serem utilizados na proposta serão 20 bolas de espuma, 20 pranchas e três colchonetes.

- O primeiro jogo proposto para esta sessão é chamado de O Transportador. Ele consiste em transportar 20 bolas de espuma e 20 tábuas de uma extremidade da piscina para a outra, balançando alternadamente as pernas para cima e para baixo sem tirar os pés da água, fazendo um som "borbulhante". De um lado da piscina há bolas e do outro lado há tábuas. No primeiro trajeto, os participantes carregam a bola entre as mãos em posição vertical, sem colocar a cabeça na água. Quando chegarem com a bola, farão um segundo trajeto, mas dessa vez com uma prancha entre as mãos, colocando a cabeça dentro e fora da água para respirar a cada 10 pernadas. Eles farão tantas corridas, quanto houver bolas e pranchas para carregar.

  - **Variações.** Os nadadores são divididos em três equipes (duas equipes de três e uma equipe de quatro). Nesse caso, cada equipe deve carregar suas bolas e pranchas no menor tempo possível. A equipe que conseguir terminar em primeiro lugar, ganha. Em nosso caso, cada equipe terá quatro bolas e pranchas para transportar. Em equipes de três, um membro da equipe tem que repetir.

  - **Desafio**. Você pode fazer um longo caminho na prancha sem tirar sua cabeça da água?

Como observado na primeira sessão genérica, o papel do treinador durante o jogo é observar e avaliar se a técnica está sendo executada corretamente (com a ajuda de escalas ou planilhas de observação).

O professor, por sua vez, deve fornecer um feedback positivo aos seus nadadores, enfatizando o que eles estão fazendo bem e indicando como eles devem melhorar.

MODELOS DE ENSINO BASEADOS NO JOGO PARA A INICIAÇÃO COMPREENSIVA DO ESPORTE

- O segundo jogo desta sessão é chamado de "O Capitão do Barco". Um grupo de nadadores impulsiona o capitão, que estará em um tapete, usando a pernada praticada no jogo anterior (movimentos alternados para cima e para baixo). Durante um minuto, o capitão dará comandos de direção e velocidade. Após um minuto, o capitão deve retornar ao "porto" dando instruções para chegar à borda mais próxima da piscina. Os papéis são então trocados até que todos os participantes tenham sido capitães. É importante enfatizar que as pernadas não devem ser barulhentas, caso contrário, as instruções do capitão não serão ouvidas. Uma pernada precisa na natação não faz barulho excessivo na água.

  - **Variações**. Os grupos correrão de uma extremidade da piscina para a outra. Dessa vez, cada grupo estará no colchonete com seus pés na água para se impulsionar. Se os grupos forem ímpares, como é o caso, um desafio pode ser colocado fazendo a seguinte pergunta: você será capaz de vencer o barco que tem mais um nadador?

É importante observar que o modelo *Play Practice* envolve a prática de habilidades específicas dentro dos jogos ou desafios. Nesse caso, em vez de praticar a pernada crawl, como é tradicionalmente feito por meio de distâncias, diferentes jogos e formas de jogo são projetados para encorajar a motivação e o desejo do aluno de continuar aprendendo, já que essas são as chaves para alcançar a adesão ao esporte, nesse caso, por meio da natação (Kang et al., 2020).

## TERCEIRA SESSÃO GENÉRICA: RESPIRANDO NA ÁGUA

Launder e Piltz (2013) afirmam que o controle da respiração em atividades aquáticas é uma questão fundamental, especialmente em novos alunos. A técnica específica de respiração na natação envolve a expulsão do ar sem retirar a cabeça da água enquanto uma pequena porcentagem do ar permanece nos pulmões. Como já vimos na Tabela 6.2, há três diretrizes principais que ajudarão os alunos a aprender e dominar a técnica de respiração. Dependendo do estilo de natação a ser aprendido, a posição da cabeça (ver Tabela 6.3) deve ser associada à respiração. Obviamente, essas técnicas podem ser ensinadas por meio de explicações e exercícios analíticos. Entretanto, o modelo *Play Practice* envolve a utilização de desafios, jogos ou formas de jogo para motivar os alunos a desenvolver o conhecimento técnico e tático.

O objetivo didático desta sessão genérica é aprender e praticar a técnica de respiração, enquanto se faz a pernada para cima e para baixo (praticado na sessão anterior). Essa sessão acontecerá em três raias da piscina, onde os participantes serão distribuídos.

O material a ser utilizado será o mesmo número de pranchas e boias de puxar que houver participantes.

- O primeiro jogo é chamado de Corrida de Velocidade. Dois nadadores serão colocados em cada faixa, um em cada extremidade oposta da piscina. Ao sinal, os nadadores nadarão um comprimento (25 metros) até a outra extremidade usando a pernada para cima e para baixo com os braços estendidos, segurando uma prancha em suas mãos. A respiração será feita com o rosto para fora da água frontalmente. O vencedor é o nadador que, ao respirar corretamente, percorra o trajeto antes de seu parceiro.

  – **Variações**. Uma corrida em equipe é realizada em vez de uma corrida individual. Vários nadadores são colocados em cada extremidade (quatro e seis nadadores em duas raias). O objetivo é que os nadadores da mesma equipe percorram o trajeto (um após o outro) antes que o último nadador toque a parede oposta com sua prancha.

- A segunda parte da sessão tem como objetivo praticar a respiração e o movimento lateral da cabeça, enquanto se pratica o estilo de nado crawl e recuperação. O jogo proposto para esse fim se chama Chapeuzinho Vermelho e o Lobo Mal. Com uma boia de tração entre as pernas (para evitar a pernada), a Chapeuzinho Vermelho sai fazendo o nado crawl e respirando de lado a cada duas braçadas. Quando esteja a sete metros de distância, o lobo sai do mesmo jeito (boia entre as pernas, movimento do braço e respiração lateral) tentando tocar a Chapeuzinho Vermelho antes de alcançar o outro lado. No trajeto seguinte, os papéis são trocados.

  – **Variações.** Aumentar a distância entre a Chapeuzinho Vermelho e o lobo para mudar o foco para a técnica em vez de perseguir e ser perseguido.

MODELOS DE ENSINO BASEADOS NO JOGO PARA A INICIAÇÃO COMPREENSIVA DO ESPORTE

– **Diretrizes metodológicas**. Como este livro reúne sessões genéricas ao longo do processo, esse jogo deve ser abordado uma vez que a técnica da braçada tenha sido praticada com diferentes desafios ou jogos.

## QUARTA SESSÃO GENÉRICA: APRENDENDO A NADAR O CRAWL

O próximo passo importante no processo de ensino-aprendizagem é a introdução de um estilo de natação. Como já mencionado nas sessões anteriores, o professor precisa ter certeza de que as técnicas básicas são importantes para todos os nadadores. É por isso que a avaliação formativa e contínua é tão importante nesse modelo de prática de natação.

Esta sessão genérica pode ser dividida em três partes: (I) desafios e/ou jogos para praticar a posição da cabeça e do corpo (levando em conta a respiração) e o movimento dos braços; (II) desafios e/ou jogos para desenvolver a técnica correta de pernadas; e (III) jogos que integram os padrões que foram desenvolvidos anteriormente de forma isolada. Embora esse complexo processo seja reunido em uma sessão genérica, deve-se observar que a FINA (2016) recomenda 12 a 15 sessões de 45 minutos para introduzir e praticar cada estilo. Na verdade, essa sessão genérica deve ser tomada como uma orientação mais ampla a ser implementada e complementada com várias sessões. Como exemplo dessa sessão, o estilo livre ou crawl foi incluído. Os materiais a serem utilizados nesse processo são tantos espaguetes, pranchas e bolas de espuma quanto o número de participantes.

• (I) Na primeira parte desta sessão, a posição da cabeça e do corpo (respiração) e os padrões de movimento da pernada do nado crawl e de recuperação são discutidos com mais profundidade (ver Tabela 6.3). Primeiro, o instrutor explica os padrões básicos de movimento (sem entrar em detalhes complexos) usando auxílios visuais (por exemplo, fotos, vídeos em câmera lenta ou exemplos reais). Isso seria seguido por um desafio na forma de uma pergunta. Por exemplo, você seria capaz de carregar um espaguete entre suas pernas por 50 metros usando apenas a braçada sem que ele escorregue? Quando os nadadores estiverem praticando o desafio, o professor avaliará se o padrão de movimento básico está sendo realizado corretamente e assim determinará se é necessária mais treino com outro desafio ou se o próximo padrão pode ser introduzido. Vale mencionar que o professor, enquanto analisa cada nadador, deve dar um feedback positivo sobre as coisas que eles precisam melhorar e as coisas que eles estão fazendo corretamente.

– Por exemplo, se você achar que a fase aérea precisa de mais prática, você pode se desafiar a carregar uma prancha, enquanto muda alternadamente a mão, enquanto faz um balanço para cima e para baixo das pernas.

- (II) Na segunda parte desta sessão, será praticada a técnica do chute do nado crawl. Essa técnica já foi introduzida anteriormente nas sessões anteriores. De fato, qualquer jogo ou desafio deve ter como objetivo a prática de uma importante habilidade de natação ou padrão de movimento. Como mostrado na primeira parte desta sessão, o professor apresentará e explicará os aspectos fundamentais da pernada do nado crawl. Nesse caso, será enfatizado que os pés não devem estar separados por mais de 30 centímetros. A seguir, o desafio é carregar uma bola de espuma, empurrando-a com uma prancha apoiada em suas mãos por 50 metros. Como mostrado na Figura 6.2, a bola não pode tocar em nenhuma parte do corpo e só pode ser empurrada ao longo da prancha. Dessa forma, a noção de um ritmo constante, lento e eficaz é enfatizada, em vez de um ritmo rápido, no qual a bola escapa ou é tocada pela mão.

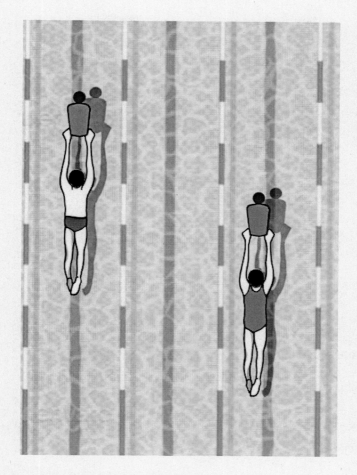

**Figura 6.2.** Jogo de transporte de uma bola flutuante.
**Fonte:** Ramón Freire Santa Cruz.

Reforçando, assim, a forma correta da pernada e inibir, na medida do possível, a natureza de alguns alunos que tentam fazer tudo rapidamente independentemente de como é feito, o que é prejudicial ao aprendizado a médio e longo prazo.

- (III) A parte final desta sessão consiste em integrar as técnicas praticadas de forma isolada. Nessa fase, podem ser definidos diferentes desafios ou jogos, por exemplo, uma corrida de revezamento de 25 ou 50 metros, dependendo do nível dos nadadores, o que favorece o trabalho em grupo ou jogos que integram diferentes habilidades com o estilo de nado crawl, por exemplo, pegar um aro do fundo e continuar nadando até o final.

Se durante esse processo de aprendizagem ainda houver alunos inseguros ou com medo de nadar sem qualquer material flutuante, podem ser colocados espaguetes ao redor da barriga. Por outro lado, considerando a progressão observada nessa sessão genérica para crawl, sessões similares podem ser projetadas para os demais estilos (com a ajuda da Tabela 6.3). Assim, dependendo da idade e do nível dos alunos, a distância para cada jogo pode ser aumentada ou reduzida.

## QUINTA SESSÃO GENÉRICA: OS JOGOS AQUÁTICOS

Esta última sessão genérica levanta a ideia de continuar a praticar o estilo, mesmo quando o treinador ou o próprio aluno percebe que já consolidou os gestos técnicos do estilo. No entanto, sob o prisma do modelo *Play Practice*, a prática de um estilo deve ser feita por meio de jogos ou atividades dinâmicas que promovam um desenvolvimento emocional positivo, ao mesmo tempo em que melhorem a competência esportiva e motora de cada aluno (Launder e Piltz, 2013).

A seguir, são propostos diferentes jogos que podem ser desenvolvidos em sessões sucessivas após o aprendizado de um estilo de natação. O objetivo desta sessão, como apontado pelos autores do modelo (Launder e Piltz, 2013), é propor diferentes situações dinâmicas, nas quais as habilidades e gestos técnicos propostos até o momento são postos em prática. Os materiais a serem utilizados nesta sessão serão 30 bolas de espuma (ou elementos flutuantes, como pequenas bóias ou pranchas), duas caixas metálicas para depositar materiais e seis cordas ou raias para delimitar várias áreas.

- O primeiro jogo proposto, uma vez que a técnica de crawl tenha sido dominada, chama-se "Enchendo a caixa". Como mostrado na Figura 6.3, os participantes são divididos em duas equipes (no nosso caso de cinco jogadores). O jogo consiste em um dos participantes pulando na piscina e nadando o crawl até uma área onde haverá materiais flutuantes (por exemplo, bolas, boias ou pranchas). Ele deve pegar um material e transportá-lo para a caixa do time, usando a pernada do nado crawl enquanto o carrega com as mãos. A equipe que tiver mais materiais em sua caixa dentro de 10 minutos ganha.

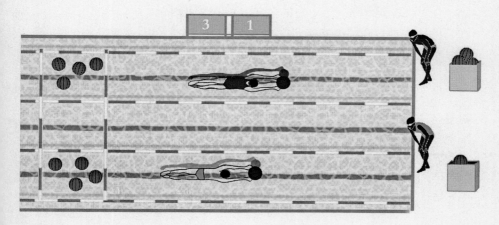

**Figura 6.3.** Jogo "Enchendo a Caixa".
**Fonte:** Ramón Freire Santa Cruz.

O próximo nadador pode pular na água quando seu colega de equipe estiver trazendo um material.

- **Variações.** Modificação do tempo de jogo. Modificar o estilo ou a maneira de mergulhar (por exemplo, mergulho de ponta, desde que já tenha sido introduzido e praticado antes).

- Outra possibilidade de jogo que pode ser implementado é chamado de "Tubarões e sereias". Todos os participantes, exceto um, são colocados em uma extremidade da piscina (eles são as sereias). Há um tubarão no meio da piscina. O tubarão emitirá um sinal acústico e as sereias devem nadar até a outra extremidade sem serem tocadas pelo tubarão. Quando uma sereia é tocada, ela se transforma em um tubarão. O jogo termina quando todos eles são tubarões. Os tubarões ficam no meio da piscina e só podem capturar as sereias tocando em suas pernas.

- **Variações.** O tubarão vai gritar o nome de uma pequena sereia. A sereia tem que tentar chegar ao outro lado sem ser pega. Se ela conseguir, o resto das sereias partirão em sua jornada. Se ela for capturada, ela se transforma em um tubarão e tem que dizer outro nome para sair.

Uma vez que um estilo é dominado, é possível passar à prática de viradas (através de jogos aproximação). Por outro lado, pode ser interessante introduzir técnicas de resgate de água e de salvamento (como já discutido na Figura 6.2), quando os nadadores demonstram um nível relativamente avançado de natação, pois esses tipos de tarefas tendem a motivar os jovens nadadores, além de variar a técnica de pernada, que pode ser utilizada pelo professor para assimilar e compreender diferentes princípios de natação, de acordo com o objetivo pretendido, e para que o nadador adapte seu movimento às características contextuais (por exemplo, se ele tiver que ir resgatar uma pessoa que está se afogando, o nadador não deve colocar sua cabeça na água, pois ele não deve perder o contato visual com a pessoa a ser resgatada).

## 6.6 Adaptando o ensino dos esportes individuais

Na sessão anterior e especialmente na primeira sessão genérica, foram propostas diferentes adaptações para um aluno que era hidrofóbico. Na verdade, a natação é um esporte adequado para pessoas com outras habilidades ou que têm algumas condições limitantes (Pérez-Tejero et al., 2012). Nesta sessão, resumimos as principais ideias que devem ser levadas em consideração ao adaptar qualquer esporte individual às características e às necessidades dos participantes, além dos esportes "oficiais" adaptados.

- **Simulação de diferentes deficiências por meio de esportes adaptados**. Os esportes adaptados são considerados uma ferramenta eficaz que favorece a integração social (Ríos-Hernández, 1994). A prática de esportes adaptados melhora a empatia e as atitudes em relação às pessoas com deficiência (Suárez-Lorca e Pérez-Turpin, 2006). Assim, uma ou várias sessões de qualquer esporte podem ser dedicadas ao trabalho de gestos técnicos com certas limitações. Por exemplo, usar uma venda para realizar um sprint de 100 metros com um guia.

- **Modificação da área e do equipamento de jogo.** Essa é uma premissa do modelo *Play Practice*: estruturar ambientes de aprendizagem seguros. Assim, ao estruturar qualquer sessão, a segurança dos participantes deve ser considerada e a atividade deve ser orientada para um ambiente completamente seguro. Por exemplo, no ensino de esportes de combate, os tapetes macios (ou tatame) devem ser colocados em todo o piso.

- **Prevenção de obstáculos.** Essa é uma diretriz intimamente relacionada com a anterior. Dependendo das características dos participantes, certas características dos esportes que estão sendo ensinados podem precisar ser removidas. Por exemplo, em uma corrida de obstáculos, se houver um aluno com deficiência visual, os obstáculos serão removidos e o curso será ampliado para combinar com os outros participantes.

É importante estar ciente de que uma adaptação não significa uma vantagem automática para atletas com necessidades especiais, mas um sistema de jogo (ou aprendizagem) justo para todos os participantes.

## 6.7 Avaliação do processo de ensino-aprendizagem

Ao longo deste capítulo, foi descrita a importância da avaliação formativa e contínua para adaptar as atividades ao progresso de cada aluno. A observação e análise do processo individual e em grupo é muito importante nos esportes individuais, especialmente na natação, porque a consolidação de uma habilidade básica (por exemplo, a respiração) determinará o desenvolvimento de outros gestos técnicos mais avançados (por exemplo, o estilo). Langendorfer (2015) indica que existe um risco potencial na consolidação de um hábito inapropriado ao introduzir um gesto técnico ou habilidade avançada muito cedo sem considerar a evolução de cada atleta usando uma rigorosa avaliação formativa.

No contexto dos esportes individuais, existem diferentes ferramentas cientificamente validadas para avaliar as habilidades e técnicas de certos programas de ensino e aprendizagem de esportes, tais como a Ferramenta de Avaliação do Atleta (tradução literal: Modelo de Herramienta Evaluativa Atlética e Moore, 2017). É verdade que a maioria destes instrumentos são originalmente publicados em inglês e poucos têm sua correspondente validação cultural e linguística em português. Entretanto, nas palavras de Grosse (2015), os professores (ou treinadores) devem projetar escalas *ad hoc* com base nas características particulares de seus alunos e do contexto.

### 6.7.1 Desenvolvimento de habilidades motoras e a compreensão do jogo

Especificamente na natação, Di Paola (2019) identificou três elementos importantes que influenciam significativamente a aquisição de conhecimento:

1. Critérios de avaliação relevantes. Tais como frequência e extensão do nado (Madureira et al., 2012).

2. Experiência profissional e observação sistemática do progresso.

3. Metodologia de avaliação válida e sistemática.

De acordo com Di Paola (2019), muitos descritores de aprendizagem ou padrões de avaliação na natação podem dificultar a análise e observação do comportamento dos alunos e do desenvolvimento motor, especialmente para os instrutores menos experientes. Por outro lado, esse autor propõe um treinamento abrangente para instrutores de natação sobre os princípios básicos do movimento na água (isto é, hidrodinâmica) como conteúdo elementar para observar melhorias na natação e assim propor várias progressões de aprendizagem em qualquer estilo. Por outro lado, Varveri et al. (2016) propuseram um protocolo alternativo e "amigável" de avaliação da competência aquática (tradução literal: Aquaticity Assessment Tool), em oposição às tradicionais fichas de observação de gestos técnicos de natação. Essa ferramenta propõe componentes como controle da respiração (ou seja, mostra a capacidade de expirar ritmicamente na água) ou resistência física em ambientes aquáticos (ou seja, nado por 5 minutos sem parar de usar qualquer estilo).

Como observar a progressão técnico-tática de todos os nadadores (ou atletas)? O uso de novas tecnologias, por exemplo, vídeos em câmera lenta (câmeras submarinas no caso da natação), pode, por um lado, ajudar a melhorar as habilidades de observação e análise dos treinadores e, por outro lado, tornar a avaliação mais eficaz e mais justa. Existem atualmente vários aplicativos (Apps) ou softwares projetados para analisar qualquer gesto técnico do atleta, alterar a velocidade de reprodução ou mesmo poder fazer anotações no vídeo. Esse é o caso do aplicativo Hudltechnique® (freemium para celulares iOS), para mencionar apenas uma delas.

Em resumo, como indicam Backman et al. (2020), a consolidação de crenças não baseadas em evidências científicas em relação aos processos de avaliação deve ser evitada. Portanto, deve ser enfatizado que as ferramentas e procedimentos de avaliação devem ser ajustados às características dos alunos e ao contexto, e não o contrário, como aparece em muitas publicações sobre iniciação à natação ("receitas" de sequências de ensino de natação). Como não desejamos condicionar a forma como os leitores avaliam, essa sessão não irá enfatizar nenhuma ferramenta de avaliação específica, deixando ao critério do instrutor, embora baseada nas ideias-chave e nos fundamentos descritos.

## MODELOS DE ENSINO BASEADOS NO JOGO PARA A INICIAÇÃO COMPREENSIVA DO ESPORTE

### 6.7.2 Dimensões afetivas e sociais

Como vimos nos capítulos anteriores, a avaliação não pode ser focada exclusivamente no desenvolvimento motor e técnico-tático do esporte. Então, seguindo a recente ideia de Karatrantou et al. (2019), as ferramentas de avaliação não podem ser focadas exclusivamente na avaliação de uma técnica específica do esporte que está sendo praticado. De fato, uma avaliação autêntica PARA a aprendizagem (em oposição às avaliações tradicionais DA aprendizagem) deve incluir todos os aspectos do esporte e comportamentos que são aplicados em situações reais (López-Pastor et al., 2013).

Grosse (2005) desenvolveu uma tabela cruzada para relacionar diferentes procedimentos de avaliação com outras áreas de interesse, tais como comportamentos e atitudes para a aprendizagem holística do atleta. A Tabela 6.4 reflete a tradução da proposta de Grosse (2005) para orientar os treinadores na elaboração de avaliações abrangentes da aprendizagem esportiva. Em última análise, independentemente do esporte a ser ensinado, é importante levar em conta o desenvolvimento socioafetivo e emocional dos atletas.

No caso específico da natação, esse é um contexto ideal para introduzir técnicas que salvam vidas e primeiros socorros como a ressuscitação cardiopulmonar (RCP). Embora testes teóricos sejam usados para avaliar o conhecimento dos participantes (por exemplo, onde você deve colocar os eletrodos do Desfibrilador Externo Automatizado (DEA)? De acordo com Avila-Juarez et al. (2020), a prática deliberada de técnicas de ressuscitação é mais útil do que o uso de recursos teóricos, como infográficos e vídeos. De fato, situações simuladas (por exemplo, cenários de dramatização, cenários práticos ou jogos de encenação) podem ajudar o treinador a observar e avaliar o comportamento de seus alunos de uma maneira mais realista. A esse respeito, Fleischhackl et al. (2009) recomendam o uso de uma lista de verificação com itens de desempenho importantes agrupados em dimensões globais para avaliação prática de RCP e manobras de primeiros socorros.

| Instrumento de avaliação | Tomada de decisão | Habilidade | Conhecimento | Condutas sociais | Atitudes |
|---|---|---|---|---|---|
| Ensino recíproco | X | X | X | X | X |
| Listas de controle | X | X | X | X | X |
| Testes de habilidades combinadas | X | X | X | | X |
| Cenários | X | | X | | X |
| Diários | X | X | | | X |
| Exámes teóricos | X | | X | | X |
| Perguntas | | | X | X | X |
| Entrevistas | | | X | X | X |
| Listas de controle de habilidades | X | X | | | |

**Tabela 6.4.** Tabela cruzada de resultados de aprendizagem que podem ser medidos com ferramentas ou metodologias de avaliação.

**Fonte:** Grosse, 2005.

A Tabela 6.5 mostra um exemplo de uma lista de verificação em uma situação simulada.

| Pressuposto | Você é salva-vidas na piscina local. De repente, alguém grita porque há um homem de aproximadamente 35 anos de idade deitado no chão dos chuveiros. O homem parece estar inconsciente. O que você faz? | | | |
|---|---|---|---|---|
| **Dimensão** | **Item** | **Sim** | **Não** | **NP\*** |
| Abordagem à vítima e avaliação do ambiente | Verifica se o espaço é seguro para cuidar da vítima. | | | |
| | Em caso de potencial perigo, toma as medidas adequadas. | | | |
| Verificação da resposta e da respiração | Move a vítima levemente pelos ombros para verificar se ela responde à pergunta "Está bem? | | | |
| | Caso haja uma resposta, avalia seu estado regularmente. | | | |
| | Se não houver resposta e for decidido abrir as vias aéreas, serão tomadas precauções contra a pandemia (por exemplo, COVID-19). | | | |
| | Observa o tórax da vítima e verifiqua se ele está se movendo normalmente. | | | |
| Notifica os serviços de emergência e orienta as ações | Disca corretamente o número de emergência. | | | |
| | Detalha adequadamente a situação, incluindo o endereço do local e o número de vítimas envolvidas. | | | |
| | Segue as instruções do operador de emergência ou do médico da emergência e responda corretamente às perguntas. | | | |
| | Se houver um DEA por perto, pede a alguém que o aproxime. | | | |

**Tabela 6.5.** Exemplo de uma lista de verificação de cenários práticos com uma emergência que requer primeiros socorros

**Fonte**: baseada em Fleischhackl et al., 2009.

# Resumo e conclusões

Embora os esportes individuais sejam principalmente de natureza técnica, o ensino de conteúdos táticos (isto é, estratégias de decisão e jogo) também deve ser introduzido em Modelos Baseados no Jogo. De fato, uma progressão de conteúdos técnicos e táticos adaptados ao contexto é importante para promover um aprendizado significativo nos participantes.

Todos os alunos devem ter as mesmas oportunidades de sucesso e prazer, pois isso é fundamental para o desenvolvimento de competências físicas e esportivas, especialmente em crianças e jovens (Whitehead, 2010).

O modelo *Play Practice* está englobado nos Modelos Baseados no Jogo, porque é um grande recurso pedagógico que contribui para a integração de táticas e técnicas dentro do jogo (ou técnicas essenciais em esportes individuais). De fato, como mencionado por Launder e Pitlz (2013, p. 59), o que é taticamente desejável deve ser tecnicamente possível. Esse modelo tem dois princípios metodológicos fundamentais: por um lado, os desafios e os jogos devem ser o foco principal do processo ensino-aprendizagem e da prática esportiva, por outro lado, uma avaliação eficaz e um feedback positivo são essenciais para incentivar os participantes a praticar e melhorar os componentes esportivos. Ao longo deste capítulo, tomando a natação como exemplo, foi desenvolvida a importância de projetar uma progressão efetiva dos conteúdos de acordo com as características dos nadadores e de realizar avaliações apropriadas que permitam adaptar os conteúdos ao longo das sessões de treinamento e/ou unidades didáticas. Finalmente, foi entendida a importância de integrar aspectos do desenvolvimento humano (como o desenvolvimento socioafetivo) no processo de avaliação, assim como a importância de integrar conteúdos transversais, como os primeiros socorros.

Agora, depois de ler este capítulo, é hora de dar o salto para a prática, uma prática que faz a diferença de um treinamento de qualidade e holístico, com jogos, desafios e uma verdadeira avaliação formativa, em oposição a um ensino tradicional baseado na repetição de gestos técnicos e não muito motivador.

## Referências

Adnan, M. W., Sedek, R., Mutalib, S. A., Kasim, Z. M., Kashim, M. I., Idris, F., & Yusof, A. (2019). Effects of swimming towards mental health in collegiate male adults. *Malaysian Applied Biology Journal, 48*(2), 141-148.

Almond, L. (1986). Reflecting on themes: a games classification. In R. (Eds.), *Rethinking games teaching* (pp. 71-77). Departamento de Educación Física y Ciencias del Deporte de la Universidad de Loughborough.

Ávila-Juárez, S. A., Morales-López, S., Daniel-Guerrero, A. B., Olvera-Cortés, H. E., García-Barrón, A. M., & Martínez-Rodríguez, M. A. (2020). Evaluación de adquisición de habilidades en RCP básica y uso de DEA con recursos educativos. *Investigación en Educación Médica, 9*(34), 43-52. https://doi.org/10.22201/facmed.20075057e.2020.34.19183

Backman, E., Nyberg, G., & Larsson, H. (2020). Moving beyond rigid orthodoxies in the teaching and assessment of movement in Swedish Physical Education teacher education: a student perspective. *European Physical Education Review, 26*(1), 111-127. https://doi.org/10.1177/1356336X19837287

Baker, J., Yardley, J., & Côté, J. (2003). Coach behaviors and athlete satisfaction in team and individual sports. *International Journal of Sport Psychology, 34*(3), 226-239.

Batalla, A., & Martínez, P. (2002). *Deportes individuales*. INDE Editorial.

Bouet, M. (1968). *Signification du sport*. Editions Universitaires.

Cruz Roja Americana. (2014). *Water safety instructor's manual*. Krames Stalywell Strategic Partnerships Division.

Di Paola, P. (2019). The assessment of swimming and survival skills: is your programme fit for its purpose? *International Journal of Aquatic Research and Education, 11*(4), 1-10. https://doi.org/10.25035/ijare.11.04.06

Dixon, H. E., & Bixler, R. D. (2007). Failure to learn to (really) swim: inflated self-efficacy? *Recreational Sports Journal, 31*(1), 14-20. https://doi.org/10.1123/rsj.31.1.14

Ellis, M. (1983). *Similarities and differences in games: a system for classification*. [Traducción propuesta: "Similitudes y diferencias en los JOGOs: un sistema para clasificarlos"]. Conferencia expuesta en el International Association for Physical Education in Higher Education (AIESEP) Conference. Roma, Italia.

Famaey-Lamon, A., Hebbelinck, M., & Cadron, A. M. (1979). Team-sport and individual sport. *International Review of Sport Sociology, 14*(2), 37-50. https://doi.org/10.1177/101269027901400203

Federación Internacional de Natación [FINA]. (2016). *Natación para todos, natación para la vida*. Sección de Divulgación de la Federación. Recuperado de https://www.fina.org/sites/default/files/descargue_manual_natacion_para_la_todos_-_natacion_para_la_vida.pdf

Federación Internacional de Natación [FINA]. (2020). *Manual de referencia para la enseñanza y perfeccionamiento técnico en natación. Sección de Divulgación de la Federación.* Recuperado de http://www.fina.org/ sites/default/files/sportsdep_sfa_sfl_manual_de_referencia_esp.pdf

Fleischhackl, R., Nuernberger, A., Sterz, F., Schoenberg, C., Urso, T., Habart, T., Mittl-Boeck, M., & Chandra-Strobos, N. (2009). School children sufficiently apply life suppor- ting first aid: a prospective investigation. *Critical Care, 13*(4), R127 (1-7). https://doi. org/10.1186/cc7984

García-Grossocordón, J., Durán-Piqueras, J. P., & Sainz-Beivide, A. (2004). *Jugando al atletismo.* Guía y pautas de referencias para realizar competiciones alternativas de atletismo en las categorías infantil (12-13 años), alevín (10-11 años), benjamín (8-9 años) y edades anteriores según un nuevo concepto y formato de competiciones. Real Feder- ación Española de Atletismo.

Goldsmith, W. (2015). Swimming 101: back to the basics. *Swimming World Magazine, 3,* 30-31.

Grosse, S. J. (2005). Assessment of swimming in Physical Education. *Strategies, 19*(1), 35-36. https://doi.org/10.1080/08924562.2005.11000388

Kang, S., Lee, K. Y., & Kwon, S. (2020). Basic psychological needs, exercise intention and sport commitment as predictors of recreational sport participants' exercise adherence. *Psychology e health, 35*(8), 916-932. https://doi.org/10.1080/08870446.2019.1699089

Karatrantou, K., Stavrou, V., Hasioti, P., Varveri, D., Krommidas, C., & Gerodimos, V. (2019). An enjoyable school-based swimming training programme improves students' aquaticity. *Acta Paediatrica,* 109(1), 166-174. https://doi.org/10.1111/apa.14920

Langendorfer, S. J. (2015). Changing learn-to-swim and drowning prevention using aquatic readiness and water competence. *International Journal of Aquatic Research and Education, 9*(1), 4-11. https://doi.org/10.25035/ijare.09.01.02

Laughlin, T. (2019). *Natación para todos: una guía para nadar mejor de lo que nunca había imaginado.* Editorial Paidotribo.

Launder, A. G. (2001). *Play practice: the games approach to teaching and coaching sports.* Human Kinetics.

Launder, A. G., & Piltz, W. (2013). *Play practice: engaging and developing skilled player from beginner to elite.* Human Kinetics.

Lazar, J. M., Khanna, N., Chesler, R., & Salciccioli, L. (2013). Swimming and the heart. *International Journal of Cardiology*, *168*(1), 19-26. https://doi.org/10.1016/j.ijcard.2013.03.063

Lee, J., & Kim, J. (2019). Development of survival swimming curriculum for prevention of drowning: delphi method. *Journal of Coastal Research*, *91*(1), 196-200. https://doi.org/10.2112/SI91-040.1

López-Pastor, V. M., Kirk, D., Lorente-Catalán, E., Macphail, A., & Macdonald, D. (2013). Alternative assessment in Physical Education: a review of international literature. *Sport, Education and Society*, *18*(1), 57-76. https://doi.org/10.1080/13573 322.2012.713860

Madureira, F., Bastos, F. H., Corrêa, U. C., Rogel, T., & Freudenheim, A. M. (2012). Assessment of beginners' front-crawl stroke efficiency. *Perceptual e Motor Skills: Exercise e Sport*, *115*(1), 300-308. https://doi.org/10.2466/06.05.25.PMS.115.4.300-308

Mansilla, I. (1994). *Conocer el atletismo*. Gymnos Editorial.

Mason, P. (2014). *Swim better, swim faster*. [Traducción propuesta: Nada major, nada más rápido]. Bloomsbury.

Mische-Lawson, L., D'adamo, J., Campbell, K., Hermreck, B., Holz, S., Moxley, J., Nance, K., Nolla, M., & Travis, A. (2019). A qualitative investigation of swimming experiences of children with autism spectrum disorders and their families. *Clinical Medicine Insights*: Pediatrics, *13*(1), 1-9. https://doi.org/10.1177/1179556519872214

Moore, J. (2017). Model Athletic Assessment Tool. *The Physical Educator*, *74*(1), 34-44. https://doi.org/10.18666/TPE-2017-V74-SI1-8551

Mora, J. A., García, J., Toro, S., & Zarco, J. A. (2001). *CECD: Cuestionario de estrategias cognitivas en deportistas*. Manual. Tea.

Oliveira, D. V., Muzolon, L. G., Antunes, M. D., & Nascimento-Júnior, J. R. A. (2019). Impact of swimming initiation on the physical fitness and mental health of elderly women. Acta Scientiarum. *Health Sciences*, *41*(1), e43221. https://doi.org/10.4025/actascihealthsci. v41i1.43221

Pérez-Tejero, J., Reina-Vaíllo, R., & Sanz-Rivas, D. (2012). La Actividad Física Adaptada para personas con discapacidad en España: perspectivas científicas y de aplicación actual. *Cultura, Ciencia y Deporte*, *7*(21), 213-224.

Rekalde, I., Vizcarra, M. T., & Macazaga, A. M. (2014). La observación como estrategia de investigación para construir contextos de aprendizaje y fomentar procesos participati- vos. *Educación XX1, 17*(1), 201-220.

Ríos-Hernández, M. (1998). Los JOGOs sensibilizadores: una herramienta de integración social. *Apunts: Educación Física y Deportes, 1*(38), 93-98.

Ryan, R. M., & Deci, E. L. (2020). Intrinsic and extrinsic motivation from a Self-Determination Theory perspective: definitions, theory, practices, and future directions. *Contemporary Educational Psychology, 61*, 1-11. https://doi.org/10.1016/j.cedpsych.2020.101860

Siedentop, D., Hastie, P. A., & Van Der Mars, H. (2020). **Complete guide to Sport Education** (3rd edition). Human Kinetics.

Suárez-Lorca, C., & Pérez-Turpin, J. A. (2006). Educación en la diversidad desde el área de Educación Física: los JOGOs sensibilizadores. *Journal of Human Sport and Excercise, 1*(1), 1-5.

Szabo, A., Boros, S., Mezei, S., Németh, V., Soós, I., De La Vega, R., Ruíz-Barquín, R., & Patakiné-Bösze, J. (2019). Subjective psychological experiences in leisure and competitive swimming. *Annals of Leisure Research, 22*(5), 629-641. https://doi.org/10.1080/11 745398.2018.1558409

Varveri, D., Flouris, A. D., Smirnios, N., Pollatou, E., Karatzaferi, C., & Sakkas, G. K. (2016). Developing and testing an instrument to assess aquaticity in humans. *Journal of Bodywork and Movement Therapies, 20*(3), 497-503. https://doi.org/10.1016/j.jbmt.2015.12.013

Vigário, P., Teixeira, A., & Mendes, F. (2020). Pareja entrenador-atleta: percepción de los fac- tores psicosociales y ambientales en la relación: un estudio de caso. *Retos: Nuevas Tendencias en Educación Física, Deporte y Recreación, 37*(1), 666-672.

Whitehead, M. (2010). *Physical literacy throughout the lifecourse*. Routledge.

# 7

# PERSPECTIVAS FUTURAS SOBRE OS MODELOS BASEADOS NO JOGO: HIBRIDAÇÕES DE MODELOS PEDAGÓGICOS

## 7.1 Hibridação De Modelos Pedagógicos

Alexander (2008) argumenta que houve uma mudança na concepção de como ensinar o esporte desde a educação "do" físico até a educação "através" do físico. A esse respeito, Hastie e Curtner-Smith (2006) observaram que, nas últimas décadas, houve um esforço para apresentar modelos de ensino que envolvem estudantes que participam em ambientes justos e equitativos (contextos nos quais todos os alunos têm oportunidades de aprender).

No contexto da educação física, como mostrado no Capítulo 1, tem ocorrido um interesse considerável em modelos baseados na prática (Casey, 2014; Casey e Kirk, 2021; Metzler, 2017; Kirk, 2013). Um modelo baseado na prática ou modelo pedagógico é uma forma de organizar elementos interdependentes de currículo, aprendizagem e ensino para alcançar objetivos específicos de aprendizagem (Hastie e Casey, 2014). Além disso, sugere-se que os Modelos Baseados na Prática parecem ser o "querido" (Casey, 2014, p. 19), e a "tendência do futuro" (Dyson et al., 2004, p. 237) para substituir as abordagens pedagógicas tradicionais.

Como se considera que um único modelo não é capaz de ser eficaz em todos os contextos educacionais (Lund e Tannehill, 2010), uma solução possível é fundir diferentes modelos curriculares em seu ensino com o objetivo de utilizar as características benéficas de cada um deles para atingir um fim específico (Stran et al., 2012). Isso é possível porque os modelos têm algumas características em comum, por exemplo, a implementação do papel central do aluno no processo de ensino ou o uso de jogos reduzidos e condicionados para o trabalho em pequenos grupos. Essas combinações produziram a implementação híbrida de modelos pedagógicos como a abordagem híbrida Step-Game-Aproach e Educação Esportiva (Araújo et al., 2019) ou a criação

de novos modelos, como o Sport for Peace Curriculum (Ennis, 1999), projetado para aumentar os níveis de envolvimento e satisfação das meninas, ou
Empowering Sport (Hastie e Buchanan, 2000), um modelo híbrido centrado
no estudante, baseado no desenvolvimento de habilidades, empoderamento
pessoal e responsabilidade social.

González-Víllora et al. (2019) sugeriram que o termo hibridação tinha
sido usado para representar duas ideias com o mesmo ponto de partida: a
combinação de diferentes modelos pedagógicos ou partes deles. Outros
termos para representar esse processo de hibridação/combinação podem ser
encontrados na literatura, tais como "mistura de modelos", "fusão", "união",
"integração de modelos" ou "abordagens híbridas". Independentemente da
terminologia utilizada, as hibridações podem ajudar a aumentar os benefícios
e possibilidades dos modelos pedagógicos individuais, bem como melhorar
algumas das limitações que alguns modelos pedagógicos apresentam, quando
implementados singularmente (González-Víllora et al., 2019).

## 7.2 Hibridação Dos Modelos Baseados no Jogo

Recentemente, González-Víllora et al. (2019) realizaram uma revisão
sistemática investigando as hibridações feitas entre modelos pedagógicos
em estudantes de 6 a 18 anos no contexto da educação física. Esses autores
encontraram um aumento no número de publicações sobre esse tema. O
modelo de Educação Esportiva foi o modelo pedagógico mais utilizado, e
a combinação desse modelo com os Modelos Baseados no Jogo foi a mais
amplamente implementada nos estudos analisados, onde o modelo dos Jogos
Didáticos para a Compreensão (Comprehensive Teaching of Sport) foi o mais
amplamente combinado em nível internacional. Resultados semelhantes foram
encontrados no contexto espanhol, sendo esse tipo de combinação uma das
mais amplamente aplicadas em contextos educacionais (Guijarro et al., 2020).
Esses autores sugerem que um motivo possível poderia ser a adaptabilidade
e aplicabilidade do modelo de Educação Esportiva na formação esportiva.

O foco da implementação inicial das combinações foi avaliar sua viabilidade, o que levou à consideração de como essas combinações poderiam
influenciar os participantes e suas percepções. Entretanto, embora haja uma
evidente proliferação de modelos híbridos na educação física, ela ainda é
escassa em contextos extracurriculares.

As sessões seguintes fornecem um resumo das principais conclusões da pesquisa atual, que considerou as percepções dos pesquisadores, professores em serviço, professores em formação e estudantes. Duas subseções principais são apresentadas: hibridações entre Modelos Baseados no Jogo e Educação Esportiva e hibridações entre Modelos Baseados no Jogo e Aprendizagem Cooperativa.

## OS MODELOS BASEADOS NO JOGO + O MODELO DE EDUCAÇÃO ESPORTIVA

A Educação Esportiva tem sido amplamente estudada e, como mencionado anteriormente, é um dos modelos pedagógicos com mais hibridações. Os modelos híbridos utilizaram as principais características da Educação Esportiva (competição formal com equipes estáveis, fases de competição: pré-temporada, temporada, play-offs e férias e vários papéis dos jogadores em cada equipe) com Modelos Baseados no Jogo que se concentram em pedagogias mais específicas (por exemplo, trabalhar elementos do jogo por meio de princípios táticos específicos de cada categoria esportiva (Araújo et al., 2016; Stran et al., 2012). Quando combinados, esses modelos podem proporcionar atividades de aprendizagem significativas, intencionais e autênticas (Dyson et al., 2004). Além disso, parece que essas abordagens híbridas não diminuem os pontos fortes de cada modelo separadamente, mas usam os pontos fortes de cada um para reduzir as lacunas particulares de cada modelo (Mesquita et al., 2012).

A contribuição da corrente portuguesa nesse campo deve ser destacada, pois eles tentaram considerar a especificidade das táticas das diferentes categorias esportivas (por exemplo, esportes de invasão ou esportes de rede e de parede) e abriram uma nova linha no estudo de modelos híbridos com táticas esportivas específicas.

As sessões seguintes estão agrupadas pelo tipo de hibridação utilizada (por exemplo, TGfU e Educação Esportiva, ou Modelo Tático e Educação Esportiva).

## O TGfU + O MODELO DE EDUCAÇÃO ESPORTIVA

Os modelos do TGfU e Educação Esportiva foram desenvolvidos nos anos 80, quando começaram a surgir novos pensamentos sobre como ensinar o esporte de forma eficaz (Alexander, 2008). Ambos os modelos pedagógicos tentaram proporcionar aos estudantes a oportunidade de participar de jogos modificados (Bunker e Thorpe, 1982; Siedentop, 1994). Hastie e Curtner-Smith (2006) observaram que a combinação do TGfU e Educação Esportiva tem o potencial de promover a compreensão do jogo sem negligenciar os objetivos afetivos.

Além disso, Stran et al. (2012) sugeriram que os modelos de Educação Esportiva e TGfU pareciam se complementar, porque ambos compartilham a intenção de ceder a responsabilidade do professor para os alunos. De uma perspectiva prática, essa hibridação permite que a Educação Esportiva funcione como pretendido, melhorando também o jogo por meio do foco em problemas táticos concretos (Stran et al., 2012). Além disso, Alexander (2008) recomenda que, embora se afirme que o TGfU coloque a aprendizagem em contextos autênticos, ela não pode ser totalmente autêntica sem usar as características que Siedentop (1994) atribui ao modelo de Educação Esportiva. Embora esses modelos tenham um enfoque diferente, a coesão entre eles é lógica, pois eles proporcionam experiências esportivas que ajudam os estudantes a aprender a jogar bem (Hastie e Curtner-Smith, 2006).

Pesquisas sugerem que a combinação de Educação Esportiva e o TGfU poderia permitir que os professores se beneficiassem de orientação estrutural (Educação Esportiva) e como fazê-lo (TGfU) (Alexander e Penney, 2005). O desafio em combinar o TGfU e a Educação Esportiva é desenvolver estratégias de ensino eficazes para apoiar a atividade instrucional mediada pelo estudante sem comprometer a centralidade do estudante em Educação Esportiva (Alexander e Penney, 2005). Em outras palavras, ambos os modelos devem ser apresentados, respeitando suas características essenciais, sem esquecer que esses modelos são centrados no estudante, portanto, o estudante deve permanecer como o pivô em torno do qual o aprendizado gira.

Hastie e Curtner-Smith (2006) avaliaram a influência de uma unidade híbrida de ensino integral e educação esportiva projetada com jogos de campo e alvo em alunos do ensino fundamental (11-12 anos), com resultados positivos no prazer dos alunos e na apreciação da associação proporcionada pela educação esportiva; embora essa mesma característica também tenha

MODELOS DE ENSINO BASEADOS NO JOGO PARA A INICIAÇÃO COMPREENSIVA DO ESPORTE

proporcionado experiências negativas (por exemplo, conflitos na seleção de equipes). Os estudantes foram capazes de fornecer respostas corretas a perguntas táticas e perceberam melhorias positivas em seu jogo.

Esses resultados parecem indicar que a capacidade tática dos estudantes melhorou durante o decorrer do curso da unidade didática. Esses autores enfatizaram que a combinação desses modelos não enfraqueceu as vantagens estruturais que a pesquisa tem mostrado para a Educação Esportiva, em relação às abordagens tradicionais. Entretanto, devem ser feitas modificações para tornar os dois modelos compatíveis entre si. A esse respeito, esses autores sugeriram que as tarefas de instrução e administração associadas a ambos os modelos requerem tempo e recomenda-se que cada modelo seja praticado e dominado antes de ser combinado.

Alguns anos depois, Stran et al. (2012) analisaram as percepções dos professores estagiários ensinando uma unidade híbrida de ensino integral e educação esportiva em esportes de invasão com alunos do sexto ano do ensino fundamental (10-11 anos). Os professores estagiários indicaram que ambos os modelos poderiam se conectar e ser benéficos para o engajamento dos alunos na temporada, relatando que os alunos se divertiam e usavam estratégias e táticas, com melhorias no sucesso e na confiança. Alguns dos professores estagiários observaram limitações na implementação de cada modelo individualmente, mas perceberam a combinação como positiva, reconhecendo sua experiência com ambos os modelos separadamente como eficaz na implementação de um modelo híbrido. Entretanto, alguns professores estagiários acharam difícil implementar modelos híbridos. Por exemplo, eles tiveram problemas com algumas características da Educação Esportiva (por exemplo, desorganização nos jogos de pré-temporada) ou do TGfU (por exemplo, durante o questionamento dos próprios professores, estagiários responderam às perguntas dando uma resposta rápida aos alunos).

Algumas pesquisas no contexto espanhol têm fornecido resultados positivos com essa combinação de modelos pedagógicos. Gil-Arias et al. (2017) mostraram melhorias em autonomia, competência, prazer e intenção de ser fisicamente ativo em uma temporada de vôlei e finalmente com o TGfU e Educação Esportiva em estudantes da primeira série do ensino médio (15-16 anos de idade). Antón-Candanedo e Fernández-Río (2017) foram um passo adiante na pesquisa com o TGfU e Educação Esportiva, incluindo material autoconstruído na unidade para estudantes da primeira série do ensino médio (15-16 anos) utilizando esportes alternativos (Duni: esporte no qual duas equipes jogam em uma quadra retangular, separadas por duas redes, trocando uma bola especial chamada pela cor). Os estudantes, particularmente as meninas, demonstraram melhorias nas táticas.

Mais recentemente, Gil-Arias et al. (2020) avaliaram o apoio à autonomia, o clima motivacional percebido, o prazer e a competência percebida em uma unidade híbrida do TGfU e Educação Esportiva em comparação com uma unidade didática realizada com Instrução Direta em estudantes da primeira série do ensino médio (15-16 anos de idade), obtendo melhores resultados para a unidade híbrida. Por sua vez, García-González et al. (2020) avaliaram aspectos motivacionais nos alunos do quarto ano do ensino médio (15-16 anos), demonstrando que era possível obter resultados positivos na motivação dos alunos com o uso de pequenas sessões de Educação Esportiva (10 sessões) implementadas por um professor iniciante. Gil-Arias et al. (2020), que avaliaram o impacto de uma unidade de basquetebol ensinada por meio de um modelo híbrido de TGfU e Educação Esportiva em alunos do quinto ano do ensino fundamental (10-11 anos), encontraram melhores resultados com esse tipo de combinação de modelos em variáveis motivacionais em comparação com os alunos que receberam instrução através da Instrução Direta. Finalmente, Gil-Arias et al. (2021) examinaram o efeito de uma unidade híbrida de TGfU e Educação Esportiva de Voleibol nas variáveis motivacionais dos alunos da primeira série do ensino médio (15-16 anos de idade), encontrando resultados positivos nas melhorias motivacionais dos alunos.

## O MODELO TÁTICO + MODELO DE EDUCAÇÃO ESPORTIVA

Em 2009, Pritchard e McCollum propuseram o Modelo Tático de Educação Esportiva, conectando a Educação Esportiva ao Modelo Tático, com os mesmos objetivos da Educação Esportiva: desenvolver atletas competentes, cultos e entusiasmados (Siedentop et al., 2020).

Gubacs-Collins e Olsen (2010) discutiram os desafios enfrentados por um professor durante um período de cinco anos ao implementar o Modelo Tático e a Educação Esportiva com alunos do ensino fundamental. O professor considerou a implementação dos Modelos Táticos um desafio para ensinar; no entanto, sugeriu que a Educação Esportiva combinada com o Modelo Tático proporcionou oportunidades para melhorar a forma como o esporte era ensinado, por exemplo, promovendo a compreensão do porquê de usar uma ou outra habilidade durante os jogos. O professor sentiu que poderia ser útil implementar ambos os modelos juntos e não isoladamente, pois as características da Educação Esportiva proporcionavam a estrutura organizacional necessária para implementar o Modelo Tático. Essa ideia difere das pesquisas anteriores, nas quais os acadêmicos recomendam implementar esses modelos isoladamente antes de combiná-los (Collier, 2005).

Alguns anos mais tarde, Pritchard et al. (2014) investigaram a eficácia do modelo de Educação Esportiva Tática utilizando o basquetebol em crianças em idade escolar (11-13 anos), com resultados positivos no desempenho do jogo tanto para meninas, quanto para meninos. Os autores sugeriram que as características do modelo de Educação Esportiva Tática (por exemplo, unidades mais longas ou adesão a equipes) levaram a melhorias no desempenho do jogo, proporcionando tempo para os estudantes jogarem e entenderem melhor os jogos.

## MODELO DE COMPETÊNCIA EM JOGOS DE INVASÃO + MODELO DE EDUCAÇÃO ESPORTIVA

Farias et al. (2019) consideraram que educar atletas competentes é complexo, especialmente nos esportes de invasão. A esse respeito, Mesquita et al. (2012) sugeriram que o TGfU não considera a especificidade das táticas nos esportes de equipe, o que torna necessário abordar esse aspecto por meio de modelos específicos, como o Modelo de Competência dos Jogos de Invasão, que adapta as características do TGfU aos esportes de invasão (por exemplo, princípios táticos).

Mesquita et al. (2012) examinaram o impacto da aplicação de uma hibridação do Modelo de Competência dos Jogos de Invasão e do Modelo de Educação Esportiva em alunos do quinto ano do ensino fundamental (10-11 anos) no desempenho do jogo durante uma intervenção no futebol. A estrutura proporcionada por esse modelo ofereceu aos estudantes a oportunidade de melhorar suas habilidades e tomada de decisões, especialmente em meninas e estudantes de baixa habilidade. Farias, Mesquita e Hastie (2015) encontraram resultados semelhantes com o mesmo esporte e estudantes da mesma idade. Esses estudos sugerem que as meninas parecem tirar maior proveito da implementação desse programa do que os meninos, o que pode favorecer a coeducação na educação esportiva.

Alguns anos depois, Farias et al. (2018), em um estudo longitudinal, examinaram o impacto de três temporadas consecutivas do Modelo de

Competência dos Jogos de Invasão e do Modelo de Educação Esportiva nos estudantes do oitavo ano do ensino fundamental (12-13 anos) com três esportes: basquete, handebol e futebol. Esse estudo procurou entender como os alunos que desempenham o papel de treinador desempenharam suas funções na Educação Esportiva. Os resultados apoiaram o potencial da Educação Esportiva para o desenvolvimento do jogador e a importância de intervenções prolongadas para melhorar a compreensão tática, concluindo que, com a preparação adequada de estratégias específicas, os treinadores-estudantes foram capazes de fornecer feedback a seus pares e ajustar as condições do jogo durante a prática. Em um programa semelhante, Farias et al. (2019) mostraram que a taxa de desempenho do jogo aumentou progressivamente ao longo das temporadas nos alunos do oitavo ano do ensino fundamental (12-13 anos de idade) que passaram por três temporadas híbridas consecutivas. De acordo com os autores, isso ocorreu principalmente à associação ao longo do tempo, ao ensino mediado por colegas e ao desenho de formas de jogo.

## ABORDAGEM STEP-GAME E O MODELO DE EDUCAÇÃO ESPORTIVA

A abordagem Step-game tem o potencial de fornecer uma estrutura teórica adequada para o desenvolvimento do desempenho em esportes de rede e de parede (por exemplo, vôlei, tênis ou badminton) (Mesquita et al., 2005). A abordagem Step-game é baseada em uma apresentação gradativa dos problemas do jogo que desafiam a capacidade dos jogadores de entender o jogo (Mesquita et al., 2005).

Araújo, Mesquita et al. (2013) analisaram a evolução do conhecimento do conteúdo, desde o professor até os treinadores-estudantes em uma unidade híbrida da Abordagem Step-game e Educação Esportiva, no sétimo ano do ensino fundamental (12-13 anos de idade). Os resultados mostraram dificuldades para os treinadores-estudantes para entender os objetivos das tarefas. Entretanto, alguns anos mais tarde, Araújo, Hastie, Pereira e Mesquita (2017) examinaram a evolução do conhecimento do conteúdo dos treinadores-estudantes em três temporadas híbridas da Abordagem Step-game e da Educação Esportiva no vôlei (estudantes do sétimo ao nono ano do ensino fundamental: 12-15 anos). Graças ao desenvolvimento de protocolos específicos, os autores observaram que era possível para os treinadores-estudantes organizar e apresentar tarefas para seus colegas de equipe, identificar erros em habilidades, fornecer feedback e mostrar a capacidade de adaptar tarefas para os membros da equipe. Embora a Educação Esportiva seja uma abordagem centrada no estudante, os autores ressaltaram que não é fácil entregar completamente a autonomia aos estudantes e que é necessário entregar gradualmente a responsabilidade pelo funcionamento do das funções a eles designadas.

Em relação ao desempenho do jogo com esse tipo de hibridação, Araújo et al. (2016) avaliaram alunos do sétimo ano do ensino fundamental (12-13 anos) no vôlei, com melhorias no desempenho do jogo do pré-teste para o pós-teste. Em seguida, Araújo et al. (2019) analisaram o desempenho do jogo no voleibol em três temporadas durante três anos de intervenções híbridas de Abordagem Step-games e Educação Esportiva. Os estudantes melhoraram durante a intervenção, com os de menor habilidade experimentando as maiores melhorias.

Os autores sugeriram que a temporada híbrida com a abordagem Step-games e Educação Esportiva pode ter o potencial de melhorar o desenvolvimento do desempenho do jogo e, ao mesmo tempo, facilitar os objetivos sociais e afetivos promovidos pela Educação Esportiva.

Mais recentemente, Araújo et al. (2020) analisaram os conhecimentos declarativos de estudantes de 16-18 anos de idade em sua participação com esse tipo de combinação no vôlei. Os resultados mostraram melhorias nos conhecimentos declarativos dos estudantes. Em termos de gênero, esse estudo mostrou que as meninas parecem tirar maior proveito desse tipo de combinação, com mais melhorias do pré-teste para o pós-teste.

### 7.3 Os Modelos Baseados no Jogo e na Aprendizagem Cooperativa

Dyson et al. (2004), em seu artigo sobre possíveis combinações de modelos pedagógicos, sugeriram que modelos táticos e de Aprendizagem Cooperativa poderiam ser combinados para melhorar os ambientes de aprendizagem.

### O MODELO TÁTICO + A APRENDIZAGEM COOPERATIVA

Casey e Dyson (2009) combinaram o Modelo Tático com a Aprendizagem Cooperativa no ensino de tênis com estudantes no sexto ano do ensino fundamental (11-12 anos). Os autores mostraram as preocupações e dificuldades enfrentadas pelo professor ao combinar estas duas modalidades pedagógicas, resumidas como: (1) o planejamento é uma tarefa complexa, (2) dificuldades em mudar o papel do professor (em direção a um ambiente mais centrado no estudante) e (3) organização. Inicialmente, foram encontrados problemas de cooperação e interação entre os estudantes, mas esse ambiente mudou para um ambiente mais organizado e cooperativo (por exemplo, os estudantes ajudaram os participantes que mais precisavam). Além disso, houve uma evolução positiva no nível de habilidade dos estudantes. O professor sugeriu que as dificuldades para os alunos não tinham tanto a ver com o Modelo Tático, mas com a estrutura inerente da Aprendizagem Cooperativa (por exemplo, cooperação ou interação). Entretanto, os alunos sugeriram que a combinação desses modelos tinha vantagens tanto para os alunos, quanto para os professores. Alguns anos depois, Casey e MacPhail (2018) investigaram, por meio de uma implementação híbrida do Modelo Tático e Aprendizagem Cooperativa (juntamente com outros modelos) com estudantes do ensino médio, mostrando resultados positivos no engajamento e responsabilidade dos estudantes.

Esses autores sugeriram que a experiência anterior com esses modelos e o tempo suficiente ajudaram na implementação do modelo híbrido. Definitivamente e como mostrado na Figura 7.1, uma hibridação entre esses modelos pedagógicos deve ser considerada como um gigantesco quebra-cabeça de elementos críticos que melhoram o desenvolvimento holístico de todos eles.

**Figura 7.1.** As características dos Modelos Baseados em Jogos e da aprendizagem cooperativa se unem como um "quebra-cabeça" para o desenvolvimento de valores e objetivos comuns.
**Fonte:** Ramón Freire Santa Cruz.

## TGfU + A APRENDIZAGEM COOPERATIA

Recentemente, no contexto espanhol, Guijarro et al. (2020) avaliaram uma experiência inicial com a combinação do modelo de Ensino Esportivo Integral e Aprendizagem Cooperativa em estudantes da do ensino fundamental (6-9 anos), com o foco na compreensão dos princípios técnico-táticos fundamentais e na cooperação. Com base em uma abordagem de ensino horizontal, com três níveis de complexidade tática, esses autores desenvolveram aspectos técnico-táticos dos jogos esportivos de quadra dividida e invasão, com resultados positivos no engajamento e desenvolvimento dos estudantes no jogo. Entretanto, esse tipo de intervenção exigiu um alto nível de envolvimento dos professores em sua concepção e implementação.

## PRINCIPAIS CONCLUSÕES DAS HIBRIDAÇÕES COM OS MODELOS BASEADOS NO JOGO

Pesquisas com as hibridações com Modelos Baseados em Jogos sugerem que elas aumentaram em número e ganharam reconhecimento no contexto da educação física. Infelizmente, nenhuma pesquisa é encontrada no contexto extracurricular. Apesar do crescente interesse na hibridação de Modelos Baseados em Jogos com educação esportiva ou aprendizagem cooperativa, há uma escassez de hibridações com outros modelos consolidados (Fernández-Río et al., 2018), como com o Modelo de Responsabilidade Pessoal e Social. Além disso, não há pesquisa examinando o impacto da hibridação dos modelos baseados em jogo com o que Fernández-Río et al. (2018) chamam de "modelos emergentes" (por exemplo, a Educação de Aventura ou o modelo de Educação Física Baseada na Saúde).

As principais conclusões das hibridações com modelos baseados em jogo são apresentadas a seguir:

- Os professores que implementam essas hibridações podem experimentar dificuldades (por exemplo, a mudança para um ambiente centrado no estudante).

- As tarefas de instrução e administração associadas a essas hibridações requerem tempo e paciência, particularmente se professores e/ou estudantes não tiverem experiência prévia com modelos centrados no estudante. Geralmente, sugere-se que a experiência prévia com modelos individuais deve ser adquirida antes de combiná-los.

- A pesquisa apoia essas combinações com resultados positivos no desempenho, participação, prazer e confiança do jogo.

- Diferentes resultados são encontrados em relação ao gênero ou nível de habilidade. Estudos sugerem que estudantes com menor capacidade têm maiores benefícios com a implementação de modelos híbridos.

- De acordo com a pesquisa, tanto a satisfação do estudante, quanto do professor após experimentar o modelo híbrido é alta.

## 7.4 Protocolos de fidelidade na implementação do modelo pedagógico

### POR QUE VERIFICAR A IMPLEMENTAÇÃO DO MODELO PEDAGÓGICO?

Hastie e Casey (2014, p. 422) apresentaram um trabalho para orientar futuras pesquisas utilizando modelos pedagógicos. Esses autores sugeriram que cada modelo tem um desenho específico que prescreve as "características não negociáveis que o tornam inconfundível". Nesse sentido, Metzler (2017) denomina essas características como "não negociáveis" com a palavra inglesa: "benchmarks". Além disso, Hastie e Casey (2014) acolhem com satisfação a flexibilidade para implementar cada modelo, o que permite que professores, instrutores ou pesquisadores projetem unidades que possam ser adaptadas a contextos específicos. No entanto, eles também sugerem que alguma fidelidade de implementação deve ser fornecida para verificar se as características dos modelos pedagógicos específicos foram usadas corretamente.

### COMO VERIFICAR A IMPLEMENTAÇÃO?

Hastie e Casey (2014) propuseram três elementos-chave que são essenciais em qualquer projeto de pesquisa e/ou inovação de ensino:

- Uma rica descrição dos elementos curriculares da unidade: uma descrição clara e detalhada da intervenção é necessária para identificar como os aspectos não negociáveis do modelo foram incluídos.

- Validação detalhada da implementação do modelo: essa avaliação é necessária para garantir que a instrução seja consistente com os padrões aceitos do modelo.

- Descrição detalhada do contexto do programa: a não descrição de características contextuais importantes pode resultar na retirada de conclusões errôneas. Alguns aspectos críticos que precisam ser declarados são a experiência anterior com os modelos do professor/formador e estagiários, o tempo de instrução (por exemplo, número de sessões, duração destas sessões ou o número de sessões por semana), facilitadores e restrições (por exemplo, agrupamento, tempo ou material).

A Tabela 7.1 fornece alguns exemplos de benchmarks, listas de verificação e descrições que ajudarão o leitor a validar futuras implementações.

| Hibridação | Exemplos de referências recomendadas |
|---|---|
| **Hibridação de GCAs - Educação Esportiva (geral)** | |
| Modelo de Educação Esportiva | • Metzler (2017, págs. 282-283) – Referências na Educação Esportiva de professores e estudantes.<br>• Sinelnikov (2009, pág. 100) – Referências.<br>• Stran y cols. (2012, pág. 293) – Referências.<br>• Hastie y cols. (2013, pág. 339) – Lista de verificação instrucional (Educação Esportiva e abordagem tradicional). |
| Modelos Baseados no Jogo | • Stran et al., (2012, pág. 294) – Referências do Professor no Modelo Tático.<br>• Metzler (2017, págs. 376-377) – Referenciais de professores e alunos no Modelo Tático.<br>• Butler (2014, pág. 13-15) – Referências sobre crenças, intenções e ações na Abordagem Integral do Ensino. |
| **Outras hibridações** | |
| *TGfU* - Educação Esportiva | • Gil-Arias et al., (2017, pág. 8) – Lista de verificação de treinamento. |
| O Modelo Tático de Educação Esportiva | • Pritchard e McCollum (2009, págs. 32-37) – Descrição prática.<br>• Gubacs-Collins e Olsen (2010, págs. 40-41) – Descrição prática. |
| Modelo de Competência dos Jogos de Invasão - Modelo de Educação Esportiva | • Farias et al., (2015) – Descrição completa da temporada.<br>• Mesquita et al., (2012) – Descrição completa da temporada. |
| Abordagem *Step-Games* – Educação Esportiva | • Araújo et al., (2016, pág. 191) – Lista de verificação de treinamento.<br>• Araújo et al., (2019, pág. 317) – Lista de verificação de treinamento. |
| Modelo Tático – Aprendizagem Cooperativa | • Metzler (2017, págs. 249-250) – Referência de aprendizagem cooperativa para professores e alunos. |

**Tabela 7.1.** Ferramentas para verificar a implementação híbrida de Modelos Baseados no Jogo. **Fonte:** Os autores.

## 7.5 Hibridação do Modelo Tático e do Modelo de Educação Esportiva: considerações e aplicação prática no tênis

É difícil fornecer detalhes de como funciona um modelo híbrido. Uma razão é que cada variação ou pequena modificação na implementação das principais características desses modelos resultará em grandes mudanças na hibridação. No entanto, esta sessão sugere algumas ideias que aqueles que querem combinar modelos pedagógicos devem considerar.

## O QUE E COMO VÃO ENSINAR OS DOCENTES?

A resposta a essa pergunta não se baseia apenas no conteúdo que os professores querem ensinar, nesse caso, o tênis, mas também no nível tático que eles querem desenvolver com base no nível inicial dos alunos. A esse respeito, Hastie e Curtner-Smith (2006) consideraram importante que os professores tenham conhecimento sobre o conteúdo que vão ensinar. Os objetivos de aprendizagem devem ser claramente definidos, sejam eles cognitivos, físicos, sociais e/ou afetivos. Todas essas decisões serão determinadas pelas características e necessidades dos alunos. Esse exemplo é baseado em um clube misto de tênis (esporte extracurricular) com 16 jogadores.

## QUE CARACTERÍSTICAS DE CADA MODELO DEVERIAM SER MANTIDAS?

É importante levar em conta as características de cada modelo pedagógico, a fim de manter a natureza dos modelos. No entanto, às vezes, eles devem ser adaptados para que os dois modelos se complementem.

## O MODELO TÁTICO

Com base em um problema tático específico (por exemplo, conquistar o ponto), devem ser tomadas decisões sobre como adaptar os jogos e as atividades para desenvolver o desempenho do jogo dos alunos.

## O MODELO DE EDUCAÇÃO ESPORTIVA

A temporada durará 20 sessões, divididas em três fases: pré-temporada (incluindo jogos amistosos), competição formal e um evento final (nesse caso, um torneio contra outro clube ou grupo de tênis). Os jogadores permanecerão no mesmo time (misto e equilibrado em termos de nível de habilidade) durante uma temporada completa em diferentes funções (isto é, treinador, preparador físico, gerente de equipamentos, capitão e árbitro). Haverá um cronograma oficial de competição para garantir a participação igualitária de todos os times de tênis, tanto no formato jogo simples, quanto em duplas. Cada partida na fase de competição durará 10 minutos para garantir que o cronograma da competição seja cumprido corretamente. Durante a temporada, os dados sobre vários elementos (por exemplo, melhor jogo, espírito esportivo, esforço etc.) serão registrados. A temporada esportiva será respaldada por um ambiente festivo.

## HIBRIDANDO OS MODELOS PEDAGÓGICOS

Como sugerido por Alexander e Peney (2005), esse tipo de hibridação incluirá tanto a mediação de professores (ensino ativo por meio do questionamento), quanto estratégias de mediação de pares (ensino recíproco ou aprendizagem em pequenos grupos). A estrutura recomendada por González-Víllora, Evangelio, Guijarro e Rocamora (2020) foi seguida para hibridar a Educação Esportiva e o Modelo Tático.

## ESTRATÉGIAS PARA CONSTRUIR O APRENDIZADO TÁTICO

A seguir, estão algumas estratégias para a construção do aprendizado tático:

- **Questionamento** (Pearson y Webb, 2008): o professor se reunirá com todo o grupo ou com cada equipe para conduzir o questionamento e a reflexão depois que os jogos forem jogados para construir o aprendizado tático.

- **Documentação do jogo**: as equipes receberão uma documentação do jogo, que incluirá instruções e ilustrações simples sobre os jogos, bem como a detecção de erros para ajudar os jogadores a dar feedback a seus colegas de equipe.

- **Espaço do treinador**: quando um novo conteúdo é introduzido, o professor fornece pontos-chave das tarefas ao treinador-jogador, enquanto o resto dos alunos continuam sua prática. Araújo et al. (2017) chamam essa estratégia de "espaço dos treinadores".

- **Intervalo**: durante jogos de 10 minutos (na fase de competição), haverá um intervalo (aos cinco minutos), no qual os jogadores refletirão sobre questões táticas no primeiro período.

- **Intervalo tático** (Harvey, Cope y Jones, 2016): o capitão pode convocar um intervalo tático durante os jogos na fase de competição. Os jogadores podem solicitar a assistência do professor para ajudá-los a identificar problemas táticos ou técnicos (ver Figura 7.2).

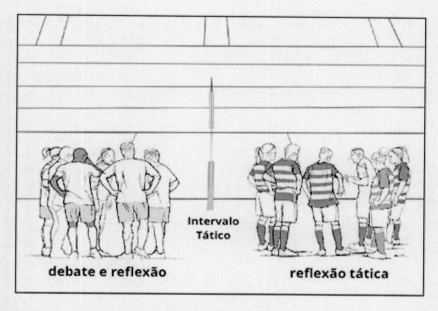

**Figura 7.2.** Intervalo Tático no Modelo Tático + Educação Esportiva.
**Fonte:** Ramón Freire Santa Cruz.

### 7.5.1 A pré-temporada com a hibridação do Modelo Tático e o Modelo de Educação Esportiva

Durante as primeiras sessões da pré-temporada, o professor apresentará as principais características da Educação Esportiva. As sessões iniciais envolverão o professor orientando as sessões e à medida que a temporada esportiva avança, mais responsabilidade será dada aos alunos, usando menos estratégias de ensino diretivo (por exemplo, descoberta guiada) e ensinando ao aluno-técnico como planejar suas próprias atividades. Quando necessário, o professor intervirá para introduzir habilidades técnicas ou táticas. Os alunos participarão de pequenos jogos, primeiramente guiados pelo professor por meio de perguntas para entender as táticas e estratégias de jogo. Os alunos conduzirão seus próprios exercícios de aquecimento, exercícios de treino e jogos amistosos.

Inicialmente, o treinador-estudante orientará a instrução de tarefas simples e, conforme a temporada avança, assumirá tarefas um pouco mais complexas com base nos problemas apresentados por sua equipe para tentar melhorar seu desempenho no jogo. Durante as primeiras sessões, o professor pode fornecer pequenas demonstrações dos jogos ou tarefas para todo o grupo e, à medida que o aluno-treinador ganha confiança no desempenho do papel, o professor pode fornecer essas pequenas demonstrações ao aluno para desempenhar esse papel, que então demonstrará a atividade para o resto de sua equipe.

A Tabela 7.2 fornece um exemplo de uma típica sessão em plena pré-temporada. Antes do início da sessão, o treinador e o professor se reunirão para discutir problemas táticos que possam surgir durante a sessão (por exemplo, para conquistar o ponto) e possíveis soluções para esses problemas (10-15 minutos de duração). A sessão começa quando os jogadores entram na quadra e vão para suas áreas de jogo. Uma vez que os quatro membros da equipe estejam em sua área de jogo, o treinador-estudante dará uma olhada no documento do jogo e informará ao gerente de equipamentos os objetos necessários para a prática da sessão. Ao mesmo tempo, o preparador físico explicará o jogo. Ele descreverá um jogo com o objetivo de obter o ponto, atacando a rede, jogando quatro pontos.

MODELOS DE ENSINO BASEADOS NO JOGO PARA A INICIAÇÃO COMPREENSIVA DO ESPORTE

| Tempo | Atividade realizada |
|---|---|
| 10'-15' (antes da sessão) | Encontro entre aluno-treinador e professor: discussão e debate sobre problemas táticos e possíveis soluções. |
| 5' | Preparador físico: consulta o documento de atividades para preparar a explicação da atividade e para ver que material é necessário. Gerente de equipamento: reunir o equipamento necessário para a sessão. |
| 15' | Preparador físico: orienta o aquecimento na área de jogo da equipe. |
| 10' | Consciência tática de todo o grupo guiado pelo professor. |
| 15' | Tarefa prática. |
| 15' | O treinador-aluno orienta o jogo final da sessão. |
| 5' | O preparador físico orienta o alongamento. |
| 15' | Projeto da bandeira da equipe. |
| 10' | Reunião final com todo o grupo. |

**Tabela 7.2.** Um dia típico durante a pré-temporada.
**Fonte:** Os autores.

O treinador-estudante usará o documento de atividades para explicar os principais aspectos do jogo (por exemplo, pontuação, espaço, equipamento). Enquanto todas as equipes estiverem jogando, o professor supervisionará a prática, dando feedback e observando quaisquer problemas técnicos ou táticos experimentados pelas equipes ou por qualquer um de seus jogadores.

Após aproximadamente 15 minutos, todo o grupo se reunirá para discutir os problemas táticos que eles encontraram enquanto jogavam os jogos. O professor fará perguntas como "O que você deve fazer nesta situação?" ou "O que você faz depois de um acerto?". Então, o professor explicará a atividade que todas as equipes realizarão em suas áreas do jogo com base nos problemas táticos e técnicos que os jogadores e o professor apontaram. Finalmente, o professor apresentará o jogo final. Esse jogo será mais complexo do que o primeiro e os conceitos aprendidos durante a sessão serão aplicados. O gerente de equipamento recolherá o equipamento usado e o devolverá ao depósito.

O preparador físico conduzirá o alongamento e então os membros da equipe continuarão com o desenho da bandeira para a competição formal. O gerente de equipamento recolherá a bandeira e o capitão garantirá que seja mantido um ambiente semelhante ao de uma equipe, gerenciando quaisquer conflitos que possam surgir. Se necessário, o professor será solicitado a ajudar a encontrar uma solução. Finalmente, será realizada uma reunião com todos os alunos, na qual todas as equipes e o professor discutirão a sessão.

### 7.5.2 Competição formal com a hibridação do Modelo Tático + O Modelo De Educação Esportivo

A Tabela 7.3 apresenta uma sessão típica durante a fase de competição formal. Os jogadores entram no ginásio e verificam imediatamente o calendário de competição na parede do ginásio. Todos os membros de cada equipe se reúnem em sua área do jogo para decidir qual atividade vão realizar na prática (dentre cinco possibilidades no documento de atividades), selecionando uma para reforçar os problemas táticos ou técnicos que tiveram anteriormente. Uma vez selecionado o jogo, o gerente de equipamento reúne o equipamento necessário e os quatro membros da equipe iniciam o treinamento. Antes do final do jogo, o professor se reunirá com os alunos a quem foi designado o papel de treinador em cada grupo para coordenar as tarefas durante os jogos.

Após um tempo determinado, as equipes vão a um certo ponto para iniciar o desfile das equipes, pois um dos elementos do modelo de educação esportiva é ensinar e vivenciar rituais esportivos. Quando termina, a competição começa. Cada partida durará 10 minutos, com um intervalo de um minuto.

MODELOS DE ENSINO BASEADOS NO JOGO PARA A INICIAÇÃO COMPREENSIVA DO ESPORTE

| Tempo | Atividade realizada |
|-------|---------------------|
| 10' | Reunião dos jogadores para selecionar a atividade com base na reunião final da última sessão. |
| 15' | Os jogadores jogam a atividade selecionada. |
| 10' | Desfile das equipes. |
| 40' | Competição.<br>As equipes jogam contra outras equipes.<br>As equipes arbitram.<br>As equipes treinam. |
| 5' | O preparador físico orienta o alongamento. |
| 10' | Reunião final e avaliação dos árbitros. |

**Tabela 7.3.** Um dia típico durante a fase de competição.
**Fonte:** Os autores.

Os jogos serão individuais e em duplas, seguindo o cronograma da competição. Cada equipe terá a oportunidade de solicitar um intervalo tático, no qual os jogadores de cada equipe se reunirão para discutir as dificuldades que estão tendo durante a partida e para enfrentar o restante da partida com estratégias diferentes. Eles também poderão consultar o professor. Os árbitros terão tempo para registrar os resultados. As equipes que não estiverem competindo no momento estarão treinando e poderão pedir ao professor que os ajude a selecionar as atividades ou as variantes que melhor se adaptem às suas necessidades, revendo alguns dos problemas táticos que tiveram nos jogos anteriores. O professor pode orientar esse processo de seleção e, uma vez que o jogo tenha sido selecionado, a descoberta guiada ocorrerá. Os jogadores também podem projetar seus próprios jogos com base nos conhecimentos adquiridos durante a temporada esportiva.

No final da competição, as equipes retornarão à área do jogo, os árbitros anunciarão as pontuações e o professor atribuirá pontos para o desportivismo ou para que os melhores jogadores sejam apresentados em um local visível no ginásio (por exemplo, na parede do ginásio). O preparador físico guiará o alongamento dos grupos musculares mais utilizados durante a sessão e as equipes irão a um ponto estabelecido para a reunião final do grupo, onde as equipes farão comentários sobre o árbitro e sobre toda a sessão.

### 7.5.3 O evento final com a hibridação do modelo tático + educação esportiva

Durante a fase final, as equipes competirão contra outros clubes (ou grupos) em um ambiente festivo. Os jogadores continuarão a desempenhar suas funções (por exemplo, árbitro, treinador-estudante etc.). A Figura 7.3 mostra uma partida de tênis em duplas, enquanto o resto dos colegas de equipe torce nas arquibancadas.

**Figura 7.3.** Fase final da hibridação do Modelo Tático + Educação Esportiva.
**Fonte:** Ramón Freire Santa Cruz.

### 7.6 Avaliação

## VALIDAÇÃO: AVALIAÇÃO DA INTERVENÇÃO DIDÁTICA

Como discutido anteriormente, as intervenções precisam ser validadas. Os parâmetros propostos por Metzler (2017) ou Pritchard e McCollum (2009) e as descrições por Gubacs-Collins e Olsen (2010) podem ser ferramentas muito úteis.

## AVALIAÇÃO DOS ALUNOS

O desenvolvimento tático, desenvolvimento de habilidades, esforço, responsabilidade ou desenvolvimento de funções são alguns dos elementos que devem ser avaliados. As sessões de avaliação dos capítulos anteriores podem ajudar o leitor com algumas ferramentas de avaliação. Entretanto, recomenda-se que seja dada ênfase especial ao fair play dos jogadores, a fim de favorecer um ambiente adequado. Portanto, a avaliação de funções é recomendada como uma ferramenta apropriada e útil. Essa avaliação pode ser uma avaliação por pares, uma avaliação pelo professor ou pelo próprio jogador (autoavaliação). Se, por exemplo, o papel do árbitro for avaliado, um exemplo de um item de autoavaliação poderia ser: "Eu fui justo e imparcial durante a arbitragem da partida". Dessa forma, uma discussão final poderia ser criada para servir como uma experiência de reflexão e aprendizado para todos.

### Resumo e conclusões

Este capítulo apresenta a literatura existente sobre hibridações com os Modelos Baseados no Jogo, revisando sua viabilidade junto aos jovens aprendizes, assim como as percepções dos professores, fornecendo um exemplo prático de como implementá-la em um esporte de rede. Além disso, são incluídos procedimentos de validação para ajudar em futuras implementações pedagógicas.

A hibridações dos Modelos Baseados em Jogos com outros modelos pedagógicos permite o desenvolvimento da compreensão do jogo proposto pelos Modelos Baseados em Jogos, integrando, ao mesmo tempo, outros tipos de aprendizagem que são essenciais no desenvolvimento do estudante ou jogador. Portanto, a importância desses planos para melhorar o desenvolvimento dos jovens atletas é reconhecida.

### Referências

Alexander, K. (2008). *Is there a role for tactical and Sport Education Models in school physical education?* In First Asia Pacific Sport in Education Conference. Adelaide, Australia.

Alexander, K., & Penney, D. (2005). Teaching under the influence: Feeding Games for Un- derstanding into the Sport Education development-refinement cycle. *Physical Education and Sport Pedagogy, 10*(3), 287-301. https://doi.org/10.1080/17408980500340901

Antón-Candanedo, A., & Fernández-Río, J. (2017). Hibridando modelos pedagógicos para la mejora de la comprensión táctica de estudiantes: una investigación a través del Duni. *Ágora para la Educación Física y el Deporte, 19*(2-3), 257-276. https://doi.org/10.24197/ aefd.2-3.2017.257-276

Araújo, R., Delgado, M., Azevedo, E., & Mesquita, I. (2020). Students' tactical underst- and- ing during a hybrid sport education/step-game approach model volleyball teaching unit. *Movimento, 26*, 1-16. https://doi.org/10.22456/1982-8918.97764

Araújo, R., Hastie, P., Lohse, K. R., Bessa, C., & Mesquita, I. (2019). The long-term development of volleyball game play performance using Sport Education and the Step-Game- Approach model. *European Physical Education Review, 25*(2), 311-326. https://doi. org/10.1177/1356336X17730307

Araújo, R., Hastie, P. A., Pereira, C., & Mesquita, I. (2017). The evolution of student-coach's pedagogical content knowledge in a combined use of Sport Education and the Step-Game-Approach model. *Physical Education and Sport Pedagogy, 22*(5), 518-535. https://doi. org/10.1080/17408989.2017.1294668

Araújo, R., Mequita, I., Hastie, P. A., Farias, C., & Santos, D. (2013). Content knowledge of the student-coach in peer teaching tasks in a hybrid SE-SGA volleyball unit. *Revista Mineira de Educação* Física, *9*(1), 49-55.

Araújo, R., Mequita, I., Hastie, P. A., & Pereira, C. (2016). Students' game performance improvements during a hybrid Sport Education-Step-Game-Approach volleyball unit. *European Physical Education Review, 22*(2), 185-200. https://doi.org/10.1177/1356336X15597927

Bunker, D., & Thorpe, R. (1982). A model for the teaching of games in secondary schools. *Bulletin of Physical Education, 18*(1), 5-8.

Butler, J. (2014). TGfU - Would you know it if you saw it? Benchmarks from the tacit knowledge of the founders. *European Physical Education Review, 20*(4), 465-488. https://doi.org/10.1177/1356336X14534356

Casey, A. (2014). Models-Based Practice: great white hope or white elephant? *Physical Education e Sport Pedagogy, 19*(1), 18-34. https://doi.org/10.1080/17408989.2012.726977

Casey, A., & Dyson, B. (2009). The implementation of Models-Based Practice in physical education through action research. *European Physical Education Review*, *15*(2), 175-199. https://doi.org/10.1177/1356336X09345222

Casey, A., & Kirk, D. (2021). *Models-based practice in physical education*. Routledge.

Casey, A., & Macphail, A. (2018). Adopting a models-based approach to teaching physical education. *Physical Education e Sport Pedagogy, 23*(3), 294-310. https://doi.org/10.1080/1 7408989.2018.1429588

Collier, C. S. (2005). Integrating Tactical Games and Sport Education models. Em L. L. Griffin y J. I. Butler (Eds.), Teaching Games for Understanding: theory, research, and practice (pp. 137-148). Human Kinetics.

Dyson, B., Griffin, L., & Hastie, P. A. (2004). Sport education, tactical games, and cooperative learning: Theoretical and pedagogical considerations. *Quest, 56*(2), 226-240. https://doi.org/10.1080/00336297.2004.10491823

Ennis, C. D. (1999). Creating a culturally relevant curriculum for disengaged girls. *Sport, Education and Society, 4*(1), 31-49. https://doi.org/10.1080/1357332990040103

Farias, C., Mesquita, I., & Hastie, P. A. (2015). Game performance and understanding within a hybrid Sport Education season. *Journal of Teaching in Physical Education, 34*(3), 363- 388. https://doi.org/10.1123/jtpe.2013-0149

Farias, C., Mesquita, I., & Hastie, P. A. (2019). Student game-play performance in invasion games following three consecutive hybrid Sport Education seasons. *European Physical Education Review, 25*(3), 691-712. https://doi.org/10.1177/1356336X18769220

Farias, C., Mesquita, I., Hastie, P. A., & O'Donovan, T. (2018). Mediating peer teaching for learning games: an action research intervention across three consecutive Sport Education seasons. *Research Quarterly for Exercise and Sport, 89*(1), 91-102. https://doi.org/10.1080/02701367.20 17.1402114

Fernández-Rio, J., Hortigüela, D., & Pérez-Pueyo, A. (2018). Revisando los modelos pedagógicos en educación física. Ideas clave para incorporarlos al aula. *Revista Española de Educación Física y Deportes, 423*, 57-80.

García-González, L., Abós, A., Diloy-Peña, S., Gil-Arias, A., & Sevil-Serrano, J. (2020). Can a hybrid Sport Education/Teaching Games for Understanding volleyball unit be more effective in less motivated students? An examination into a set of motivation-related variables. *Sustainability, 12*(15), 1670. https://doi.org/10.3390/su12156170

Gil-Arias, A., Claver, F., Práxedes, A., Villar, F. D., & Harvey, S. (2020). Autonomy support, motivational climate, enjoyment and perceived competence in physical education: impact of a hybrid Teaching Games for Understanding/Sport Education unit. *European Physical Education Review*, *26*(1), 36-53. https://doi.org/10.1177/1356336X18816997

Gil-Arias, A., Diloy-Peña, S., Sevil-Serrano, J., García-González, L., & Abós, A. (2021). A hybrid TGfU/SE volleyball teaching unit for enhancing motivation in physical education: a mixed- method approach. *International Journal of Environmental Research and Public Health*, *18*(1), 110. https://doi.org/10.3390/ijerph18010110

Gil-Arias, A., Harvey, S., Cárceles, A., Práxedes, A., & Del Villar, F. (2017). Impact of a hybrid TGfU-Sport Education unit on student motivation in physical education. *PLoS ONE*, *12*(6), e0179876. https://doi.org/10.1371/journal.pone.0179876

Gil-Arias, A., Harvey, S., García-Herreros, F., González-Víllora, S., Práxedes, A., & Moreno, A. (2020). *Effect of a hybrid teaching games for understanding/*sport education on elementary students' self-determined motivation in physical education. European Physical Education Review. https://doi.org/10.1177/1356336X20950174

González-Víllora, S., Evangelio, C., Guijarro, E., & Rocamora, I. (2020). *Innovando con el modelo de Educación Deportiva: si buscas resultados distintos, no eduques de la misma manera*. Aula Magna: McGraw Hill.

González-Víllora, S., Evangelio, C., Sierra-Díaz, J., & Fernández-Rio, J. (2019). Hybridizing pedagogical models: a systematic review. *European Physical Education Review*, *25*(4), 1056-1074. https://doi. org/10.1177%2F1356336X18797363

Gubacs-Collins, K., & Olsen, E. B. (2010). Implementing a Tactical Games Approach with Sport Education. A chronicle. *Journal of Physical Education, Recreation e Dance*, *81*(3), 36-42. https://doi.org/10.1080/07303084.2010.10598447

Guijarro, E., Evangelio, C., González-Víllora, S., & Arias-Palencia, N. M. (2020). Hibridizing Teaching Games for Understanding and Cooperative Learning: an educational innovation. ESHPA – Education. *Sport, Health and Physical Activity*, *4*(1), 49-62. [http://hdl. handle.net/10481/59462]

Guijarro, E., Rocamora, I., Evangelio, C., & González-Víllora, S. (2020). El modelo de Educación Deportiva en España: una revisión sistemática. *Retos*, *38*, 886-894. https://doi.org/10.47197/retos.v38i38.77249

Harvey, S., Cope, E., & Jones, T. (2016). Developing questioning in Game-Centered Approaches. *Journal of Physical Education, Recreation e Dance, 87*(3), 28-35. https://doi.org/10.1080/07303084.2015.1131212

Hastie, P. A., & Buchanan, A. M. (2000). Teaching responsibility through Sport Education: prospects of a coalition. *Research Quarterly for Exercise and Sport, 71*(1), 25-35. https://doi.org/10.1080/02701367.2000.10608877

Harvey, S., Calderón, A., Rolim, R. J., & Guarino, A. J. (2013). The development of skill and knowledge during a Sport Education season of track and field athletics. *Research Quarterly for Exercise and Sport, 84*(3), 336-344. https://doi.org/10.1080/02701367.2013. 812001

Harvey, S., & Casey, A. (2014). Fidelity in Models-Based Practice research in sport pedagogy: a guide for future investigations. *Journal of Teaching in Physical Education, 33*(3), 422- 431. https://doi.org/10.1123/jtpe.2013-0141

Harvey, S y Curnter-Smith, M. D. (2006). Influence of a hybrid Sport Education – Teaching Games for Understanding unit on one teacher and his students. *Physical Education e Sport Pedagogy, 11*(1), 1-27. https://doi.org/10.1080/17408980500466813

Kirk, D. (2013). Educational value and Models-Based Practice in physical education. *Educational Philosophy and Theory, 45*(9), 973-986. https://doi.org/10.1080/00131857.20 13.785352

Lund, J. y Tannehill, D. (2010). *Standards-based physical education curriculum development* (2nd ed.). Sudbury, ON: Jones and Bartlett Publishers.

Mesquita, I., Farias, C., & Hastie, P. A. (2012). The impact of a hybrid Sport Education –Invasion Games Competence Model soccer unit on students' decision making, skill execution and overall game performance. *European Physical Education Review, 18*(2), 205-219. https://doi.org/10.1177/1356336X12440027

Mesquita, I., Graça, A., Gomes, A. R., & Cruz, C. (2005). Examining the impact of a Step Game Approach to teaching volleyball on student tactical decision making and skill execution during game play. *Journal of Human Movement Studies, 48*(6), 469-492. https://doi. org/10.1177/1356336X12440027

Metzler, M. (2017). *Instructional models for physical education* (3rd ed.). Routledge-Falmer.

Pearson, P. J., & Webb, P. (2008). *Developing effective questioning in Teaching Games for Understanding (TGfU)*. Conferencia presentada en la First Asia Pacific Sport in Education Conference. Adelaide, Australia.

Pritchard, T. Y., & Mccollum, S. (2009). The Sport Education Tactical Model. *Journal of Physical Education, Recreation e Dance, 80*(9), 31-38. https://doi.org/10.1080/07303084.2 009.10598392

Pritchard, T., Mccollum, S., Sundal, J., & Colquit, G. (2014). Effect of the Sport Education Tactical Model on coeducational and single gender game performance. *The Physical Educator, 71*(1), 132-154.

Siedentop, D. (1994). *Sport Education:* quality PE through positive sport experiences. Human Kinetics. Hastie, P. A., & Van Der Mars, H. (2020). Complete guide to Sport Education (3rd ed.). Human Kinetics.

Sinelnikov, O. A. (2009). Sport Education for teachers: professional development when introducing a novel curriculum model. *European Physical Education Review, 15*(1), 91-114. https://doi.org/10.1177/1356336x09105213

Stran, M., Sinelnikov, O., & Woodruff, E. (2012). Pre-service teachers' experiences implementing a hybrid curriculum: Sport Education and Teaching Games for Understanding. *European Physical Education Review, 18*(3), 287-308. https://doi.org/10.1177/1356336X12450789

# ÍNDICE ANALÍTICO

– As páginas com aplicações práticas são marcadas em **negrito**.

– Os esportes que foram usados para exemplificar de forma prática o uso dos modelos pedagógicos são marcados com um asterisco (*).

**Modelos pedagógicos que foram exemplificados na obra.**

Developmental Games Stage Enseñanza Comprensiva del Deporte (Teaching Games for Understanding): 137

Game Sense

Hibridación de los Modelos centrados en el Jue- go con el Modelo de Educación Deportiva

— del Modelo de Enseñanza Comprensiva del Deporte con el Modelo de Educación Deportiva

— — — — — — — — — Aprendizaje Cooperativo

— — — Invasion Games Competence con el Modelo de Educación Deportiva

— — — Step-Games Approach con el Modelo de Educación Deportiva

— — — Táctico con el Aprendizaje Cooperativo

— — — — — Modelo de Educación Deportiva

Modelo Táctico (Tactical Games Approach)

Play Practice

Clasificación de deportes

Deportes de blanco y diana

— — — móvil

Deportes de blanco móvil. Con oposición

— — — Sin oposición

— — campo y bate

— — invasión

— — red y muro

— individuales

**Capítulo 1**
Figura 1.1: 12
Figura 1.2: 14

A
Abordagem Baseada no Jogo: 13
Abordagem Centrada no Jogo: 13
Abordagem de Jogos Táticos: 17
Atividade física moderada-vigorosa: 29
Atividade física: 9, 28, 29
Adultos: 9
Alfabetização motora: 27
Aprendizagem: 12, 13, 16, 18, 19, 20

C
Comportamento pessoal e social: 29
Complexidade tática: 24
Competência: 10, 16, 21, 27, 28
Conhecimento: 10, 27, 28
Crianças: 9

D
Docente: 23

E
Ensino dos Jogos para Compreensão (TGfU): 12, 13, 16
Equipamento: 26
Exagero do esporte: 15

G
Globalização: 9

## J

Jogadores: 24, 25, 26, 28

Jogos reduzidos: 15, 19, 22

Joven: 9

## M

Método tradicional: 10

Modelo baseado no Atleta: 11

Modelo Contextualizado de Alfabetização Desportiva: 21

Modelo de aprendizagem de decisão tática: 19

Modelo de Competência de Jogos de Invasão: 21

Modelo de estágio de desenvolvimento de jogos: 19

Modelo Senso de jogo: 18

Modelos baseados no Jogo: 13, 14

Modelos curriculares: 11

Modelos instrucionais: 11

Modelos pedagógicos: 11

Modificações: 25

## O

Objetivos: 19, 21

## P

Pedagogia não linear: 20

Percepção de competência: 29

Pessoas idosas: 9

## Q

Questionamento: 22

## R

Regras: 22, 25, 26, 28

Representação do esporte: 15

T
Treinamento: 10, 11, 25, 28

**Capítulo 2: Tactical Games Approach**
Figura 2.1: 59
Figura 2.2: 61
Figura 2.3: 62

Tabela 2.1: 49
Tabela 2.2: 54
Tabela 2.3: 59

A
Adaptação: 44
Área de jogo: 46

C
Consciência tática: 65

D
Dimensão social: 65

E
Esportes de invasão: 39
Exagero: 44

F
Futebol: 52

**J**

Jogadores com bola: 39

Jogadores sem bola: 40

Jogos com um "jogador-alvo": 52

Jogos com objetivo de gol: 51

Jogos com zona final: 52

Jogos de posse: 49

**M**

Material: 47

**N**

Número de jogadores: 46

**P**

Princípios táticos defensivos: 42

Princípios táticos ofensivos: 40

Professores: 43

Pontuação: 47

**Q**

Questionamento: 48

**R**

Regras: 45

Representação: 43

**S**

Sessão 1: 54

Sessão 2: 55

Sessão 3: 56

Sessão 4: 57

Sessão 5: 59

Sessão 6: 61

Sessão 7: 63

**Capítulo 3: Game sense**

Figura 3.1: 90
Figura 3.2: 93
Figura 3.3: 100

Tabela 3.1. 79
Tabela 3.2 83
Tabela 3.3 84

A
Adaptação: 74
Área do Jogo: 76

B
Badminton: 80

C
Contexto cooperativa: 79

D
Desenvolvimento motor: 98
Dimensão cognitiva: 99
Dimensão social: 100
Duplas: 73

E
Equipes: 73
Exagero: 74

I
Individuais: 73
Jogadores: 75
Material: 76

**P**
Princípios táticos: 72
Processo de Ensino-aprendizagem: 98
Pontuação: 77

**Q**
Questionamento: 78

**R**
Regras: 75

**S**
Sessão 1: 84
Sessão 2: 87
Sessão 3: 88
Sessão 4: 91
Sessão 5: 93

## Capítulo 4: Developmental Games Stage
Figura 4.1: 120
Figura 4.2: 127
Figura 4.3: 128

Tabela 4.1. 107
Tabela 4.2: 112
Tabela 4.3: 114
Tabela 4.4: 116
Tabela 4.5: 136

**A**
Área do jogo: 110

C
Quarta sessão genérica: 129

D
Desportes de campo e taco: 105
Dimensão social: 137
Dimensão tática: 134
Dimensão técnica: 134

J
Jogadores: 110

M
Materiais: 110

O
Objetivos finais: 111

P
Primeira sessão genérica: 117
Princípio da adaptação: 109
Princípio da representação: 108
Princípio do exagero: 108

Q
Questionamento: 112

R
Reflexão: 112
Regras básicas: 109

## S
Segunda sessão genérica: 123
Softball: 115

## T
Terceira sessão genérica: 126

## Capítulo 5: Teaching Games for Understanding
Figura 5.1: 157
Figura 5.2: 158
Figura 5.3: 161
Figura 5.4: 163
Figura 5.5: 178
Figura 5.6: 181

Tabela 5.1. 146
Tabela 5.2: 152
Tabela 5.3: 155
Tabela 5.4: 169
Tabela 5.5: 171
Tabela 5.6: 173
Tabela 5.8: 188

## A
Ajuste: 184
Apito: 184
Área de jogo: 149

## B
Boliche duplo: 171

**D**
Desportes de precisão: 143
Dimensão tática: 184
Dimensão técnica: 184

**E**
Esporte de alvo móvel: 144
Esporte de precisão com oposição: 144
Esporte de precisão sem oposição: 144

**F**
Fair Play: 189
Fases: 156, 159
Floorcurling: 173
Formulas: 187, 189

**G**
GPAI: 185

**M**
Marcação: 185
Mata Patos: 179
Materiais: 149

**N**
Número de jogadores: 149
**O**
Objetivos finais: 150

**P**
Primeira sessão genérica: 167
Princípio de adaptação: 147

Princípios de exagero: 147
Princípios de representação: 147

Q
Quarta sessão genérica: 177
Questionamento: 151

R
Reflexão: 151
Regras básicas: 148

S
Segunda sessão genérica: 173
Shootball: 182

T
Terceira sessão genérica: 176

**Capítulo 6: Play Practice**
Figura 6.1: 213
Figura 6.2: 219
Figura 6.3: 202

Tabela 6.1. 201
Tabela 6.2: 205
Tabela 6.3: 208
Tabela 6.4: 226
Tabela 6.5: 227

A
Adaptação: 198
Área de jogo: 200

**D**

Desportes individuais: 195

Dimensões afetiva: 225

Dimensões sociais: 225

**E**

Esportes individuais com cooperação: 96

Esportes individuais não cooperação: 196

Exagero: 198

**M**

Material: 200

Modelo Play Practice: 209

Natação: 205

**N**

Número de jogadores: 199

**O**

Objetivos finais: 200

**P**

Primeiros socorros: 225

Primeira sessão genérica: 210

**Q**

Quarta sessão genérica: 217

Questionamento: 201

Quinta sessão genérica: 220

**R**

Regras básicas: 199

Representação: 198

S
Segunda sessão genérica: 214

T
Terceira sessão genérica: 215

**Capítulo 7**
Figura 7.1: 243
Figura 7.2: 249
Figura 7.3: 254

Tabela 7.1. 246
Tabela 7.2: 251
Tabela 7.3: 253
E
Espaço do treinador: 248

F
Fidelidade: 245

H
Hibridação do Modelo Tático: 246
Hibridações: 244

I
Intervalo: 248

M
Modelo baseados no jogo + Modelo de Educação Esportiva: 235
Modelo de Competência + Modelo de Educação Esportiva: 239

Modelo Tático + Aprendizagem Cooperativa: 241
Modelo Tático + Modelo de Educação Esportiva: 238

## Q
Questionamento: 248

## S
Step-Gamees Approach + Modelo de Educação Esportiva: 240

## T
TGfU + Aprendizagem Cooperativa: 243
TGfU + Modelo de Educação Esportiva: 236

## V
Validação: 254